暨南大学高水平大学建设经费资助丛书

暨南史学丛书

缘来阁学史论稿

陈文源 著

中国社会科学出版社

图书在版编目(CIP)数据

缘来阁学史论稿/陈文源著．—北京：中国社会科学出版社，2018.3
ISBN 978-7-5203-2060-3

Ⅰ.①缘… Ⅱ.①陈… Ⅲ.①中外关系—国际关系史—文集
Ⅳ.①D829-53

中国版本图书馆 CIP 数据核字(2018)第 026619 号

出 版 人	赵剑英
责任编辑	刘　芳
责任校对	杨　林
责任印制	李寡寡

出　　版	中国社会科学出版社
社　　址	北京鼓楼西大街甲 158 号
邮　　编	100720
网　　址	http://www.csspw.cn
发 行 部	010-84083685
门 市 部	010-84029450
经　　销	新华书店及其他书店

印刷装订	北京明恒达印务有限公司
版　　次	2018 年 3 月第 1 版
印　　次	2018 年 3 月第 1 次印刷

开　　本	710×1000　1/16
印　　张	19.5
插　　页	2
字　　数	294 千字
定　　价	79.00 元

凡购买中国社会科学出版社图书,如有质量问题请与本社营销中心联系调换
电话:010-84083683
版权所有　侵权必究

序

记得孩童时，骑在牛背上，视野所及，不出沟壑丘陵；所忧思者，下顿可否得以裹腹。在那特殊的年代，上学只是某年龄段的分内事，小伙伴们可以在学农、学工、学兵的游戏中，掌握一些生活、劳作的技能，从来不曾想过以识字修文来改变"修理地球"的命运；因此，识字不多，亥豕不辨，"作文"也就成为上学最最头痛之事。然而，七七秋喜，国势运转，高考恢复，次年侥幸考入乡镇高中；毕业后经过两回冷饭翻炒，如愿上了大学；接着又北上长春，入读吉林大学古籍研究所历史文献学专业。读研期间，曾修习文字、音韵、训诂、六经与诸子之学，有幸聆听如罗继祖、金景芳、王同策、吕绍纲、吴振武、丛文俊、陈恩林等鸿儒硕学之训诲。只可惜，乡野小子，天资愚钝，所悟不及十之一二。八八仲夏，心怀茫然，南迁花城，进入暨南大学古籍研究所，冒忝教席，从事一项并不乐见的工作——向笔尖谋生计。

值得庆幸的是，刚入职时，创所元老陈乐素教授正在整理《宋史艺文志考异》，单位安排我协理其事。在陈老、常绍温先生的宽容与不倦垂训下，我对学术研究渐有所悟。后来又得汤开建教授的指导，先后参与整理编纂《东坡事类》《香港6000年：远古—1997》《明清时期澳门问题档案文献汇编》（文献卷）、《今日澳门》等。其间还与张廷茂兄一起整理陈华等人遗著《海国图志校注》。可以说，参加工作的头十年，基本在故纸堆里爬行。直至1999年，草成《清中叶澳门额船贸易问题》一文，这是我首次对一个问题进行独立构思、撰写的研究论文，前后数易其稿。当时，不知从何而来的胆量，首次投稿就投往《中国经济史研究》。很意外，不到两个月就收到杂志社的采用通知，这给我继续学术行程增添了不小信心。时任杂志主编魏明孔教授提携之恩，一直铭记于心。

2002年承蒙汤开建教授不弃，收纳门下。起初，很想追随业师的学术方向，从事澳门史研究，初拟题目是"明清时期澳门与越南关系研究"。然而，随着史料搜集的拓展，发现许多葡文、法文史料无法使用，不得不转而从事对外文要求相对不高的"明朝与安南关系研究"。此后十余年，澳门史与中越关系史成为我所持续关注的学术方向，我的思绪常常徘徊在澳门与越南之间。

在传统教育中，中越两国山水相连，和睦友好。但随着对中越关系史的关注日渐广而深，尤其经过一个月的越南访学后，愈发感觉到，在友好外衣的遮掩下，双方内心深处潜伏着一道难以名状的屏障。一直以来，我不断地思索个中缘由。为了避免"大国沙文主义"思维，我希望自己能以一个相对中立的立场审视历史上中越关系所发生的一切，因此时刻警示自己，要"站在边界左顾右盼"，排除旧有思维的干扰，细心考证中越文献记载的差异及其缘由，尽力厘清事件的来龙去脉，以期进行公正、客观的叙事。然而，我的努力似乎并不太成功，有好友曾善意提醒，在我的叙事中，中国优越感仍然十分明显。

进入澳门史领域大约始于1996年，当时参与业师汤开建教授所主持的古委会项目"澳门汉文历史文献资料汇编"。澳门回归前夕，澳门研究成为一门显学，大部分成果以宏观视野讨论澳门在中葡关系、中西文化交流、中外贸易体制与网络中的地位。相较而言，我更乐于探究澳门内部治理、经贸资源的利用与分配、社会民生、居澳华人的家国情怀等，尝试了解一个真实的澳门。

长期"脚踏两只船"，游思于越南与澳门之间，尤其近七八年来，受困于重点课题"中华大典·工业典·建筑工业分典"的整理工作，难以专注于一役，故所思不深，所得亦不厚。此次单位为支持学校建设高水平大学，要求奉献优秀学术论文集，本不想参与，然转念思之，人过半百，是驴是马，总要牵出来遛一遛，任人评骘，亦算人生之中期考，故勉强择取稍有心得者共20篇（中越关系史与澳门史各10篇），汇而成集，聊以充数。还望前辈与同仁宽待于我，嘴下留情。

在编辑的过程中，有几点仍须简要说明者：1. 所选论文均进行不同程度的修订，因此在内容上与原作会有所差异；2. 应出版社的要求，全书统一注释格式，为此所有引文全部重新核对。但部分原引典籍难以悉数觅得，在修订过程中有使用替代典籍或版本的现象，因此注释与原作有不尽相同之处；3. 本人学疏才薄，所论难登庙堂，唯与门下小子自娱共享，故部分论文原与硕士研究生联合署名，经整理后也在文末注明。4. 因内容不专，集名难取，适家有书屋三间，略备些许古籍今著与先哲时贤真迹。早前曾与内子商议书斋之名，最终取"因书得缘，缘来是福"之意，定"缘来阁"之名，故而本集取名"缘来阁学史论稿"。

丁酉孟冬于珠海岭南世家缘来阁

目 录

上 编

13—15世纪安南的国家意识与文化取向 ……………………（3）
元明时期安南贡物"代身金人"考述 …………………………（17）
明朝士大夫的安南观 ……………………………………………（25）
明初中越关系史实述论 …………………………………………（40）
明宣德弃守安南始末考述 ………………………………………（57）
明朝与安南战后邦交关系常态化交涉考述 ……………………（77）
莫登庸事件与明代中越关系的新模式 …………………………（91）
试析晚明对安南黎、莫政权之间的平衡政策 …………………（108）
明清之际中越关系的演变与抉择 ………………………………（123）
清朝藩国使团伴送制度述论
　　——以安南使团为中心 …………………………………（135）

下 编

闽商与澳门早期社会 ……………………………………………（153）
16世纪末澳门葡商共同体的成立与运作 ………………………（164）
16世纪末居澳葡人议事机构成立的背景分析 …………………（177）
明朝澳门关税制度考辨 …………………………………………（192）
清中期澳门贸易额船问题 ………………………………………（207）
明清时期广东政府对澳门社会秩序的管理 ……………………（225）

明清时期澳门人口、族群与阶层分析 …………………………（238）
近代澳门华政衙门之组织与职能演变 ……………………（255）
近代澳门城市街道管理的制度与措施 ……………………（272）
近代居澳华人的国民身份选择与文化认同 ………………（288）

上 编

13—15世纪安南的国家意识与文化取向[*]

今之越南，乃古安南王国扩张发展而来。安南原内属于中原王朝，北宋乾德六年（968）丁部领乘中原内乱之机，宣布独立。然而，与形式独立相比，内治与意识之独立更具实质意义，因此，如何处理与中原王朝的统属关系与文化关系，自然成为独立后安南王国对华关系的首要问题。安南从国家形式独立到国家意识成熟，历经数百年的摸索与实践。在这一过程中，为削弱中原王朝的影响，挣脱其约束，既有模仿，也有对立，甚至经受了多次战争的洗礼。直至黎朝建立，最终选择了一条务实的政策，即内政独立与文化认同，与中原王朝保持一种形式上的、稳定的朝贡关系，维持双方之间的和平局面。因此，越南学者认为，其国家意识的形成与发展，伴随着与中原王朝的对抗过程，其内涵主要体现为对抗外国军事干预的爱国主义精神。[①]这种认识，至今仍是越南学界解析越南史与中越关系史的主基调。而中国学界大多侧重研究中华文化在安南的传播形式与影响，以及两国朝贡关系的形态，在学理上论述了越南乃中华文化圈之一分子。也有部分学者关注到安南追求独立自主的努力，并认为在安南士人的意识中，明、安关系是华夏系统内部的大国与小国的关系。[②] 这些成果均

---

[*] 本文为2013年教育部人文社会科学研究一般项目"危机与调适：明代中越邦交关系研究"（项目编号：13YJA770004）的阶段成果。

[①] 参见［越］明峥《越南社会发展史研究》，范宏贵译，生活·读书·新知三联书店1963年版；越南社会科学委员会编著《越南历史》，北京大学东语系越南语教研室译，人民出版社1977年版。

[②] 牛军凯：《王室后裔与叛乱者——越南莫氏家族与中国关系研究》，世界图书出版广东有限公司2012年版，第271页。

为本文的研究提供有益的思路。但安南对中华文化认受过程有着十分复杂的心理，疏于对越南自主意识形成及其表现形式的深入探讨，就无法解释在"天下同文"的时空环境下，两国士大夫对双方政权之关系的认识与处理所存在的较大差异，从而导致对中越关系史认识的迷思。本文尝试从安南王国的文化取向与国家独立意识的培养方面，探讨其处理与中原王朝关系的策略，这对理解安南与中原王朝的分合与纠结，或将有所助益。

一

安南立国以后，经历丁氏、前黎、李朝三代的发展，逐步建立了一套独立的行政管理体系。在初期，安南的社会组织与行政体系，主要仿效中原王朝的郡县体制。据《历代宪章类志·官职志》记载，丁朝的官吏有"都护""士师""将军""牙将"等名称，其治理模式带有明显的郡县时代的色彩。前黎建立时，开始对行政架构进行改革，其所制定的文武僧道官制，"一遵于宋"。当然，改革是渐进式的，其中"总管""都指挥"等职仍是承袭前朝的职能，而"太师""太尉"等则明显带有宋王朝的中央机构的痕迹。至陈朝初年，开始大幅度地对宋朝体制进行复制，端平三年（1236），"定大臣官衔，凡宗室入政府，或太师、太傅、太保、太尉，或司徒、左右相国，皆兼授检校、特进、仪同三司平章事"[1]。淳祐二年（1242），又对地方行政架构进行改革，"定天下为十二路，置安抚、镇抚正副二员以治之"。同时对基层与户籍也作出相应的规定。[2] 不仅如此，安南各朝用于区别官员官阶的冠服等级制度也"大概多遵宋时"[3]。

至陈朝中后期时，国势稳定，中央集权日渐增强，其国家意识独立的愿望与日俱增。为了摆脱元政权的影响，从而谋求意识的独立自

---

[1] ［越］吴士连等撰，陈荆和整理：《大越史记全书·本纪》卷5，日东京大学东洋文化研究所发行，昭和五十九年，第327页。

[2] 同上书，第331页。

[3] ［越］潘辉注等：《历代宪章类志》卷13《官职志》，越南汉喃研究院藏手抄本，编号：A.50/2。

主，在国内推行了一系列的政策，其主要措施有以下几方面。

第一，使喃字系统化。喃字创造于 11 世纪。至陈朝时，统治者与士大夫为喃字的系统化作出了很大的努力，尤其在文学创作中广泛应用，使之成为一种知识精英交流的文字。其早期的代表人物如陈太宗时的韩诠，史籍载，韩诠"能国语赋诗，我国赋诗多用国语，实自此始"①。许多民间的乐曲也开始使用喃字创作。到陈朝后期，更是全面地推广喃字。胡季犛是安南当权者中推行喃字最积极的一员。洪武二十九年（1396），他以喃字作《国语诗义并序》，并将其作为范本，要求女师教授后妃及宫人，序中多出己意，不从《朱子集传》。②此外，还亲自用喃字翻译《书经》中的《无逸篇》，让士子学习；规定朝廷寄往各路的敕令和诏书也必须用喃字书写。③目的就是要使喃字逐渐成为官方语言，最终代替汉字的主导地位。

第二，创立了国史院，专门负责编撰各个朝代的历史，开始注重安南国史的编撰工作。至元九年（1272），翰林院学士兼国史院监修黎文休完成《大越史记》的编撰工作。此书共 30 卷，记载自南越王赵武帝（赵佗）至安南李朝李昭皇之事。④首次在官修史书中将安南建国的历史推前至汉代南越王赵佗的时代。

语言文字与历史是一个国家的灵魂，陈朝有意识地发展与推广自身的文字、编修民族的历史，试图从文化上割裂与中原王朝的隶属关系，并形成对等的地位，最终谋求意识上的独立。正如越南史学家所言："这是一个在文化领域中的民族精神和独立意识的新的表现。"⑤

第三，建立与中原主流文化有别的文化阐释体系。陈朝后期，胡季犛作《明道十四篇》，大略以周公为先圣，孔子为先师。文庙以周公正坐南面，孔子偏坐西向。又著有《论语四疑》，称韩愈为盗儒，谓周茂叔、程颢、程颐、杨时、罗仲素、李延平、朱子之徒，学博而

---

① ［越］吴士连等撰，陈荆和整理：《大越史记全书·本纪》卷5，第355页。
② ［越］吴士连等撰，陈荆和整理：《大越史记全书·本纪》卷8，第471页。又见吴士连《国史纂要》，越南汉喃研究院藏本，编号 A. 1923，第92页。
③ ［越］明峥：《越南社会发展史研究》，第128页。
④ ［越］吴士连等撰，陈荆和整理：《大越史记全书·本纪》卷5，第348页。
⑤ 越南社会科学委员会编著：《越南历史》，第248页。

才疏，不切事情而务为剽窃。①众所周知，明初统治者以理学开国，宋代理学居于神圣不可侵犯的统治地位。解缙曾上万言书，奏请修书，以关、闽、濂、洛，上接唐、虞、夏、商、周、孔，作为治国之端。②胡季犛通过对明代主流学术意识的评骘与批判，凸显其尊周孔而贬程朱的主张，这不仅仅是关于儒家学说的解释权争夺的问题，也是通过这些批判来强调其本土化的认知。陈朝末年的本土化教育无疑是颇具成效的，洪熙元年（1425），交趾布政司在向明廷介绍安南情形时，颇有感触地说："（交趾）诸生颇知读书，然皆言语侏离，礼法疏旷。虽务学业，未习华风。"③

在元末明初，安南陈朝没有完全恪守藩国的应有义务：王位更替，不按时遵例向明朝求封；与明朝的边界交涉，态度欺狂；侵犯明朝属国占城王国，因此，明初对安南的总体印象是"动以侮诈为先，非以小事大之诚，乃生事之国"。当时，明太祖虽说坚持早年所定下的不轻起兵伐的原则，但对安南也曾发出"彼恃顽不服，终且取祸，姑待之而已"的警诫。④

陈朝末年内乱，胡氏篡权，王室后裔陈天平前来明朝求援。通过明朝与胡氏政权的反复交涉，依照双方协定，永乐四年（1406）三月十六日，明朝派遣广西都督佥事黄中等率精兵五千护送陈天平回国即位。但明军行至安南芹站时，遭胡氏伏军袭击，陈天平被劫杀。这一事件成为明朝出兵的导火索。明成祖以"兴灭继绝"为旗号，出兵安南，推翻了胡氏政权，并进行了二十余年的直接管治。针对安南陈朝、胡朝时所采取脱离中原王朝体系政策，明成祖在安南推行了一系列的汉化政策，将明王朝的行政系统、文化教育政策延伸至安南。在行政上设三司管治，形同内地。将安南前朝的苛政暴敛，悉皆除

---

① ［越］吴士连等撰，陈荆和整理：《大越史记全书·本纪》卷8，第468页。（明）邱濬《重编琼台稿》卷20评述胡季犛的言行曰："毁中国儒教，谓孟子为盗儒、程朱为剽窃。"（影印文渊阁《四库全书》第1248册，第412页）

② （明）解缙：《文毅集》卷1《大庖西封事》，影印文渊阁《四库全书》第1236册，第598—603页。

③ 《明宣宗实录》卷3"洪熙元年秋七月己卯"，台北"中研院"历史语言研究所1962年影印本，第91页。

④ 陈文源、吴平：《明初中越关系史实述论》，《广西民族大学学报》2010年第3期。

之,"擢用贤能,优礼耆老,赈恤穷独,革去夷俗,以复华风"①。在文化建设上,首先消除陈朝、胡朝所营造的独立氛围,对安南文化进行了大幅度的整肃。永乐四年,明成祖下令南征总兵官朱能,一旦攻入安南,"除释道经板经文不毁外,一切书板文字以至礼俗童蒙所习,如上大人丘乙己之类,片纸只字,悉皆毁之,其境内凡有古昔中国所立碑刻则存之,但是安南所立者,悉坏之,一字勿存"②。五年(1407)五月,又诏令总兵官张辅"遇彼处所有一应文字,即便焚毁,毋得存留"③。其次,明成祖决定将安南的文化精英内迁。早于是年二月,就曾诏令张辅将"安南境内有怀才抱德、贤能智谋之人及有一善可称、一艺可用者,即广为询访,尽数以礼敦请,起送赴京,以备擢用"④。据实录记载,张辅确曾落实明成祖的旨意,于九月,将安南"诸色工匠七千七百人至京"⑤。十月,又将"怀才抱德、明经能文、博学有才、聪明正直、孝悌力田、贤良方正、练达吏事、明习兵法及材武诸色"者九千人,遣送到南京。⑥再次,将明朝的郊祀、科举制度移植到安南。如在安南各府州县广开学校,设立文稷庙、百神、社稷等神坛,皆仿明俗,四时行祭礼。永乐十四年(1416),在安南各府、州、县分设儒学及阴阳医学、僧纲道纪等司,⑦完备安南的教育体系。同时,又把明初官修理学书籍,如《四书大全》《五经大全》《性理大全》等送至安南,颁发给各州县士子学习,勉励安南人参与明廷的科举考试。

在管治安南的二十余年里,明朝逐渐建立了一套较完备的行政、教育制度,其目的是要使安南"再睹华夏之淳风,复见礼乐之盛治"⑧。惠特莫尔研究认为,15世纪初,明朝对安南的管治为宋明理

---

① （明）邱濬:《重编琼台稿》卷20,影印文渊阁《四库全书》第1248册,第417页。
② （明）李文凤:《越峤书》卷2,《四库全书存目丛书》史部第162册,第695页。
③ 同上书,第708页。
④ 同上书,第703页。
⑤ 《明太宗实录》卷71"永乐五年九月癸酉",第997页。
⑥ 《明太宗实录》卷72"永乐五年十月丁亥",第1001页。
⑦ 《明太宗实录》卷176"永乐十四年五月丙午",第1924页。
⑧ （明）李文凤:《越峤书》卷2,《四库全书存目丛书》史部第162册,第705页。

学在当地立足和发展铺平道路，导致安南接受明朝的管治模式，其影响具有划时代的意义。① 明朝对安南的管治虽然失败了，但其治理政策与措施，客观上也成为安南复国后的管治基础。

二

宣德三年（1428），明宣宗宣布弃守安南，明朝军队撤离安南，使安南重新获得独立，其军事首领黎利建立了安南历史上的黎朝。黎利在审视中越关系发展历程后，并没有沿袭陈朝、胡朝的与中国对抗的政策，相反，在很大程度上，承继了明朝治理时期的管治体制与文化成果。从黎朝的历史来考察，不难发现，黎利及其继承者的对明朝策略就是主张文化认同、政体独立。这种策略无疑是理性、务实而且自主的，也使得中越关系在此后的一百多年间能稳定、平和地发展。

黎利的治国方略，与陈朝、胡朝有明显不同。在文化理念上不再追求标新立异，凸显其与明朝的对立的意识，而是务实地处理与明朝的关系，特别是文教与行政，一切奉明朝制度为圭臬。越南史学家认为："封建政权以儒教作为建国的典范，作为建立各种政治和社会制度的金科玉律。"② 黎利于立国之始便选择儒家学说作为统治思想，确立了孔子的地位。《大越史记全书》载："太祖立国之初，首兴学校，祠孔子以太牢，其崇重至矣。"③ 此后，黎朝诸帝多次扩建京都的文庙，坚守孔子与儒学的尊崇地位。宣德十年（1435）二月五日，黎太宗"命少保黎国兴释奠于先师孔子，后以为常"。成化八年（1472），黎圣宗又将每年祭孔的盛典推广至地方，规定各府每年春秋两次举行祭典。④ 其有诗曰："九州何莫非王土，志大蛟螭孰可拘；

---

① ［美］惠特莫尔（John K. Whitmore）：《交趾与程朱理学：明朝改革越南的尝试》（Chiao-chih and Neo-Confucianism: The Ming Attempt to Transform Vietnam），《明代研究》第4卷，1977年，第51—91页。

② 越南社会科学委员会编著：《越南历史》，第323页。

③ ［越］吴士连等撰，陈荆和整理：《大越史记全书·本纪》卷11，第577页。

④ ［越］潘清简：《钦定越史能鉴纲目》卷22，台北"国立中央"图书馆1969年影印本，第2234页。其曰："旧制诸路文庙丁祭未有定期，至是准定各府递年以春秋两仲上丁行礼。"

敦笃化原贤孔孟，商量诡道薄孙吴。"①表明其对孔孟圣学的倾慕，及对孙吴诡道之术的鄙视。《蓝山实录》对黎圣宗有这样的评价："（圣宗）自入继大统，天资聪睿，圣学高明，凡五经四书、百家诸子，无不贯通；崇师重道，爱民好士，内迪文教则修政立法，以为太平之制。"②

黎朝诸帝对儒家学说认受可谓身体力行。黎利曾与群臣检讨其成功之道，一致以为关键在于施行"仁政"③。受其影响，黎朝的精英阶层中普遍认为，儒家学说是立国立人的根本。黎朝著名史臣吴士连对胡季犛的意识导向曾提出尖锐的批判，曰："前圣之道，非孔子无以明；后圣之生，非孔子无以法，自生民以来，未有盛于孔子者，而敢轻议之，亦不知量也。"④黎利的开国谋臣阮廌在《贺归蓝山》一诗中写道："权谋本是用除奸，仁义维持国世安；台阁有人儒席暖，边陲无事柳营闲。"⑤即使后来被斥为篡逆之臣的莫登庸亦认为："三纲五常，扶植天地之栋干，奠安生民之柱石，国而无此，则中夏而夷狄；人而无此，则衣裳而禽犊。自古及今，未有舍此而能立于覆载之间也。"⑥可以说，有黎一朝，在其主流意识中，孔子思想占据了绝对主导的地位。

为了向全社会推广儒家学说，黎朝首先从教育入手，扩充学校，修葺文庙，设立秘书库以贮藏儒学经典及雕版印书。黎圣宗鉴于当时监生治《诗》《书》经者多，而习《礼记》《周易》《春秋》者少，成化三年（1467）特设"五经博士，专治一经以授诸生"⑦。而在所有的措施中，完善科举取士制度成为黎朝诸帝的重要政务。黎朝规定

---

① ［越］国家社会科学与人文中心汉喃研究室编：《黎圣宗总集（汉文诗）》（*LÊ THÁNH TÔNG TÔNG TÂP*），（河内）文学出版社2003年版，第182页。

② ［越］阮廌：《蓝山实录》"附：大越黎朝帝王中兴功业实录"，越南汉喃研究院藏本，编号 VHC.01356。

③ ［越］吴士连等撰，陈荆和整理：《大越史记全书·本纪》卷11，第565页。

④ ［越］吴士连等撰，陈荆和整理：《大越史记全书·本纪》卷8，第469页。

⑤ ［越］阮廌：《抑斋遗集》"贺归蓝山"（其一），《阮廌全集》第1册，（河内）文学出版社1999年版，第119页。

⑥ ［越］吴士连等撰，陈荆和整理：《大越史记全书·本纪》卷15，第815—816页。

⑦ ［越］吴士连等撰，陈荆和整理：《大越史记全书·本纪》卷12，第662页。

"三年一大比"，共设四场：第一场试"经义""四书"；第二场试"制、诏、表"，规定用"古体四六"文答；第三场试"诗、赋"，规定"诗用唐律，赋用古体骚选"；第四场试"策"，规定由经史时务中出题。①安南士大夫曾曰："前黎学规试法，详载于《实录》，始以试策为乡会、庭试，诚决科之准，盖亦因明制而斟酌之。"②

同时，黎朝的统治者还以儒家学说来统一社会的价值观，颁布了官吏与百姓的共同行为准则。弘治十二年（1499）秋七月初五日，敕谕官员百姓等："世道隆污，系乎风俗；风俗微恶，系乎气数。《易》曰：'君子以居贤德善俗。'《书》曰：'弘敷五教，式和民则。'《诗》曰：'其仪不忒，正是四国。'《礼》曰：'齐八政以防淫，一道德以同俗。'圣经垂训，炳炳足征。古昔帝王，御历膺图。抚己酬物，莫不迪兹先务也。我太祖高皇帝，辑宁家邦，肇修人纪；太宗文皇帝，懋昭天宪，笃叙民彝；圣宗淳皇帝，敷贲前功，和沦大化。神传圣继，矩袭规重。仁心仁闻，洋溢乎华夏；善政善教，渐被于际蟠。兆民孚嘉靖之休，亿载衍登宏之盛。朕尊临宝位，祗绍光猷，躬孝敬以端建极之原，首纲常而阐敷言之训。上行下效，既式底于咸宁；长治久安，欲永跻于丕绩。"③为此特申条约，以规范官民社会行为之准则。

其次，文化认同还表现为在朝纲构建上追步于明朝。安南自立以后，其国家管理体制的建设一直在不断地完善，至明成化七年（1471），黎圣宗进行一次大规模的机构革新，其诏谕文武官员百姓等曰："今之土宇版章，视之昔时，大相径庭，不得不躬制作之权，尽变通之道。内而军卫之众，则五府分掌之；机务之繁，则六部参综之。禁兵守御三司，以备爪牙心膂；六科审驳百司，六寺承行庶务。通政使司以宣上德达下情，御史宪察以纠官邪、灼民隐。外而十三承司与总兵方面都司守御，控制要冲；府州县以亲民堡所关以备御。联

---

① ［越］吴士连等撰，陈荆和整理：《大越史记全书·本纪》卷11，第577—578页；卷12，第646页。
② ［越］范廷虎：《雨中随笔》，载孙逊、郑克孟、陈益源主编《越南汉文小说集成》，上海古籍出版社2010年版，第248页。
③ ［越］吴士连等撰，陈荆和整理：《大越史记全书·本纪》卷14，第762页。

常事体，互相维持，故征发督府事也。"还规定："以太师、太尉、太傅、太保、少师、少尉、少傅、少保为大臣重职。"①

黎圣宗所设五府、六部、六科、六寺、十三承司的管理架构，基本上与明朝的体制相仿。明人王世贞曰："安南王所居国都及其宫室郡县取士养兵之制，皆窃拟中国或仿汉唐宋名号。"② 也因为这一原因，安南使臣入贡明朝时，为避称谓相同，一般不以其官衔相称，只称"陪臣""头目"③。

黎圣宗的另一重要举措乃是制定了一部系统的法典——《洪德法典》（又称《黎朝刑律》），共分六卷十六章七百二十一条。越南史学家认为，"它标志着越南法权史已进入了一个很重要的新的发展阶段"④。而这部法典实际上是以中国的唐律、唐令为基础，结合当时安南社会风俗习惯法制定出来的。⑤

对于黎朝的政治、法律、教育及习俗的变革，严从简曾作过较为清晰的概括，曰："其三纲五常及正心、修身、齐家、治国之本，礼乐文章，一皆稍备。乃制科举之法，定立文武官僚。本国自初开学校以来，都用中夏汉字，并不习夷字。及其黎氏诸王自奉正朔，本国递年差使臣往来，常有文学之人则往习学艺，遍买经传诸书，并抄取礼仪官制、内外文武等职，与其刑律制度，将回本国，一一仿行。因此，风俗文章、字样书写、衣裳制度，并科举学校、官制朝仪、礼乐教化，翕然可观。"⑥

尽管黎圣宗的"革新"多是模仿，但对安南来说，这已是一项伟大的成就，所以，士大夫给予了极高的评价，曰："其规模之略，中兴之功，可以比肩夏少康，蹈迹周宣王，薄汉光唐宪于下风矣。"⑦

---

① ［越］吴士连等撰，陈荆和整理：《大越史记全书·本纪》卷12，第687页。
② （明）王世贞：《弇州史料》"前集"，《四库禁毁丛书》史部第48册，第257页。
③ （明）都穆撰，陆采辑：《都公谭纂》卷下载："朝鲜设官，名与天朝殊，故以官通。安南则同名，故总称陪臣、大头目而已。"（《续修四库全书》第1226册，第683页）
④ 越南社会科学委员会编著：《越南历史》，第318页。
⑤ 戴可来：《越南历史述略》，《印支研究》1983年第1期。
⑥ （明）严从简著，余思黎点校：《殊域周咨录》卷7《安南》，中华书局1993年版，第237页。
⑦ ［越］吴士连等撰，陈荆和整理：《大越史记全书·本纪》卷13，第746页。

由此可见，安南黎朝从习俗到教育，从社会生活准则到朝纲构建，无不带有明显的中原文化色彩，而且这些变化是在安南人自觉、自主下进行的，明朝并没有干预与强迫。黎朝使馆的对联曰："何以见之，虞夏商周礼乐；可与言者，孔颜曾孟文章。"① 正体现了黎朝统治者对明朝的文化认同理念。

三

黎朝对孔儒的尊崇，以及对明朝的制度仿造，并不说明安南甘于"藩属国"的地位。黎利在与明朝谈判两国关系常态化的过程中，对明王朝提出的条件大多没有接受，可见其对安南地位、皇权地位的独立性的坚持。阮廌在《平吴大诰》中，将黎利塑造成为一个"民族英雄"的形象。② 对于黎利的贡献，古代越南史家认为，与赵氏、丁氏、李氏、陈氏各代王朝相比，黎利"自蓝山而起义，愤北寇以举兵，卒能以仁而诛不仁，以正而伐不正，复我国于明僭之余，取天下于明人之手，迄于一戎大定，四海底清，诞布大诰，以即帝位。其得天下也，如此甚正"③。特别强调黎利政权非嗣、非篡，而是以"枪杆子"从明军手中夺来的，以此凸显其正统性。

经历了明初战争的洗礼，安南复兴后，黎氏子孙对明朝均表现得较为恭顺，"数十年来，职贡必修，传世必请，君命之临必畏，天使之辱必敬，亦不敢蹈宋元之故辙"④。然而，安南的顺服更多的只是一种形式。吸取了四百年来建国历程的教训，黎朝统治者找到一条与中原政权相处之道，正如后来安南士大夫在邦交公馆所写的对联："往来信使常通，三接礼文相款曲；大小交邻有道，一家仁智共怡

---

① [越] 佚名：《故黎乐章诗文杂录》，越南汉喃研究院藏本，编号 A.1186，第 11 页。
② 越南社会科学委员会编著《越南历史》称"《平吴大诰》是一首举世无双的英雄歌"（第 302 页）。
③ [越] 阮廌：《蓝山实录》卷 3，第 306 页。
④ （明）屠勋：《屠康僖公文集》卷 5《送洗马梁先生使安南诗序》，《四库全书存目丛书》集部第 40 册，第 221—222 页。

愉。"① 又曰："华夷言语殊，共四书五经之文字；南北山川阻，总千红万紫之阳春。"② 这些对联正反映了安南的邦交理念，在承认文化同源的同时，也努力探求其国家意识独立自主之精神。

首先，从历史上塑造与中原王朝的平等性。黎朝立国之初，以其首席谋臣阮廌等知识精英，对安南的历史作了重要的修订，认为安南人乃炎帝之后裔。在其所撰《舆地志》中曰："我越之先祖，相传始君曰泾阳，炎帝之裔。王父帝明巡狩，至海南，遇婺仙女，纳之，生子禄续，神采端正，有圣德，帝奇爱之，欲立为嗣。王固让其兄，帝明□封之越南，是为泾阳王。"③ 这是安南士大夫首次将安南人与汉人的鼻祖炎黄两帝扯上关系，以说明安南人与汉人有着共同的鼻祖。洪德年间，吴士连在续编国史《大越史记全书》时，继承了这一观点，其序曰："大越居五岭之南，乃天限南北也。其始祖出于神农氏之后，乃天启真主也。"④ 这些说法，其实均源自中国古代典籍如《淮南子》《大戴礼》等之传说记载，《淮南子·主术训》有载："昔者神农之治天下也……其地南至交趾，北至幽都，东至旸谷，西至三危，莫不听从。"⑤ 将传说视作信史，在意识上为其民族的祖源寻找到高贵的出处，足以与中原相媲美。也许因为有了这种意识，使安南士大夫阶层在处理与中原王朝关系时有了新的认识，所谓"我越当文明之邦，地联中土，天生圣人与尧周并世"⑥。洋溢着对其历史文化的优越感，说明安南国之历史文化与中原一样源远流长，从而产生与中原王朝平等观念。在越南被誉为第二个独立宣言的《平吴大诰》中，开章便称："惟我大越之国，实为文献之邦。山川之封域既殊，南北之风俗亦异。自赵、丁、李、陈之肇造我国，与汉、唐、宋、元而各帝一方。"⑦ 表达了其强烈的独立与平等意识。正基于此，后之士大夫便给中越关系定性为"兄弟之国"，所谓"江山有垠分南北，

---

① [越] 佚名：《邦交公馆对联》，越南汉喃研究院藏本，编号 A.2261，第30页。
② [越] 佚名：《故黎乐章诗文杂录》，越南汉喃研究院藏本，编号 A.1186，第11页。
③ [越] 阮廌：《抑斋遗集》卷6《舆地志》，第398页。
④ [越] 吴士连等撰，陈荆和整理：《大越史记全书》卷首，第55页。
⑤ (汉) 刘安撰，陈广忠译注：《淮南子·主术训》，中华书局2012年版，第421页。
⑥ [越] 佚名：《诸舆志杂编》，越南汉喃研究院藏本，编号 vhv.1729，第2页。
⑦ [越] 阮廌：《蓝山实录》卷2，第296页。

胡越同风各弟兄"①。

其次，基于上述的独立与平等意识，安南在其国内政治生活中千方百计地消除对中国的臣服形象。黎利在与明朝谈判撤军的过程中，自愿要求恢复洪武旧制，甘处藩属国地位，其目的是让明军尽早撤退。安南光复后，黎利与其子孙在将近一百年里，严格遵守三年一贡之例，使明、安关系处于少有的和平局面。但是，其国内的政治生活，俨然一个独立的大越王朝。主要表现为以下几方面。

第一，宗藩关系的意义，表现为藩属国在其政治活动中必须使用宗主国纪年，即"奉正朔"。如朝鲜受封于明朝，无论是与明朝，抑或是与日本、琉球等国交往，其来往文书中均用明朝的年号，以示朝鲜国王受封于大明皇帝而奉大明为正朔。据《李朝实录》载，其实早于崇祯十年（1637）朝鲜就已屈服于清，奉清正朔"崇德"年号上表大清皇帝，但于崇祯十六年（1643），在致日本书信中却继续使用"崇祯"年号，以表朝鲜国对明朝的忠诚。②但安南国的做法则明显不同，除与明朝交往的表文上使用明朝的纪年外，其他均强制使用安南自编的纪年。宣德三年（1428 年）四月十五日，黎利宣布建都东京（即升龙），改元顺天，建国号大越。十七日，即下诏规定："凡军民有上书言事，即依诏书内年号、国号、都号，违者以杖贬论。"③

翻阅越南的史籍，如《大越史记全书》《钦定越史通鉴纲目》等官修史书，其纪年方式乃先安南帝王纪年，次附中国纪年。考于《蓝山实录》，多用黎太祖之"顺天"年号，而《天南余暇录》所录发往周边小国文书也是使用了黎圣宗的"洪德"年号。④又据日本近藤守重所编《外蕃通书》中的"安南国书"，晚明时期安南国致日本国的

---

① ［越］裴之宽：《坐花摘艳上集》，第 7 页，载阮子成《北使时吟》，越南汉喃研究院藏本，编号 A.844。
② 何慈毅：《明清时期琉球日本关系史》，江苏古籍出版社 2002 年版，第 90—91 页。
③ ［越］吴士连等撰，陈荆和整理：《大越史记全书·本纪》卷 10，第 553 页。
④ ［越］杜润等：《天南余暇录》，越南汉喃研究院藏本，编号 A.334。（明）黎日久《五边典则》卷 20 亦载："得安南伪敕于车里，称洪德十年。"（《四库禁毁书丛刊》史部第 26 册，第 519 页）

书札均署安南国主的年号,如"弘定""永祚"等。① 在士子科试中,试题用的也是安南国王的年号。②

第二,在与明朝交涉的表文中,安南国王一般使用假名,而在国内则用真名。对此,明朝士大夫早已察觉,叶向高在《苍霞草》曰:"其君长尤狡狯,有二名,以伪名事中国。自黎氏以来,虽奉贡称藩,然自帝其国中,如赵佗故事,死则加伪谥。"③李文凤评曰:"为利者,不思输诚悔罪,乃外为臣服,衷怀不轨,僭号改元,以与中国抗衡。其子若孙,辄有二名……其正名以事天地神祇,播告国中;伪名以事中国,以示不臣。虽以黎桎颠沛之余,尚伪名以相欺诳。是百余年间,其心未尝一日肯臣中国也。"④

依照中国传统的礼法,地位卑微者对位尊者必须使用真名。安南乃藩属国,对古代中国理应以真名交往,然而,安南国王以假名往返于中国。究其原因,日本学者山本达郎认为,中国礼制的要求对于自封为帝的安南君主来说,无疑是难以忍受的屈辱,因此,安南的君主在朝贡时使用别名,目的是尽可能不致破坏对等的形式。⑤

第三,安南在谋求与明朝的平等形式上,还表现为在越南的史籍中以"报聘""如明"等词来记载入贡明朝的事件,把入贡明朝的活动称之为"交邻",明朝所赐印玺只用于与明朝交往的文书,而在处理其国内事务时则使用本国自铸的金印。⑥

综上所述,安南在走向成熟国家的过程中,较为务实地处理与中

---

① [日]近藤守重:《外蕃通书》第11—14册《安南国书》,日本国书刊行会明治三十八年版。按:"弘定"乃中兴黎朝黎敬宗(维新,1600—1618年)之年号,"永祚"乃黎神宗(维祺,1619—1628年)之年号。

② (明)孙绪:《沙溪集》卷14载:"余尝见《安邦乡试录》一册。安邦者,安南国一道之名。其国凡几道,如中国省藩。然试录题曰'洪德二年辛卯',盖其境土去中国万里,虽名为秉声教,而其实则自帝其国,建元更制自若也。"(影印文渊阁《四库全书》第1264册,第631页)

③ (明)叶向高:《苍霞草》卷19《安南考》,《四库禁毁书丛刊》集部第124册,第522页。

④ (明)李文凤:《越峤书》"序",《四库全书存目丛刊》史部第162册,第663页。

⑤ [日]山本达郎:《ベトナム中國關係史》,日本山川出版社1975年版,第637—638页。

⑥ (明)沈德符:《万历野获编》卷17《安南纳款》载:"其十三司改为宣抚,然而仍帝其国,不用所赐印,且名入贡曰交邻。"(《四库禁毁书丛刊》史部第4册,第334页)

原王朝的关系，一方面追求王朝政体的独立自主性，在形式上"称臣纳贡"，给予明朝"面子"，实质上在国内并不使用明朝所颁赐的历法与印玺，而使用极具独立意味的称号、纪年与国玺，显示其与明朝的平等关系；另一方面采取了"文化认同"的政策，吸取了中华文化的精髓，将自身塑造为"文化中国"的一分子。当然，安南对文化中国的解读，也有其特殊的政治意蕴。由于受到中原的政治伦理与学术文化的影响，在安南人的意识中，有着一种较强的华夏文化情结。在黎朝草创之初，安南人称明军为"吴贼"，称明人为"吴人"[①]，或"唐人"[②]，称明朝为"明国"，而自称"中国"。《蓝山实录》载："明主先已自料彼军穷窘，事已若此，无可奈何，乃遣使臣赍敕书晓谕众将领兵北回，还安南地；其朝贡复依洪武旧例，通使往来。自是干戈顿息，疆土尽复，中国乂安，人民按堵如故。"[③] 成化十五年（1479），黎灏下诏亲征哀牢，诏书曰："比朕丕绳祖武，光御洪图，莅中夏，抚外夷，广大舜敷父之治；阐帝猷，开王志，迪周文辟国之规。"[④] 安南人自称"中国"，自谓"中夏"，表明其自认深得儒学之正宗，与中原王朝同属文化中国的一分子，双方是独立、平等的兄弟国关系，其与"东夷、南蛮、西戎、北狄"有着本质的区别。在安南人看来，他们与明朝之间是"邦交关系"，而与其他毗邻小国则是"藩属关系"，虽然两者均用"朝贡"之名往来，但是两者的文化身份与地位却完全不同，认为明朝与安南之间的朝贡关系，是中华体系内部的平等的"兄弟国"关系，而安南与其周边小国的朝贡关系则是"华夷"之间的宗藩关系。或许正是出于这种文化心理，安南在处理与中原王朝的关系时，在朝贡的框架下，通过使用假名，以及纪年、王玺使用的内外有别，来表达其平等与独立之意志。

（原载《世界历史》2014年第6期）

---

① ［越］阮廌：《蓝山实录》卷2，第296页。
② ［越］阮廌：《抑斋遗集》之《地舆志》载："唐人乃两广客商居庸也。"（《阮廌全集》第1册，第398页）
③ ［越］阮廌：《蓝山实录》卷2，第283页。
④ ［越］吴士连等撰，陈荆和整理：《大越史记全书·本纪》卷13，第708页。

元明时期安南贡物"代身金人"考述

在中外关系史中,安南进贡"代身金人"是一种十分独特的现象。越南史籍认为,元代陈日烜进"代身金人"是偿元军将领乌马儿之命,明代黎利进"代身金人"则是偿明军将领柳升之命,并说:"明人定为贡品,中间始换作香炉、花瓶,金银亦如之,至是莫氏略依旧制,而银器各物则又增加于前云。"[①] 这使学者对"代身金人"的特定含义产生误解。为此,有必要对"代身金人"的起源及随后之使用进行考证,以寻找这一现象背后的文化象征。

一

安南贡献"代身金人"之事,始于元朝。安南自宋朝即已独立建国,但在中国帝王与士大夫的思维中并没有摆脱长期所形成的历史情结,它始终被认为是中国的外藩,属羁縻之地,因此,宋元两朝帝王均想方设法对安南内政施加影响,却始终无果。至元四年(1267),元朝派遣张立道、宁端甫出使安南,向安南"诏谕六事",即"俾使其君长来朝;子弟入质;编民;出军役;纳赋税;置达鲁花赤统治之"[②]。

元朝对安南所提出的六个要求,很明显,其目的是要依照传统的羁縻制度,将安南重新划归中原王朝的统治之下,尤其是把"使其君长来朝""子弟入质"作为最优先的要求。但安南国王陈圣宗(光

---

① [越]潘辉注等:《历朝宪章类志》卷47《邦交志》,越南汉喃研究院藏本,编号 vhc. 2697,第65页。
② 《元史》卷6《世祖本纪三》,中华书局1976年标点本,第116页。

昺）以拖延策略，回避元朝的要求。至元十五年（1278），元朝柴椿出使安南，"以帝（陈仁宗）不请命而自立为辞，谕命入觐"①。陈仁宗则以"予生长深宫，不习乘骑，不谙风土，恐死于道路"为由拒绝听命。② 由于陈仁宗托词不朝，元朝几乎要出兵惩讨。至元十六年（1279），柴椿等再次出使安南，"谕安南国世子陈日烜，责其来朝"③。但陈日烜又以疾病为辞，婉拒元朝。柴椿则"以理诘难之"。元朝反复要求安南国王或世子亲自入朝不成，不得不作出妥协，想出了一个折中办法，"若果不能自觐，则积金以代其身，两珠以代其目，副以贤士、方技、子女、工匠各二，以代其土民"④。这是元朝要求"代身金人"之肇始。

对于元朝的妥协，陈仁宗认为"其事非古"，并没有应允，但迫于元朝的压力，为了缓和与元朝的矛盾，转而遣族叔陈遗爱等人代己朝觐。元主对此十分不满，决意废除陈仁宗，并册立其族叔陈遗爱为安南国王，又命柴椿率兵护送回国即位。然而，事情发展并不顺利，立陈遗爱之事，遭遇陈仁宗的武力反抗，使臣柴椿在战乱中受伤逃回国内。此事激怒了元朝的统治者，继而发动了对安南长达五六年的战争。至元二十五年（1288），元军在安南战场上虽节节失利，但是，为了降服安南国，又派礼部侍郎李思衍、兵部郎中万奴出使安南，"诏谕陈日烜亲身入朝，否则必再加兵"⑤。陈日烜迫于元朝的威吓，于是无奈地"遣使来谢，进金人代己罪"⑥。明显地，这是安南国为了免遭更大的武力打击而作出让步的结果。

对于安南此次进贡"代身金人"，后来一些越南史籍解释为，陈

---

① ［越］潘简清等：《钦定越史通鉴纲目》正编卷7"戊寅陈圣宗宝符六年"条，域外汉籍珍本文库编纂出版委员会编《域外汉籍珍本文库》第3辑，史部第6册，西南师范大学出版社、人民出版社2012年版，第542页。《元史》卷10《世祖本纪七》载："遣礼部尚书柴椿等使安南国，诏切责之，仍俾其来朝。"（第203页）
② 《元史》卷209《安南列传》，第4639页。
③ 《元史》卷10《世祖本纪七》，第217页。
④ 《元史》卷209《安南列传》，第4640页。［越］潘简清等《钦定越史通鉴纲目》正编卷7载："若果不亲至，当具金珠为代，贤士、工匠、方技各二以副之。"（域外汉籍珍本文库编纂出版委员会编《域外汉籍珍本文库》第3辑，史部第6册，第544页）
⑤ 《元史》卷15《世祖本纪十二》，第317页。
⑥ 《元史》卷209《安南列传》，第4639页。

元明时期安南贡物"代身金人"考述

朝以金人代偿被杀的元军将领乌马儿之命,以此来回避其对元朝臣服的事实。其实陈朝进贡代身金人是在元至元二十五年十月,而关于乌马儿之死,据越南史籍载:二十六年(1289)二月"遣内书家黄佐寸送乌马儿等还国,用兴道王计,以善水者充船夫,夜钻船沉水,乌马儿等溺死"①。因此,乌马儿之死是在进献"代身金人"之后,"偿命"之说,明显与史实不符。

二

据史籍记载,安南第二次进贡代身金人是在明朝宣德年间。此前,于永乐四年,明成祖为征讨黎季犛篡逆、侵邻、扰边,命朱能率师吊伐。朱能到广西龙州后,曾派行人朱勋往谕季犛父子,"许其以金铸身,纳款赎罪"②。如此则可避免战争的灾难,然而,黎季犛父子并不接受明朝的和解要求。

至宣德元年(1426),黎利所率起义军虽然在与明朝抗争中占据主动,但要以武力将明军驱赶出安南,并非容易,况当时明廷正拟增派援军。为了尽快促成明朝从安南撤军,安南头目黎利主动提出"遣人奉表陈情谢罪,贡代身金人银人等物"③。后明军逼于形势,与黎利达成撤军协定,安南也如约朝贡明朝。这次进贡的正使是黎少颖,贡物中有代身金人、银人两樽,同时还有银香炉一个、银花瓶一双。④ 关于这次进贡金人,越南史籍解释为"代偿柳升之命",并认为后来明人将其换作香炉、花瓶,或金银器皿。⑤ 这是对

---

① [越]吴士连等著,陈荆和整理:《大越史记全书·本纪》卷5,日东京大学东洋文化研究所发行,昭和五十九年版,第365页。
② (明)严从简著,余思黎点校:《殊域周咨录》卷5《安南》,中华书局1993年版,第178页。
③ 《明宣宗实录》卷36"宣德三年二月条",台北"中研院"历史语言研究所1962年校印本,第1917页。
④ [越]佚名:《慕泽黎氏谱》"附录",越南汉喃研究院藏本,编号 A.658。
⑤ [越]佚名:《蓝山实录续编》,越南汉喃研究院藏本,编号 vhc.01667,第21页。为了说明进贡金人是代偿柳升之命,此书还补充说:"至熙宗正和间,东岸县扶犛社进士、吏部尚书、朔郡公阮公沅北使,不肯偿纳,北朝诘之,公沅曰:支棱不败,柳升于今存乎?辞气壮直,北人叹服,遂弛其制。"

19

史实的歪曲。

首先，金人的形制"囚首面缚"①，金人、银人重共二百两。这样的形制与重量，用以抵偿柳升之命，相比于永乐初年爪哇杀死明朝士卒一百七十人，明朝索偿六万两黄金。②于理于情，似甚不合宜。

其次，在中国的文献中，从未有明朝官员提出要求安南国抵偿柳升之命的记载。相反，我们可以在安南士大夫阮廌《阮廌全集》得出反证，在宣德元年（1426）底，柳升等率援军七万进入安南境内，黎利曾致书柳升说："于本年十一月，本国招铸金人二枚，备进贡方物，差人赴京陈奏。"③表示黎利集团愿意对明朝称臣纳贡，希望明朝撤军。从此可以看出，黎利进献"代身金人"是早就预备了的事，所谓"偿命"之说，纯属民族虚荣心的托词。

越南史籍指出，从此以后"历代迁革之初，须有金人代谢"④，进献"代身金人"成为安南新朝获得明朝承认的礼仪制度之一。从历史事实来看，进贡金人与否，则要视情势而定。在与安南关系紧张时，中国官员用以检验其忠诚度或逼其臣服的一种手段，存在一定的随意性。以下二例可以佐证。在宣德三年（1428），明朝派李琦、罗汝敬赍诏大赦交趾，并封陈暠为王。当李琦与罗汝敬到达安南时，黎利则告知："暠死，别无有陈后，国人共推利守国。"罗汝敬听了，勃然大怒。加之在宴饮时，黎利设有"女乐"款待，罗汝敬更是愤然责骂，曰："吾等往来数月耳，暠安得遽死？且尔即言暠死，尔国嗣亡，岂用吉礼时耶？"于是"尽击破其尊罍乐器"。此时天气突然由晴转阴，雷雨交加，黎利居室亦遭雷电焚毁，因而"利惧，起谢汝敬，复进代身金人银人，上表求哀"⑤。仅过五年，即宣德八年（1433），黎利死，其子黎麟继位，亦曾进贡"代身金人"。"帝（宣

---

① 《明史》卷321《安南列传》载："先是黎利及登庸进代身金人皆囚首面缚。"（第8337页）
② 《明太宗实录》卷71"永乐五年九月癸酉"，第1222页。
③ ［越］阮廌：《抑斋遗集》"与柳升书"，《阮廌全集》第1册，（河内）文学出版社1999年版，第676页。
④ ［越］吴时仕等：《邦交好话》，越南汉喃研究院藏本，编号vhv.1831，第23页。
⑤ （明）何乔远：《名山藏·王享记》，《四库禁毁书丛刊》史部第48册，第254页。

德）以安南贡赋不如额，南征士卒未尽返，命琦复往。时黎利已死，其子麟疑未决，琦晓以祸福，麟惧，铸代身金人贡方物以谢。"①《宣德实录》亦载"其权署安南国事黎利死，利子麟遣头目黎傅随琦等来告丧，且献金人及方物"②。

至于说，此后将"代身金人"换成金银器物进贡，③ 这种说法也是缺乏史实依据，应该是一种误会，因为在宣德六年，明朝同意黎利权署国事，当时黎利即"遣使请岁贡金三百斤，以拜明赐"，④ 而且此后明朝每年都去追讨这笔岁金。⑤

三

此后近一百年时间，明朝与安南关系相对平稳，也没有进贡"代身金人"的记载。直至嘉靖年间，莫登庸篡夺黎氏政权，安南国内战乱，加之明朝欲兴兵问罪。在内外交困之时，莫登庸逼于无奈，向明朝献代身金人、银人各一，表示愿意臣服，并接受明朝撤销王爵，采用相当中国二品官的"都统使"。莫氏的"代身金人"形制为"囚首跪缚绑献之状"⑥。

万历年间，黎维潭击败莫氏，重夺政权，史称中兴黎朝。黎氏为得到明朝的承认，要求朝贡，明朝则以"勘验"为名，检验黎氏的诚信，要求：一是安插莫氏后裔，二是如莫氏前例，束身南关，献代身金人。黎氏对此很不以为然，认为自己"正派恢复，与莫事体有间"，起初曾欲以"金子一百斤、银子一千两"来代替"代身金人"，

---

① 《明史》卷158《章敞列传》，第4316页。
② 《明宣宗实录》卷110"宣德九年夏四月己未"，第2309页。
③ [越] 吴时仕等：《邦交好话》，越南汉喃研究院藏本，vhc.1831，第24页。
④ （明）何乔远：《名山藏·王享记》，《四库禁毁书丛刊》史部第48册，第254页。
⑤ 《明史》卷158《章敞列传》载："帝（宣德）以安南贡赋不如额，南征士卒未尽返，命琦复往。"（第4316页）
⑥ （明）杨寅秋：《临皋文集》卷4《檄交南国黎维潭》，影印文渊阁《四库全书》第1291册，上海古籍出版社1987年缩印本，第743页。

谋求通过勘验。但是，明朝官员坚持要求进贡"代身金人"①，经过一番交涉，黎维潭最终不得不顺从明朝的意见，于万历二十五年（1597），派冯克宽等为使臣贡献"代身金人"，谢罪请封。

关于黎维潭所进代身金人的形制，中越史籍记录颇为不一，《明史》载："先是，黎利及登庸进代身金人，皆囚首面缚。维潭以恢复名正，独立而肃容，当事嫌其倨，令改制，乃为俯伏状，镌其背曰：安南黎氏世孙、臣黎维潭不得蒲伏天门，恭进代身金人，悔罪乞恩。"② 很明显，明朝官员认为冯克宽所进"代身金人"是"独立而肃容"，有傲慢之意，要求改变形状。后在安南使臣的论辩下，为了区别黎氏政权与莫氏政权性质的差异，同意将所进代身金人的形制由传统的"囚首面缚"改为"俯伏状"。但越南史籍则载："（冯克宽）既至燕京，礼部堂责以代身金人不遵俯形旧样，俾正使不许进觐。克宽抗言：莫氏篡夺，其名逆；黎氏恢复，其名顺。莫氏得以俯形代身，已属恩幸。至如黎氏累世方臣，金人容仰，成规具在。今若以莫氏为例，系如昭安劝不恋剑。状闻明帝，率从前黎之式，克宽乃得入朝。"③ 这里将黎氏所进贡代身金人的形制由"俯"变"仰"。黎氏此次贡献代身金人，不是正常情况下的朝贡，而是前来谢罪求封，"仰容"岂能表达恭顺悔罪之意？

其实，关于金人的形状问题，早在万历二十五年（1597）勘关谈判时，双方已有共识，明朝官员考虑到黎氏之罪与莫氏相比，轻重有间，因此也作了一定的让步，要求所进献金人"作俯伏乞恩状，凿'安南黎氏世孙、臣黎维潭不得匍伏天门，恭进代身金人，悔罪乞恩'字面"④。明廷官员只是遵照既有约定来做。因此，《明史》的记载较符合史实，而越南史籍的描述，掺入太多的民族情绪，以此显示其独立与尊严。

---

① ［越］吴士连等著，陈荆和整理：《大越史记全书·本纪》卷17，日东京大学东洋文化研究所发行，昭和五十九年，第907页。
② 《明史》卷321《安南列传》，第8337页。
③ ［越］潘辉注等：《历朝宪章类志》卷8《人物志》，第40页。
④ （明）杨寅秋：《临皋文集》卷4《檄交南国黎维潭》，影印文渊阁《四库全书》第1291册，第742页。

四

  中越史籍关于安南国所进代身金人的形制与意义，各有不同，其中蕴含一种特殊的意义。从中国方面考虑，越南虽在宋代已独立成国，而且也得到了中国各王朝的认可，历代均有封赐，但事实上，中国各代王朝从皇帝到士大夫均抱有深刻的历史情结，安南曾是中国的一部分，因此，虽然安南已立国，但仍是中国的羁縻之地，属于中国的外藩。据《明实录》载，自天顺元年（1457）起，安南使臣即借朝贡之机，多次提出要"依朝鲜国王例"，赐予安南国王"衮冕"①，明朝始终不同意。直至弘治十四年（1501），安南国使臣再次提出要求时，明朝才道出不同意的缘由，礼部官员说："安南僻处南荒，素慕文教。我祖宗朝以其能守臣节，仍封其主为安南国王，盖使之统制一方，藩屏中国耳。然名为王，实则臣也。是以前后相承百有余年，其名位衣冠之品式，朝贡燕赉之礼仪，俱有定制。凡彼国王有故，乞恩嗣立，朝廷俯念远人，遣使诏封谕祭，并赐王者升服一副，使不失君主一国之荣；又赐一品常服一袭，使不忘臣服中国之敬。盖恩礼兼隆，名分不紊。今刘孝兴等不谙大体，欲将钦赐国王常服通易王爵冠服，使得异于其臣，是不知彼国之王，其名王亦为臣，而朝廷之制，其名器固有在也。然此非孝兴实为之，乃彼国通事范怀瑾饰诈怀奸倡为。此奏请并加究问，以警将来。"② 在这种思想指导下，中国皇帝与士大夫认为"代身金人"所蕴含的意义即是"恭顺"与"臣服"。因此，清乾隆年间，安南国王阮光平亲身（虽是替身）朝觐，为此，乾隆帝多次赋诗以示盛德威仪。后闻阮光平身故，特诗以赐诔，曰："外邦例以遣陪臣，展觐从无至已身；纳款最嘉来玉阙，怀疑堪笑代金人。秋中尚忆衣冠肃，膝下诚如父子亲。七字不能罢哀述，怜其忠悃出衷真。"并附注："安南在元明时，如陈日烜、莫登庸、黎维潭等，俱以怀疑不敢亲身入觐，皆进代身金人，盖中朝威信既不能畏服

---

① 《明英宗实录》卷279"天顺元年六月甲午"，第3864页。
② 《明孝宗实录》卷175"弘治十四年六己亥"，第6240页。

其心，徒贻黩货之讥，最堪鄙笑。若阮光平亲至山庄瞻觐，爱戴之情，不啻家人父子，为史牒所未有。朕之礼遇亦不忍不加优异耳。"①由此可以想象，中国皇帝与士大夫对安南国的态度。

而反观安南国士大夫，从丁部领独立称国后，不仅在形式上谋求独立，而且在精神上也追求自主。虽然事实上，安南难以摆脱强大近邻的影响，但士大夫可以通过文字阐释，至少在精神上谋求与中国的"平等"地位，因此，对"代身金人"的意义一旦贴上"偿命"的标签，"恭顺""臣服"的真义自然会被淡化。后来关于冯克宽所进贡金人的描述，一是为了显示冯氏面对强国不屈不挠的民族英雄气节，二是展现安南民族独立与自尊的精神。

事实上，关于"偿命"一说，晚至中兴黎朝后才出现，现代学者也多是依据越南史籍《邦交好话》《历朝宪章类志》的表述，可信程度值得怀疑。现代越南著名史学家陈金重在其著作《越南通史》中，对"代身金人"的阐释也颇为模糊，说："可能是支棱之役曾杀明将柳升和梁铭，因必铸金人两尊以抵命。"②

进贡"代身金人"的现象，是中国古代"羁縻"观念延续的产物。唐宋时期的羁縻制度中，规定各部族入贡天朝时，头目必须亲自前往。当土司头目不能亲觐天颜时，也曾有过以陶人、木雕人代身入觐的故事。中国各朝士大夫均认为安南是"古羁縻之地"，后虽变为"夷国"，但实质不变，因此，宋元时反复要求其国王亲自入觐，而安南国王始终抗命不遵，随后以"代身金人"入觐，那是双方妥协的结果。

（原载《社会科学》2006 年第 6 期）

---

① （清）爱新觉罗·弘历：《御制诗集》五集卷 78《安南国王阮光平故，诗以赐诔》，影印文渊阁《四库全书》第 1131 册，第 169 页。
② ［越］陈重金：《越南通史》，戴可来译，商务印书馆 1992 年版，第 167—168 页。

明朝士大夫的安南观

纵览明人文集，有关安南的吟诵之作不可谓不多，记载安南的文字亦为不少，然而，其具有实质意义的史料，却相当有限。有关安南事件的记录，重复转抄甚多；其诗词多是士大夫风雅之词，其意蕴无非是叹安南之鄙俗，颂天朝皇恩之浩大，叙使臣之任重而道远。即使是所谓的使交诗文集，作品亦多是国内山河文物之颂，入交后的作品甚少。其中原因，朱国桢曾有这样的分析，曰：国朝使朝鲜者有诗及赓和甚多，使安南者，大臣如罗惟敬等、词臣如刘戬等，都未之闻。要见自镇夷关外，崎岖榛莽，虽有江山，荒芜不治，且奉迎止于车马，绝无文物威仪，已自沦于夷矣。[①] 这其中很值得玩味的是，明太祖曾褒之为"文献之邦"，而朱氏却责之"绝无文物威仪"，这是否反映出士大夫对明、安宗藩关系的不满与无奈，以致滋生一种对其鄙视的心态？本文试就明朝士大夫对安南自然、历史的认识及其有关处理安南问题的倾向进行探讨。

一 对安南自然条件的认识

明朝士大夫对安南之自然条件与人性的认识基本源于历代的记载或传说，其地之瘴病，人之犷悍与狡黠，是明朝士大夫对安南的最深刻印象。

1. 自然条件之恶劣。在士大夫的笔下，安南地区被喻为"炎徼""炎荒"，就像一处未曾开化的蛮荒之地，更有甚者，将其形容为

---

① （明）朱国桢：《皇明大事记》，《四库禁毁书丛刊》史部第28册，第268页。

"圣人不居之地,贤者不游之处"①。明初林弼两次出使安南,对其自然条件的恶劣有着切身的体验,曰:

> 去年春,被命使安南。五月至其国,瘴乡暑道,感触既深……弼曩以使事两至安南,稔其山谷之险恶,竹树之蔽翳,一遇灾暑,则毒蛇猛兽之气蒸而出林莽,流而出涧谷,虽水泉蔬茹,皆不可食。②

尹襄《巽峰集》曰:

> 夫行乎蛮烟瘴雨之域,以接鸟言兽面之人,计其殊形异态,纷然吾目自非有主于中,不为彼所侵乱者几希。③

高得旸的《题严震直尚书奉使南国图》曰:

> 尚书昔使安南国,名士作为安南图,山重水复,路险阻,岚深嶂,厚云模糊,金牛触石,散熠耀香……计程万里,本绝域,通语三译……风俗乖罿,人犷戾,凭陵敢尔趁狼心当辙,公然奋螳臂。④

又邓球编《皇明泳化类编》曰:

> 窃观安南之俗,夷獠杂居,不知礼义,犷悍喜斗,不解耕

---

① (明)严从简撰,余思黎点校:《殊域周咨录》卷5《安南》,中华书局1993年版,第171页。
② (明)林弼:《林登州集》卷12《送韩君子煜之官海门序》,影印文渊阁《四库全书》第1227册,第90页。
③ (明)尹襄:《巽峰集》卷10,《四库全书存目丛书》集部第67册,第238页。
④ (明)高得旸:《节庵集·题严震直尚书奉使南国图》,《四库全书存目丛书》集部第29册,第251页。

种，惟髻剪发，好浴善水。①

从明初、明中、晚明个别士大夫的记述来看，明人对安南的自然与人性的认识基本上是负面的，并突出其"夷化"的特征。正德七年（1512），翰林编修湛若水、刑科给事中潘希曾出使册封黎䴙为安南国王，潘氏归国后，曾写下一首纪事诗，表达其对安南的整体观感，曰：

> 往返南交道，东风浃二旬；谘询虽未广，风土亦堪陈。
> 汉将标铜地，尧官致日辰；鄙夷甘异习，凋谢尽遗民。
> 祝发无男女，加冠别缙绅；黑牙喧鸟雀，赤脚走荆榛。
> 席地多盘膝，操舟悉裸身；野栖茅覆屋，露积竹为囷。
> 断雪无牟麦，分秧及早春；槟榔生咀嚼，橘柚杂芳辛。
> 蕉实黄初熟，椰浆白颇醇；珍奇难得象，䑛度易占鹑。
> 沈水来犹远，生金出岂频；盛陈兵肃肃，绝少马骎骎。
> 蛇虺当筵舞，螺虾入鼎珍；稍依濒海利，难与大方伦。
> 文亦同王制，圭仍析帝臣；方言时假译，职贡岁常亲。
> 自适飞潜性，相忘覆载仁；我歌聊志异，何日尽还淳。②

潘氏以其亲身所历所见，描述一个真实、客观的安南社会，有对其习俗鄙陋的蔑视，对其恭顺天朝的赞赏。总的看法是"地方僻小，风俗鄙陋"，"习尚诡谲"③。

朝鲜与安南均为明朝较为亲近的藩国，受中华文化影响最深，但在士大夫心目中的形象却迥然不同，《三才图会》所述就是最为典型的一例。此书介绍朝鲜曰：

---

① （明）邓球编：《皇明泳化类编》卷128《四夷·安南》，《北京图书馆古籍珍本丛刊》第50册，书目文献出版社1987年版，第1307—1308页。
② （明）潘希曾：《竹涧集》卷2《南交纪事》，影印文渊阁《四库全书》第1266册，第668页。
③ （明）潘希曾：《竹涧集·奏议》卷1《求封疏》，影印文渊阁《四库全书》第1266册，第758页。

高丽国，古名鲜卑，周名朝鲜。武王封箕子于其国，中国之礼乐、诗书、医药、卜筮，皆流于此，衙门官制衣服，悉随中国各朝制度，俗尚儒仁，柔恶杀刑，无惨酷。但礼貌与中国有差，如见王亲贵戚则扯嗓跪膝在地，如小见大则蹲身俯首为礼，如中国人见贼寇不敢仰视之类。此夷狄之风俗习以为常焉。①

交趾国 　　　　　　　　　高丽国

同书对安南的描述：

交趾，一名安南。其人乃山狙瓠犬之遗种，其性奸狡，剪发跣足，眢目仰喙，极丑恶。其状类襁广，人称为夷鬼。貌类人者，汉马援兵之遗也。国俗：父子不同居其巢，凡嫁娶不通媒妁，男女自相鸟合，以槟榔为信，然后归家。若妻与他人相通，即休其前夫，令其别娶。……男子尚贼盗，女子好淫乱。②

---

① （明）王圻、王思义编辑：《三才图会》"人物十二卷"，上海古籍出版社1985年影印本，第817页。
② （明）王圻、王思义编辑：《三才图会》"人物十二卷"，第820页。

再从所绘两国的图像来看，显然，朝鲜人较为儒雅，安南人则相对较为鄙俗。明朝士大夫还常将安南与朝鲜相比，对安南的总体印象是负面的，茅元仪说：

  安南，故我之封疆也，以国家之威德再续其祀，然时亦有狡心焉，故又次之。曰朝鲜，虽不入版图，而其恭顺为最。①

明人对安南人最深刻的印象就是"狡诈"。安南曾沾王化近千年，士大夫在主观意识中，对安南寄予较高的期待。然而，安南虽然没有对明朝"共主"的地位公然提起挑战，但其所作所为，对宗藩关系规则的忤逆，使明廷尤为反感。洪武四年，陈叔明篡逆事件发生后，明太祖严厉责斥安南"动以侮诈为先，非以小事大之诚，乃生事之国"②。

在诸藩国中，明朝士大夫对安南的情感最为复杂，其原因多缘于安南对天朝缺少诚意，所谓"夷獠杂居，犷悍喜斗，君长尤狡狯"。黎朝开国之君黎利，被明朝士大夫指责为"猾夏"之徒，③黎灏是安南黎朝最有作为的国王，明人给其评介却是"凡王三十余年，最为桀骜"④。

当然，也有对安南产生好感的士大夫，如洪武十年（1377）吴伯宗出使安南，回国后，太祖召见询问安南国事，其有诗曰：

  上问安南事，安南风俗淳；
  衣冠唐日月，礼乐舜乾坤；
  瓦瓮呈醇酒，金刀破细鳞；

---

① （明）茅元仪：《石民四十集》卷46《海防·四夷》，《续修四库全书》第1386册，第445页。
② （明）姚士观编：《明太祖文集》卷8《命中书谕止安南行人》，影印文渊阁《四库全书》第1223册，第49页。
③ （明）杨寅秋：《临皋文集》卷4《绥交上三院揭帖》（二），影印文渊阁《四库全书》第1291册，第740页。
④ （明）朱国桢：《皇明大事记》，《四库禁毁书丛刊》史部第28册，第261页。

年年二三月，桃李一般春。①

这是洪武四年陈叔明篡权后，明朝首次遣使赐安南国主"上尊文绮"，且此时安南国主陈煓刚逝，陈炜新嗣，对吴伯宗等自然礼遇有加，"其国王炜郊迎玺书至宫，北面拜跪，受上赐如礼"②。

又如极力主张嘉靖皇帝出兵安南的林希元，在阐述出兵之得失利害时曰：

（安南）其地土沃而民富，象犀、翡翠、香药之利被于上国，得其地正足以富国，犹胜于今之贵州、广西，非敝中国以事远夷也。③

这些所谓正面评述并不多，且有特殊的背景，故而无法代表明人的主流意识。

二　明代士大夫的安南情结

古代中国士大夫对安南的情结，源于一个悠久的历史记忆。安南内属于中国有千年之久，那段历史已经铭刻于古代中国士大夫的记忆中，且世代相传。即使安南在某种形式上得以独立，但士大夫们并没有在意识上接受这一事实。宋、元王朝对安南之定位，依然比之内地羁縻州县。④宋以软性政策，通过封予官爵来虚拟其内属；元朝采用

---

① （明）吴伯宗：《荣进集》卷3《上问安南事》，影印文渊阁《四库全书》第1233册，第246页。

② （明）林弼：《林登州集》卷10《送韩君子煜之官海门序》，影印文渊阁《四库全书》第1227册，第90页。

③ （明）林希元：《林次崖先生文集》卷4《陈愚见赞庙谟以讨安南疏》，《四库全书存目丛书》集部第75册，第505页。

④ ［越］黎崱撰，武尚清点校《安南志略》卷5《延祐三年中书省枢密使遣邓万翼刘亨字道宗并广西帅府遣官赵仲良体察安南侵地界事刘千户谕安南书》曰："惟安南为羁縻之地，独专废置之权，朝廷宽宥之恩，比之其他，可谓独隆矣。"（中华书局1995年版，第110页）

强硬的政策，强设达鲁花赤以协同管治，又试图逼迫安南国王亲朝或入质。为了使安南诚心臣服，元朝不惜对其进行了一系列的军事惩罚。当这些措施均未能达到预期目的时，为了体现元朝与安南的君臣关系，元中后期，对安南国主一直以"世子"称呼。但不管是柔和或强硬措施，并没能阻止安南独立性的增强。

至明初，明太祖强烈地意识到传统的道德和政治哲学的光辉以及宋元时期对安南关系的挫败，在处理明朝与安南关系时采用了颇为矛盾的中庸之道，一方面从现实出发，明确将安南列入不征之国，甚至认为，即使安南不派使臣前来进行朝贡，也不会进行任何干预，以表示对安南作为独立国家的接受；另一方面，理想的天下秩序蓝图又常常浮现，明太祖试图以传统道德与行为的范式来规范明、安关系，明朝大张旗鼓地派出大臣对安南山川进行封祭，证明在意识上维持对安南的拥有，安南之情结可谓根深蒂固。

对安南历史的记忆，在所有的知识阶层始终是深刻的。这种记忆，在永乐年间化作一股潜在力量，支持或默许明成祖对安南出兵。虽然明太祖的祖训字迹未干，但成祖仍然果敢出征，如果没了精英阶层的支持，那是难以想象的。宣宗的弃守安南之所以得以落实，并非士大夫们对历史的群体失忆，而是时势所迫，茅元仪曰：

> 昔当宣德间，西东杨称名臣哉，然其劝宣皇帝之弃安南，先臣谓良策也，我敢同声而和耶？文皇帝两出师，损士众，倾府库、竭仓廪，当是时天下良苦之。数公者固心腹帷幄之臣也，岂不可置一语哉？及郡邑之、戍守之，章章有程，士大夫便于朝、农便于野、商贾便于道，一夫跳梁，委而弃之，肯堂肯构，其谓之何？是役也，实基于文皇，以辅得之，使以辅守之如黔于云南也，安得屡叛哉？其议弃之也，辅实为元老不敢坚其说，将有望耶，抑不得已耶？①

---

① （明）茅元仪：《石民四十集》卷46《安南考》，《四库禁毁书丛刊》集部第109册，第383—384页。

字里行间，表达了对弃守安南的无奈与惋惜。即使如此，宣宗之举常常为人所诟病。茅元仪认为"宣帝之弃安南，此我朝大业之首亏也"①。李文凤在《越峤书》中评论此事时说：

> 是时交址复为中国有者几二十年，蛮夷狃于习见，以是数反，然所悼者英国威名耳。使当时有识者，请令英国开府交州以镇之，如黔国之在云南，虽百黎利，其何能为计？不出此乃藉口于珠崖之议，捐已成之业，弃数万之命，是太宗以百万而取之，谋国者以片言而弃之，遂使死者之仇不复，国耻不雪，岂非千载之恨哉？②

士大夫们多有对当时宣宗没有重用张辅，以沐氏驻守云南的模式，让张氏镇守安南，而耿耿于怀。茅氏亦有同感，曰：

> 国家拓境，匹于汉唐。而安南既得复失，有遗憾焉。或谓英国肤功屡奏，即留镇如黔国，南人当不复反，而以刑余荼毒，赓彼成绩；且计黎利纵横，英国尚蹩踥，令虎旅再发，应如子仪之走回纥，而竟引弃珠崖为例，盖天子既厌兵，而伏波前车，英国当亦筹之熟矣。③

虽然撤军是宣宗的决策，但明代士大夫或不敢过多的非议，因此，杨荣、杨士奇便成了众人攻击的对象，霍韬斥之为"陋儒"，视之为"太宗皇帝之罪人"④。茅元仪也认为二杨对弃守安南负有不可推卸的责任，他说：

> 自此决弃交趾之策，宣宗主之，杨士奇、杨荣佐之，张辅争

---

① （明）茅元仪：《掌记》，《四库禁毁书丛刊》集部第110册，第372页。
② （明）李文凤：《越峤书》，《四库全书存目丛书》史部第163册，第29页。
③ （明）朱国桢：《皇明大事记》，《四库禁毁书丛刊》史部第28册，第266页。
④ （明）邓球：《皇明泳化类编》卷128《四夷·安南》，《北京图书馆古籍珍本丛刊》第50册，第1307—1308页。

之不听，使通于未弃之前，非先有欲弃之论中之于心焉，敢弃而归，归而无罪哉？此由于相，必不由于君也。君之意自相决之，亦自相启之……故我以文贞、文敏罪大矣。①

随着明朝社会的发展，一些知识精英对宣宗的弃守安南政策也逐渐理解与认同，吴士奇就是其中最有代表性的一人，他说：

余初睹杨文贞交南之议，亦以为轻弃其土，自损国威。及观思田诸土官之乱，竟无宁日，假令交南再复至今，用兵几何？所耗弊中国士马饷馈又几何？失此弹丸之地，于我何损？而得之其损益半也。及知老成之长虑也。或曰镇以张辅，可令如滇中，然而未可必也。谋国者亦算其多者而已矣。②

也正是宣宗以其务实的态度与远见卓识，力持放弃，换来明、安边境百余年的安定。但是，即便如此，部分士大夫还会因为没有对安南给予一定的惩戒而心存芥蒂，田汝成曰：

章皇帝不忍黔元之涂炭，捐其故宇以安反侧，百年以来，塞徼宁谧，无斥堠之警，不可谓无大造于南土也。惜乎当其时无有倡弃绝之义，以少示贬谪而仍以王爵受其贡献，为稍靡尔。③

宣宗弃守安南后，不管理解或不理解宣宗的决定，所有的评述都投射出明朝士大夫对安南的复杂心结，一种期望与无奈的矛盾心态。在他们的意识中，安南仍然是明朝的"羁縻之地"，是明朝的外臣，与一般外藩不可同日而语。因此，当安南的黎圣宗、黎宪宗反复请求

---

① （明）茅元仪：《掌记》，《四库禁毁书丛刊》集部第 110 册，第 392 页。
② （明）吴士奇：《绿滋馆稿·征信篇》，《四库全书存目丛书》集部第 173 册，第 581 页。
③ （明）田汝成：《田叔禾小集》卷 7《安南论》（下），《四库全书存目丛书》集部第 88 册，第 503 页。

给予与朝鲜国的同等地位、赐予代表王爵身份之"衮冕"时,①明朝始终没有应允,反而指责其使臣"不知彼国之王,其名为王,实亦为臣,而朝廷之制,其名器固有在也"②。

与宣宗时期所蒙受的军事耻辱相比,晚明时期,趁安南黎、莫易位之机,明朝不费一兵一卒,对其削藩降爵,授予"都统使"之职,虽然黎、莫仍"自帝其国",但对明朝士大夫而言,其意义十分重大。张镜心对莫登庸的降服有这样的评论,曰:

> 肃皇威德遐被,遂举其土地分制之,俾受汉官,而莫且缚跣伏罪,无敢仰视。一时之功,何爗爗也!夫中夏驭戎,俾知仰命,斯礼存而功可久,黎莫易姓,皆欲借上国名号以慑束其部,夷景天朝尊也。③

反观安南自丁部领立国以来"骄蹇而王,历代因之",宋、元、明虽多次以兵压境,尚不能使之屈服,而明世宗、神宗不废兵卒,对安南削藩降爵,迫其接受内地之官衔,使之名义上已经归属于内地。虽然安南莫、黎两氏仍然"自帝其国",但也使明朝士大夫至少获得一场精神上的胜利,邓球对嘉靖之役颇有感触地说:"嘉靖中,坐享其降,不役一卒,真可谓神武矣。"④ 这不能不说是安南情结的一种无奈之表现。

三 明朝士大夫关于安南问题的思考

安南由古代中国封疆之地演变藩属国,中国的士大夫接受这一事实经历了一个漫长的过程。宋、元时期对安南的定位及采取的相应对

---

① 《明英宗实录》卷279"天顺元年六月甲午"载:"安南国王黎浚奏:'钦蒙朝廷封以王爵,臣祗承朝命已十余年。伏望赐臣衮冕,依朝鲜国王例。'上不从。"(台北"中研院"历史语言研究所1962年影印本,第5969页)
② 《明孝宗实录》卷175"弘治十四年六月己亥",第3198页。
③ (明)张镜心:《驭交纪》卷10,《丛书集成初编》第3502册,第136页。
④ (明)邓球:《皇明泳化类编》卷128《四夷·安南》,《北京图书馆古籍珍本丛刊》第50册,第1307—1308页。

明朝士大夫的安南观

策，历史已经证明是失败的。洪武初年，明太祖吸取这种历史的教训，重新审视了明、安关系，对安南的地位有了新的认识，曰：

> 安南僻在西南，本非华夏，风殊俗异，未免有之，若全以为夷则夷难同比，终是文章之国，可以礼导。若不明定仪式，使知遵守，难便责人。中国外夷若互有道，彼此欢心，民之幸也，何在繁文？①

明太祖的言论其实就是在文化意义上给安南定位，这对有明一代具有深远的影响。宣德以后之士大夫对安南的思考，基本上沿袭这一基调。嘉靖中，霍韬在谈及与周边国家关系时曰："交趾自秦汉迄唐入中国，为衣冠文物之邦者千年矣，非土官郡县化外之夷之比也。"②也就是说，在明朝士大夫的意识里，安南属于非夷非华、亦夷亦华的藩国。

基于这一认识，为了使对安南的政策更具合理性，明朝士大夫对传统的天下观又作了新的阐发，邱浚《大学衍义补》曰：

> 天地之大德曰生，而其所以生者以人为贵，而人之中有居中者焉，有处外者焉，中者混而同，其性禀习俗虽有少异，而其大略则同也。外者环而绕之，有接续之际，而无混同之势，故其性禀习俗始而近也。则大同而小异，终而远也，乃至于背戾而悬绝焉。惟其势异而情殊，故帝王所以治之也。修其教不变其俗，齐其政不易其宜，随机而应变，因事而制宜，要在使之各止其所而已，彼既止其所而不为疆场之害，则吾之内地华民得其安矣。③

---

① （明）姚士观编：《明太祖文集》卷8《命中书回安南公文》，影印文渊阁《四库全书》第1223册，第75页。
② （明）邓球：《皇明泳化类编》卷128《四夷·安南》，《北京图书馆古籍珍本丛刊》第50册，第1307页。
③ （明）丘浚撰，金良年整理：《大学衍义补》卷153《四方夷落之情》，上海书店出版社2012年版，第520页。

35

这种学说无疑是对明太祖观点的进一步阐发，对古代邦交理论的发展做出了重大的贡献。其精义主要有三个方面：一是周边诸藩国"各止其所"，明朝不宜妄加干预；二是明朝对这些国家的影响主要表现为"修其教不变其俗，齐其政不易其宜"；三是发展邦交关系的目的不再追求其听命于中原王朝，而是"不为疆场之害"，边民得以安居乐业。在这种理论认识的基础上，明朝士大夫对于安南的"狡诈"，就可以从容应对。

从明朝的历史可以看出，宣德以后的安南政策，传统的理想主义色彩在减弱，一种务实的精神占据主流。明朝士大夫对安南问题的处理，更多地考虑明朝边疆的安全，而不再拘泥于传统思维，田汝成说：

> 尔不为之颁政以易俗也，旌其酋长，别其部落，上下辑睦，以奉我边圉，如是而有不轨于其主者，责让之而已。尔不为之勤兵以骚远也，晓以顺逆，儆以祸福，悯其无知，而俟其自定，如是而有不从者，弃绝之而已。尔不受其乞怜之求、淫巧之贡，因而与之也。①

此时，不管是思想家邱浚，还是地方官员田汝成，在对待四夷的问题上，认识几乎是一致的：一是对外关系的最高目标乃是维护国家边疆安全；二是制定对外关系的政策务令四夷"各止其所"，明朝要尊重四夷的治权，对待四夷要采取因俗而治，"不以中国之法律之也"②，不干预四夷的内部事务。

事实上，与明太祖所描绘的世界秩序相比，自宣德以后，明、安的宗藩关系仅是维持于一种形式。利益成为两国关系的基础，安南能接受洪武旧制，按时三年一贡，不仅仅是出于对中国的世界秩序的认同，更主要的是基于对自身政治利益的考量。正是因为安南对明朝

---

① （明）田汝成：《田叔禾小集》卷7《安南论》（上），《四库全书存目丛书》集部第88册，第500—501页。

② （明）田汝成：《田叔禾小集》卷7《安南论》（中），《四库全书存目丛书》集部第88册，第501页。

明朝士大夫的安南观

"恭顺",明朝对安南在中南半岛谋建"小天朝"的举动,熟视无睹,有时更表现出事实上的"偏袒",如处理占城对安南的投诉则最为明显,士大夫常以明太祖的祖训为借口,并不积极调查与干预。① 而明朝的利益主要表现为边境的安全。明中后期北寇的威胁、沿海的倭患,都使明朝不希望在南方与安南发生纠纷。王世贞对明朝周边形势考察后,对明朝的国防战略曾有这样的论述,曰:

> 先北边,次南倭志,大害也。又次安南志,大举也;又次哈密志,大谋也。夫哈密末矣,闭玉关而绝西贡之路可也。安南故虽版图,夷之久矣,弗复可也。北边不易胜者也,倭能胜而不得,所以胜之者也。②

在王世贞的认识中,安南在明朝的国防中居于次要的地位,还特别指出,安南虽然曾是中国的故土,但夷化日久,断不可强力恢复,所以能维持边境安宁,则为上策。至晚明时期,熟悉安南事务的两广地方官张岳也有同感,曰:

> 就今日四夷言之,士大夫果有深谋奇略,能为国家建万世之策,亦不在于安南,何也?泰宁三卫,肩项之疾也;河套,腰胁之疾也;若安南则肤爪之末尔。舍肩项腰胁之疾而治肤爪,其失等矣。③

在这样的认识之下,明朝对安南不再以"德治""事大字小""兴灭继绝"的传统宗藩关系规则来要求安南,只要安南对明朝表现出哪怕只有形式上的"恭顺",明朝士大夫均可以"容忍"其国内之

---

① (明)徐日久:《五边典则》卷20,《四库禁毁书丛刊》史部第26册,第519页。
② (明)王世贞:《弇州四部稿》卷80,影印文渊阁《四库全书》第1280册,第339页。
③ (明)张岳:《小山类稿》卷8《答王蘗谷中丞》,影印文渊阁《四库全书》第1272册,第377页。

篡逆以及对周边小国的侵扰,①这一态度在晚明尤为明显。关于莫登庸篡逆一事,田汝成曾提出这样的处理意见,曰:

> 莫氏之于安南亦犹是也,其得民深矣,其自卫固矣,征之则失春秋详内略外之体,因而与之,又非天王正名定分之心,故不若先之以责之词,诘其篡弑之由,晓以君臣之义,以观其臣民向背之机而徐为之……吾故曰:征之不若弃绝之为得策也。②

晚明时期,现实主义在对外关系中起了决定性作用。面对安南黎、莫之争,有士大夫甚至认为:"蛮邦易姓如弈棋,不当以彼之叛服为顺逆,止当以彼之叛我服我为顺逆。"③因此不管黎、莫谁主政,"直宜问其不庭,责以称臣,约之修贡"④。

明朝士大夫的天下观从传统的理想主义向务实的现实主义转变,究其原因,主要有两点:一是国力的变化。明初从明太祖、成祖到宣宗,都称得上强势皇帝,他们构建了一整套强力有效的行政管治体系,经过励精图治,国力明显增强。但明中期以后,官僚体系日趋腐败,内外矛盾加剧,国力日渐衰微。表现在对待安南的问题上,明初正是凭借新兴王朝的劲活力,明太祖、成祖才得以主导两国关系的发展方向;明中叶后,随着国力的减弱,在处理安南的相关问题时,多表现为有些力不从心。嘉靖年间,虽然熟悉安南事务的两广地方官极力反对,但明世宗仍然倾向于出兵干预安南黎、莫的权力之争,但当两广地方官提出二百万的军事预算后,主战派不得不屈从于招抚派的建议。由此可见,国力决定着外交政策的走向。王庚武教授在分析明朝与东南亚关系发展的历程后,十分感慨地说:"多么难以捉摸的朝贡制度啊!……没有力量,没有持久的力量,无疑也就不存在什么

---

① 《明孝宗实录》卷105"弘治八年十月丁丑"载,占城来告安南侵边,要求明朝出面调解,当时有朝臣反对遣使讲和,曰:"安南虽奉正朔,修职贡,终是外夷,恃险负固,违越侵犯之事,往往有之。累朝列圣,大度兼包,不以为意。"(第1922—1923页)
② (明)田汝成:《田叔禾小集》卷7《安南论》(下),《四库全书存目丛书》集部第88册,第503页。
③ 《明史》卷321《外国二·安南》,第8335页。
④ 《明世宗实录》卷205"嘉靖十六年冬十月壬子",第4278页。

稳定的制度。"① 二是学术意识的变化。明初以理学治国，体现在对外关系上则是试图构建一个以明朝为主导，有一定等级秩序的、和谐的朝贡体系，明朝与藩国的关系是以"德""礼"为基础。明中叶后，一方面国内主流学术意识由心学向实学过渡；另一方面是西方传教士的东来，不仅带来了科技知识，而且带来了真正的世界观，西方地理学的引进，如利玛窦的《万国全图》、艾儒略的《职方外纪》等，使明朝士大夫狭隘的天下观受到了极大的冲击。叶向高看了《舆地全图》后，不无感慨地说："凡地之四周皆有国土，中国仅如掌大。"又说："要以茫茫堪舆，俯仰无垠，吾中国人耳目所见有限，自非绝域奇人，躬履其地，积年累世，何以得其详悉若是乎！"② 在国势式微、学术不明的情势之下，士大夫不得不重新审视传统的华夷秩序理念，一种务实作风自然成为实干型士大夫的思想倾向。

（原载《史林》2008 年第 4 期）

---

① 王庚武：《明初与东南亚的关系——背景论述》，载《南京大学百年学术精品·历史学卷》，南京大学出版社 2002 年版，第 1239 页。
② ［意］艾儒略著，谢芳校释：《职方外纪校释·叶向高〈职方外纪序〉》，中华书局 1996 年版，第 13 页。

明初中越关系史实述论

明太祖定都南京后，在对外关系方面，一改元朝的"黩武主义"政策，试图建立一种以明朝为主导的、规范化的和平亚洲新秩序。洪武四年，明太祖就宣布一条重要的国策，在给省府台臣的一道谕旨中，明确指出今后的外交战略，曰："海外蛮夷之国，有为患于中国者不可不讨，不为中国患者不可辄自兴兵。古人有言：地广非久安之计，民劳乃易乱之源。如隋炀帝妄兴师旅征讨琉球，杀害夷人，焚其宫室，俘虏男女数千人。得其地不足以供给，得其民不足以使令。徒慕虚名，自弊中土，载诸史册，为后世讥。朕以诸蛮夷小国，阻山越海，僻在一隅，彼不为中国患者，朕决不伐之；惟西北胡戎世为中国患，不可不谨备之耳！"①洪武二十八年（1395）九月，明太祖在垂暮之年，为明朝的万世基业着想，将发展和平邦交的构想忝列之于祖训之中，曰："四方诸夷皆限山隔海，僻在一隅，得其地不足以供给，得其民不足以使令。若其不自度量来扰我边，则彼不祥；彼既不为中国患，而我兴兵轻伐，亦不祥。吾恐后世子孙倚中国富强，贪一时战功，无故兴兵，致伤人命，以干天和，此不可。"②他为此厘定了十五个"不征之国"：朝鲜国、日本国、大琉球国、小琉球国、安南国、真腊国、暹罗国、占城国、苏门荅喇、西洋国、爪哇国、彭亨国、百花国、三佛齐国、浡泥国。为发展其和平邦交，明太祖特别强调"一视同仁"的理念，曰：

---

① 《明太祖实录》卷68"洪武四年九月辛未"，台北"中研院"历史语言研究所1962年影印本，第1277—1278页。

② （清）夏燮：《明通鉴》卷11《纪十一》"太祖洪武二十八年"，中华书局1959年点校本，第523页。

"圣人之治天下，四海内外皆为赤子，所以广一视同仁之心。"① 宣谕明朝对所有入贡的国家，将会平等对待，做到不偏不倚。同时也规范宗主国与藩属国关系要以"字小事大"为原则。

然而，现实与明太祖的理想相距甚远。如作为重要的藩国安南王国，其国内政权之篡逆、与明朝边界的纠纷、对占城之侵略等，均是对明太祖邦交理念的挑战。本文拟就明太祖对安南政策演变过程及其原因进行探讨。

一　明朝与安南宗藩关系的确立

安南陈朝与朱元璋的吴王政权接触始于何年，中国文献记载不详，但据越南史籍记载，早在元至正十九年（1359）正月，朱元璋即遣使至安南，当时朱元璋正与陈友谅相持不下。安南国王陈日煃随即也派使臣黎敬夫回访，但目的只是来"觇虚实"而已。② 二十一年（1361）二月，陈友谅与朱元璋攻战失利，退守武昌，也曾派人赴安南请求援军，为安南所拒。③

洪武元年（1368），明朝新立，即派遣尚宾馆副使刘迪简赍诏往谕安南，因刘氏病逝于南宁，事未果。④ 据越南文献记载，是年八月，安南遣礼部侍郎陶文的入朝明国，但关于此次入明的情形并无更详尽的记录。而据中国文献记载，是年安南曾欲遣使入明，但并未实现，主要是慑于镇守云南的元朝残余梁王。⑤

---

①《明太祖实录》卷134"洪武十三年十月丁丑"，第2125页。
②［越］吴士连等撰，陈荆和整理：《大越史记全书·本纪》卷7，日东京大学东洋文化研究所发行，昭和五十九年，第431页。又见《炎邦年表》，越南汉喃研究院藏本，编号 A.2436，第36页。
③［越］吴士连等撰，陈荆和整理：《大越史记全书·本纪》卷7，第432页。
④（明）严从简撰，余思黎点校：《殊域周咨录》卷5《安南》，中华书局1993年版，第170页。
⑤［越］吴士连等撰，陈荆和整理《大越史记全书·本纪》卷7载："秋八月，遣礼部侍郎陶文的如明报聘。"陶文的入明之事，中国文献尚未找到相关的记载，但《续文献通考》《明史》的史料似乎可以证明陶氏入朝之行并未实现。《续文献通考》卷23载："洪武元年（1368）登极，诏谕薄海内外，日煃大惧。又闻征南将军廖永忠、副将军朱亮祖帅师逾岭，降何真，定广东、西，日煃欲纳款，又以梁王尚在云南，持两端。"《明史·安南传》曰："洪武元年，王日煃闻廖永忠定两广，将遣使纳款，以梁王在云南未果。"

同年十二月，明朝再遣汉阳知府易济民颁诏于安南，诏谕申明两点：一是元朝已被推翻，明朝继承了中原正统，改元洪武；二是表明明朝对外政策，"凡日月所照，无有远近，一视同仁。故中国奠安，四方得所，非有意于臣服之也"①。与元朝尚武主义的外交政策相比，新兴明朝的对外政策更显"怀柔"的色彩，因此很快得到安南的接受。

洪武二年（1369）六月，安南国王派遣使臣少中大夫同时敏、正大夫段悌、黎安世等入贡明朝，并请求封爵。② 作为明朝建立后第一批入贡的外国使臣，明太祖极为重视，亲自慰问安南的使臣，看到安南使臣之服饰"依然中华文明"，十分欣赏，并御赐诗一首与安南国王，曰："安南际有陈，风俗不元人；衣冠周制度，礼乐宋君臣。"并赐"文献之邦"四字，安南使节的席位首次被安排在朝鲜之上。③ 同时，明太祖决定派遣翰林侍读学士张以宁、典簿牛谅出使安南，册封陈日煃为安南国王，赐以驼纽涂金银印。④

张以宁等奉命册封安南国王的任务并不顺利，是年十月，他们到达中越边境时，得悉陈日煃已于五月去世，陈日熞嗣位。安南国人请求以诏印改封陈日熞为王，张以宁不许，曰："此吉礼，非凶事也。且既易世矣，当以奉闻。"要求陈日熞先入朝告哀、请封，以宁则留驻安南静候新的册封表文。安南随即遣派杜舜钦等入朝告哀、请命。明太祖得悉事情原委，对张以宁坚持礼仪，称其"抱忠贞之气，奋守节之刚"⑤。并亲撰祭文，派遣翰林编修王廉前往吊祭陈日煃，吏部主事林唐往封陈日熞为安南国王。⑥ 安南的求封与明朝的赐封，具有重要的政治意义，说明明朝的宗主国地位开始得到藩国的承认，也为明、安关系的发展创造了一个良好的氛围。

---

① 《明太祖实录》卷37"洪武元年十二月壬辰"，第750页。
② 《明太祖实录》卷43"洪武二年六月壬午"，第847页。
③ ［越］阮廌：《南国禹贡》，越南汉喃研究院藏本，编号A.830，第50页。
④ 《明太祖实录》卷43"洪武二年六月壬午"，第847页。《明史》卷68载："赐安南镀金银印，驼纽，方三寸，文曰'安南国王之印'。"（第1663页）
⑤ （明）张以宁著，游友基编：《翠屏集·张以宁诗文集》附《赠诗·朱元璋〈赐张以宁诗〉序》，鹭江出版社2012年版，第238页。
⑥ 《明太祖实录》卷51"洪武三年夏四月壬申"，第1006页。

洪武二年（1369）十二月，占城指控安南侵边之事，这是明太祖处理藩国纷争，显示天朝威严的绝好机会。明太祖即时派遣翰林院编修罗复仁、兵部主事张福等分别赍诏谕安南、占城国王，诏曰："念尔两国，自古及今，封疆有定分，不可强而为一，此天意也。况尔等所居之地，相去中国越山隔海，所言侵扰之事，是非一时难知。以朕详之，尔彼此世传已久，保土安民，上奉天道，尊事中国，尔前王必有遗训，不待谕而知者。朕为天下主，治乱持危，理所当行。今遣使往观其事，谕以畏天守分之道。如果互执兵端，连年不解，荼毒生民，上帝好生，必非所悦，恐天变于上，人怨于下，其祸有不能逃者。二国之君，宜听朕言，各遵其道以安其分，庶几尔及子孙，皆享福于永久，岂不美欤！"① 明太祖凭着新朝的威严，劝谕安南与占城。也许是两国均未完成册封的缘故，劝解十分有效，"两国皆听命罢兵"。

洪武三年（1370）正月，明太祖要对诸藩之山川予以正名与拜祭，因而亲制祝文，特命朝天官道士阎原复赍牲币前往安南，祭祀伞圆山及泸江诸水神。事毕，刻碑纪其事。② 明太祖之祝文曰："惟神磅礴深广，流峙西南，灵秀所钟，福庇一方，使其国君世保境土，当历代中国帝王之兴，即能慕义归化，得免兵戈，靖安民，庶神功为大。朕本布衣，因四方云扰，廓清群雄，混一天下，以承正统，皆赖天地神明而至于此。自临御以来，海岳镇渎，俱已致祭。迩者安南奉表称臣，考之典礼，天子于山川之祀，无所不通，故特遣使以牲币之祭，往答神灵尚飨。"③ 同年五月，明廷又遣使颁科举诏于安南，规定安南国士子于本国参加乡试，入明廷参加会试。④

可以说，明朝最初之三四年间，与安南的关系发展，令明朝朝野均相当满意，明太祖曾称，朕"君临天下，以承正统，于今三年，海

---

① 《明太祖实录》卷47"洪武二年十二月壬戌朔"，第934—935页。

② 《明太祖实录》卷48"洪武三年春正月庚子"，第954页。又见［越］吴士连等撰，陈荆和整理《大越史记全书·本纪》卷7，第438页。

③ （明）徐一夔：《明集礼》卷14《祝版》，影印文渊阁《四库全书》第649册，第300页。

④ 《明太祖实录》卷52"洪武三年五月己亥"，第1019—1021页。

外诸国入贡者，安南最先，高丽次之，占城又次之，皆能奉表称臣，合于古制，朕甚嘉焉"①。

然而，明太祖对安南刚建立起来的信任感，随着安南一桩又一桩事件的发生，很快便遭受破坏。天朝的理想与残酷的现实之矛盾，使明太祖越来越感无奈，而又不能不面对。登基之初，那种积极、乐观的态度，在安南的内政斗争、边界纠纷以及不胜其烦的安、占争执之中，迅速降温，明太祖被迫思考明朝之万年基业与藩国顺服之关系，也不得不调整对藩国的过于理想化政策。

二 明太祖对安南政局变化的宽容

"陈叔明事件"的发生，是明朝与安南的关系降温主要导因之一。洪武三年（1370），明朝遵照安南所请，册封陈日熞（越史称陈日礼）为安南国王。但陈日熞并非陈日煃之嫡传，而是优人之子。② 陈日熞继位后，"纵酒淫逸，日事宴游，好为杂技之戏，欲复姓杨"。这便激起陈朝宗室的不满。十一月，陈日煃之兄、恭定王陈叔明（越史称陈暊）发动宫廷政变，废陈日熞为昏德公。十五日，陈叔明宣布继承皇位，史称陈艺宗。

陈叔明称帝后，立即改变安南的内政外交政策，一切事务均恢复开泰年间的制度。陈叔明尝曰："先朝立国，自有法度，不遵宋制，盖以南北各帝其国，不相袭也。大治间，白面书生用事，不达立法微意，乃举祖宗旧法，恰向北俗上安排，若衣服乐章之类，不可枚举，故初政一遵开泰年间例。"③ 陈叔明推行一套具有强烈独立意识的政策，而且重用具有强烈民族主义意识的外戚黎季犛，这就注定会使明朝与安南关系蒙上阴影。

洪武五年（1372）二月，陈叔明派使臣阮汝霖入贡明朝。陈叔明

---

① 《明太祖实录》卷47"洪武二年十二月壬戌朔"，第934页。
② [越] 吴士连等撰，陈荆和整理《大越史记全书·本纪》卷7载："日礼，优人杨姜子，其母号王母，为传戏时（传有王母献蟠桃，日礼母为之，因以为号）方有娠，昱悦其艳色，纳之，及生，以为己子。"（第437页）
③ [越] 吴士连等撰，陈荆和整理：《大越史记全书·本纪》卷7，第439页。

此举，目的是试探明朝对其继位的态度。然而，他并没有循正常途径向明朝求封，而是在进贡表文中，以己之名代替陈日熞，企图蒙混过关。这一计谋恰被礼部主事曾鲁发现，在明朝官员的责问下，阮汝霖不得不说明安南政权更替的实情，以及其"惧朝廷致伐，故托修贡以觇意"的目的。明太祖得悉安南的企图后，十分愤怒地说："岛夷何狡狯如是？"并决定拒绝接受其贡物。① 明朝还敕谕陈叔明曰：

  春秋大义，乱臣贼子，在王法所必诛，不以夷夏而有间也。间者安南王陈日熞薨，我国家赐以玺书而立日熞为王，今观所上表章，乃名叔明。询诸使者，日熞为盗所逼，悉自剪屠其羽翼，身亦就毙。此皆尔叔明造计倾之而成篡夺之祸也。揆于大义，必讨无赦。如或更弦改辙，择日熞亲贤，命而立之，庶几可赎前罪。不然，十万大军，水陆俱进，正名致讨，以昭示四夷，尔其毋悔。②

  陈叔明或许慑于明朝的强硬表态，洪武五年（1372）十一月九日，他禅位于太子陈煓（越史称陈曔，即陈睿宗），③ 并再次派遣使臣谭应昂等入明谢罪请封。陈叔明的禅让，只是防备明朝的军事威逼，事实上其以太上皇的名义，仍然掌握安南的实权。六年（1373）正月，谭应昂到达南京，此次入明的主要目的是为陈叔明开脱罪责，力言陈日熞因病而逝，国人一致推拥陈叔明为王，而不谈禅让之事。明太祖对安南的解释已不太在意，其所关心的乃是安南新王对明朝的恭顺程度，在安南没有威胁到明朝安全的情况下，按传统惯例，姑且让其"以前王印视事"，以观后效，再作定议。④

  陈叔明虽然可以权署安南国事，但其王权得不到明朝实质上的承认，对明朝多少产生敬畏之心。洪武七年（1374）三月，安南派遣

---

① 《明太祖实录》卷72"洪武五年二月丙戌"，第1327页。
② （明）宋濂：《文宪集》卷1《奉制谕安南国诏》，影印文渊阁《四库全书》第1223册，第254页。
③ ［越］吴士连等撰，陈荆和整理：《大越史记全书·本纪》卷7，第443页。
④ 《明太祖实录》卷78"洪武六年春正月"，第1433—1434页。

正大夫阮时中等入贡明朝，一是对明朝给予陈叔明权署安南国事表示谢意；二是把禅让之事告知明朝。明朝深知"叔明虽已谢事，实专持其国"①，但无意干预安南国事，对其王权的更替并不反对，承认其既成之现实。

这虽然只是一件个别事件，但明朝的处理手法已经表明，明朝与安南之间的关系发生了微妙的变化。洪武八年（1375）六月，安南的使臣阮若金等回国前，明太祖在与大臣谈及与安南关系时曰：

> 安南僻在西南，本非华夏，风殊俗异，未免有之，若全以为夷，则夷难同比，终是文章之国，可以礼导。若不明定仪式，使知遵守，难便责人。中国外夷，若互有道，彼此欢心，民之幸也，何在繁心？今后若与安南往来，尔中书行移诏书，无故不轻往，使彼得以自由，岂不有便于外夷者欤？尔中书昭示安南知会，若欲三年来贡，其部臣行人许五人而止；进见之物，须从至微至轻，必来使自捧而至，免劳彼此之民，物不在多，惟诚而已。②

在经历与安南的几年交往后，明太祖给明、安关系做出新的评估，认为安南虽与华夏不同，毕竟长期受中华文化的影响，可以在一定的礼仪规范下发展双方的关系。首先是摒弃以往凡事通告安南的做法，"诏书无故不轻往，使彼得以自由"；其次规范朝贡关系，即三年一贡，而且使团不得超过五人，贡物不在乎多，使臣"自捧而至"即可，只是表达诚敬之意而已。

陈炜（煓之子）继位后，凡事由陈叔明决策，但陈叔明偏信于黎季犛，不断扩大其权力。洪武二十年（1387）八月，陈叔明又提拔黎季犛为平章事，并"赐剑一把、旗一只，题曰：文武全才，君臣同德"③。黎季犛正是凭着陈叔明的信任，"上得君，下主兵"，权势日

---

① （明）何乔远：《名山藏·王享记》，《四库禁毁书丛刊》史部第48册，第247页。
② （明）张镜心：《驭交纪》卷3，《丛书集成初编》第3503册，中华书局1985年版，第35页。
③ [越]吴士连等撰，陈荆和整理：《大越史记全书·本纪》卷7，第459页。

盛，野心暴露无遗，以至于"人人皆知其将篡"①。洪武二十一年（1388）八月，陈炜为了扭转这一局面，与亲信大臣相议曰："上皇宠爱外戚季犛，肆意任用，若不先为之，虑后必难制矣。"② 正欲密谋削除黎季犛的权力，可是计谋外泄。黎季犛则利用陈叔明与陈炜之间的小小矛盾，极力唆使陈叔明废除陈炜，改立叔明之子陈顒为帝。陈叔明听信其言，囚禁陈炜，并宣内诏曰："官家践位以来，童心益甚，秉德不常，亲匿群小，听黎亚夫、黎与议，谮诬功臣，扇摇社稷，可降为灵德大王。"③ 不久后，陈炜亦惨遭黎季犛杀害。

随着占城国王制蓬莪去世，安南与占城的矛盾也转趋缓和。此时的黎季犛更是日甚骄横，对待异己分子，他极力怂恿陈叔明对其进行迫害，即使皇子、亲王也不例外。对于黎季犛的野心，一些忠良大臣如裴梦华等，曾直言上奏，诉说"季犛必有觊觎神器之意"④。陈叔明竟将这些密奏送予黎季犛阅览，此后忠臣之士缄口，没有复劝谏者。

随着黎季犛党羽日众，对陈氏王朝威胁已越来越明显，陈叔明对此或许有所觉悟，但已势不可制。洪武二十七年（1394）二月，陈叔明命画工绘周公辅成王、霍光辅昭帝、诸葛亮辅后主、苏宪诚辅李高宗等"四辅图"以赐黎季犛，且谓之曰："卿辅官家当如是也。"⑤ 四月，太上皇陈叔明召见黎季犛，口传遗诏曰："平章家族，国家事务，一以委之。今国势衰弱，朕方老耄，即世之后，官家可辅则辅之，庸暗则自取之。"陈叔明这些做法是想"效法昔时刘备对诸葛氏所说之话，想以此收买季犛之心"⑥。黎季犛听后，免冠叩头泣谢，指天地发誓曰："臣不能尽忠戮力辅官家，传之后裔，天其厌之。"又曰："灵德王之不德，非陛下威灵，则臣已含笑入地，得至今日乎？

---

① ［越］吴士连等撰，陈荆和整理：《大越史记全书·本纪》卷7，第461页。
② 同上书，第460页。
③ 同上。
④ 同上书，第467页。
⑤ ［越］潘清简：《钦定越史通鉴纲目》（正编）卷11，台北"国立中央"图书馆1969年影印本，第1400—1401页。
⑥ 郭振铎、张笑梅：《越南通史》，中国人民大学出版社2001年版，第128页。

纵糜身碎骨，未能报答万一，敢有异图。"① 由此可见，陈叔明的安排，存在对黎季犛诚伪检验之意，黎季犛亦体会其话外之音，故信誓旦旦，以博得陈叔明更坚定的信任。

其实陈叔明对黎季犛的信任绝非偶然，陈叔明掌权后，推行着一套王权独立的外交政策，试图摆脱明朝的朝贡体制的约束。当时安南名臣司徒章肃侯陈元旦就看出其中端倪，深感此政策的推行对安南国的危害，故在致仕后曾力劝陈叔明曰："愿陛下敬明国如父，爱占城如子，则国家无事，臣虽死且不朽。"②

假如说陈叔明只是在体制上欲争取与明朝得到平等的地位，那么，黎季犛则要在文化上塑造与明朝不同的性格。洪武二十五年（1392），黎季犛作《明道十四篇》奉上，"大略以周公为先圣，孔子为先师。文庙以周公正坐南面，孔子偏坐西面。《论语》有四疑，如子见南子、在陈绝粮、公山佛肸、召子欲往之类。以韩愈为盗儒，谓周茂叔（周敦颐）、程颢、程颐、杨时、罗仲素（罗从彦）、李延平（李侗）、朱子（朱熹）之徒，学博而才疏，不切事情而务为剽窃"。太上皇陈叔明阅后，"赐诏奖谕之"，而对那些持异议者如段春雷、陶师锡等或流放，或贬官。③

洪武二十七年（1394）十二月，陈叔明病逝，当时陈顺宗年幼，黎季犛任辅政太师、平章军国重事，号称"忠卫国大王"，甚至曾下令人们称其为"辅政该教皇帝"，并且入居宫中。自此以后，黎季犛把持了安南的朝政。次年明朝杨靖出使安南，也看出了安南"政事皆为国相黎一元与其子澄所专"④。

黎季犛全面掌握安南的政权后，更加快树立其文化的独立性。洪武二十八年（1395）四月，他将《尚书·无逸篇》译成国语（即字喃），以教育陈顺宗；二十九年（1396）十月，他又以字喃作《诗义并序》，命令女师教授宫中后妃与宫人，"序中多出己意，不从朱子

---

① ［越］吴士连等撰，陈荆和整理：《大越史记全书·本纪》卷8，第469页。
② ［越］潘清简：《钦定越史通鉴纲目》（正编）卷11，第1365页。
③ ［越］吴士连等撰，陈荆和整理：《大越史记全书·本纪》卷8，第468页。
④ 《明太祖实录》卷242"洪武二十八年冬十月癸卯"，第3521页。按：黎一元，即"黎季犛"，专用于事奉明朝的别名。

集传"①。当代越南史学家明峥在其《越南史略初稿》中说:"胡季犛就是一个使用字喃传播新思想的先锋战士……甚至朝廷寄往各路的所有敕令和诏书,胡季犛也下令必须用字喃。"② 因此,在陈叔明与黎季犛把持安南国政的时期,对明朝的许多做法,在朝贡体制视野下考察,明显存在"不恭",郑永常称此时安南对明朝的政策是"畏而不敬"③,是符合史实的。

洪武二十一年(1388),陈叔明在黎季犛的怂恿下,废了陈炜,立叔明之子陈日焜为帝,但次年"仍假炜名入贡,朝廷不知而纳之"④。二十六年(1393),明朝发现真相后,立即断绝与安南的朝贡关系,"命广西都指挥使司自今勿纳其来使"⑤。明朝的绝贡,使安南深为不安。为尽快恢复与明朝的邦交关系,次年,安南派出使臣阮均等绕道广东入境,广东方面不知朝廷对安南政策的变动,擅自同意安南的使节入境。明太祖得知后,十分气愤,即时派官员到广东追究执事者的责任,"仍却其贡献不受"⑥。此一消息传回安南,黎季犛越发害怕。

二十八年(1395),安南国再遣其臣大中大夫黎宗辙、朝仪大夫裴鉴入贡,此次安南以诡词狡辩,因明朝不想将事件扩大化,同意接纳入贡。原因是,此时明朝正计划出兵征讨龙州叛贼赵宗寿,为了避免安南的误会,明朝还派遣礼部尚书任亨泰等出使安南,说明叛将赵宗寿之罪不可赦,要求安南慎守边境,不得接济叛兵。⑦ 同时由前刑部尚书杨靖向安南求援,希望其能资助军饷八万石。安南得知明朝的意图后"稍自安",但对明朝的要求,却是"狙诈百出",经过一番讨价还价,安南始同意输粮二万石,其余折以金千两、银二万两。赵

---

① [越]吴士连等撰,陈荆和整理:《大越史记全书·本纪》卷8,第471页。
② [越]明峥:《越南史略初稿》,范宏贵译,生活·读书·新知 三联书店1958年版,第128页。
③ 郑永常:《征战与弃守:明代中越关系研究》,台南成功大学出版组1998年版,第19页。
④ 《明史》卷321《外国二·安南》,第8311页。
⑤ 《明太祖实录》卷227"洪武二十六年夏四月丙申",第3314页。
⑥ 《明太祖实录》卷233"洪武二十七年五月甲寅",第3401页。
⑦ 《明太祖实录》卷240"洪武二十八年八月戊辰"载:"上谓亨泰等曰:龙州地连安南,大军压境,彼必致疑,宜告以赵宗寿之罪不可赦,安南当慎守边境,毋启纳叛之谋。若如朕命,彼此边徼之民皆幸矣!"(第3486—3486页)。

49

宗寿叛乱很快就被平定，结果明朝只收下粮饷，将所馈金银归还。①此外，明朝还遣使至安南征求僧人、按摩女、火者，安南均"少遗之"②。从这系列事件来看，黎季犛专权后，对有关明朝的事务多是搪塞了事。

三 明太祖对明、安边界纠纷的忍让

在明太祖时期，影响明、安关系的另一重要因素乃是边界的纠纷。入明之初，由于明朝对包括安南在内的南海诸国采用和平的邦交政策，而安南则面临与占城的矛盾及国内的政权争夺，明朝与安南的关系基本平稳。至洪武十四年，广西思明府状告安南脱、峒二县侵扰永平等寨，安南在受诘责时，也反告思明府攻其脱、峒、陆、峙诸处。明太祖认为安南"作奸肆侮，生隙构患，欺诳中国"，不仅退还当年的贡物，而且敕谕广西布政司"自今安南入贡并毋纳"③。

综观此时安南的内政与外交，内则篡夺不断、纪纲紊乱，外则对邻侵扰，明朝对安南的总体印象是"动以侮诈为先，非以小事大之诚，乃生事之国"，但明太祖"惟愿民安而已，无强凌弱、众暴寡之为，安南新王自当高枕，无虑加兵也"。明朝对安南的种种不恭行为，并无出兵之意，仅以"绝贡"为警诫，要求安南国王能"省己修仁"④。

明朝的"绝贡"威胁，在安南确实产生了一定的效用，据《明实录》载，此后，安南于洪武十五年、十七年、十九年、二十年均有进贡记录，而且与明初相比，贡物已非只有方物，增加了如阉竖、象马、金银器皿等。《明史》亦载："煃惧，遣使谢罪，频年贡阉竖、金银、

---

① 《明太祖实录》卷242"洪武二十八年冬十月癸卯"，第3520—3521页。参见《明史》卷321《外国二·安南》。[越]吴士连等撰，陈荆和整理《大越史记全书·本纪》卷8载："明遣任亨泰等来乞师五万人，象五十只、粮五十万石、搬运至界首以给军。时明人讨龙州奉义州叛蛮，阴设此计，欲托以粮米不足，掩捕国人，亨泰密告知之。以故不与兵象，所给粮不多，差官送至同登而还。"（第470页）
② [越]吴士连等撰，陈荆和整理：《大越史记全书·本纪》卷8，第470页。
③ 《明太祖实录》卷137"洪武十四年六月丙辰"，第2168—2169页。
④ （明）张镜心：《驭交纪》卷3，《丛书集成初编》第3502册，第36页。

紫金盘、黄金酒尊,象马之属。"① 为了检验安南是否具有"事大之心",洪武十七年,因云南驻兵缺少粮饷,明朝派遣杨盘出使安南,要求提供援助。"盘至,陈炜即以粮五千石运至临安界之水尾。"②

此时,安南的政权实际上仍然由陈叔明掌控,所以对明朝还表现出一定的"恭顺"。但自陈叔明去世后,黎季犛成了安南的实际掌权者,对明朝的态度也日趋强硬起来。洪武二十九年(1396),思明府土官知府黄广成奏言:

> 本府自故元设置思明州,后改思明路军民总管府,所辖左江一路州县洞寨,东至上思州,南至铜柱。元兵征交趾,去铜柱百里立永平寨军民万户府,置兵戍守,而命交人供其军饷。元季扰乱,交人以兵攻破永平寨,遂越铜柱二百余里,侵夺思明属地丘温、如敖、庆远、渊、托等五县,逼民附之,以是五县岁赋皆令土官代输。前者,本府失理于朝,遂致交人侵迫益甚,及告礼部任尚书立站于洞登。洞登,实思明府地,而交人乃称属铜柱界。臣尝具奏,蒙朝廷遣刑部尚书杨靖核实其事,况今《建武志》尚有可考。乞令安南以前五县还臣旧封,仍止铜柱为界,庶使疆域复正,岁赋不虚。③

假如说,洪武十四年(1381)思明府的投诉只限于两国边界的骚扰,而此次的控诉则涉及领土治权的问题,这自然引起了明朝的高度重视。明廷即时做出反应,一是罢免任亨泰官职,原因是,据上引思明土司黄广成的奏文称,任亨泰于二十八年(1395)出使安南时,同意安南在洞登设立驿站接待,以造成事实上承认洞登是安南的领土;④ 二是于洪武二十九年(1396)十二月派遣行人陈诚、吕让出使

---

① 《明史》卷321《外国二·安南》,第8311页。
② 《明太祖实录》卷163"洪武十七年秋七月甲寅",第2527页。
③ 《明太祖实录》卷248"洪武二十九年十二月乙酉",第3600—3601页。
④ 《明史》卷137《吴伯宗传》载:"会讨龙州赵宗寿,命(礼部尚书任亨泰)偕御史严震直使安南,谕以谨边方,无纳逋逃。时帝以安南篡弑,绝其贡使。至是闻诏使至,震恐。亨泰为书,述朝廷用兵之故以安慰之,交人大悦。使还,以私市蛮人为仆,降御史。未几,思明土官与安南争界,词复连亨泰,坐免官。"(第3947页)

安南进行交涉，要求安南归还思明府的故地。

三十年（1397）二月，陈诚等抵达安南后，与当权者交涉归还侵地之事，双方经过多次交涉，没能达成共识。当时陈诚归咎于翻译没能准确表达他的意见，于是亲自写信给安南国王陈日焜，陈述明朝的立场；安南国王陈日焜也回函对陈诚的意见一一辩驳，并表明安南国的立场。如此往复数次，"辩论不已"，亦终无结果。从双方的往来书信中，我们可以探知当时两国意见分歧的焦点所在。陈诚主要以图籍为依据，阐明丘温等地的历史沿革，证明其为明朝思明府的属地。书信文辞软硬兼施，语带军事干预之意。然而，安南掌权者黎季犛对陈诚的信函颇不以为意，在回函时尤力争不让。安南当局以历史虚无主义的态度来辩驳明朝的理据，认为历史图籍的记载均是"荒昧之虚文"，不足取；思明人之言诬罔，不可信。他所强调的是，安南现时已对这些地方管治的现状。对于安南的狡辩，陈诚深感无奈，在回函中发出了"又复何言"感叹，并强调曰：

> 思明不讼他而只讼安南，岂与王有世仇乎？况有古志可考，又何怪焉？王虽不信，天下耳目安可掩也？诚仗节万里，书日倾吐忠言而王终不之听，此诚势屈于王人矣，何益于言！王果坚执不还，诚亦当便回。但恐边衅由是而生，异日之悔有不可追者矣！①

由于双方的立场与思考的出发点分歧甚大，尤其是安南方面对图籍的全盘否定，使谈判陷于僵持。后来，安南当权者遣人"馈黄金二锭、白银二锭、檀香、沉香、笺香各二裹"，欲行贿陈诚以打破僵局，但遭陈诚拒绝。② 陈诚回国后，黎季犛担心明朝会有进一步的军事行动，直接上书明朝礼部。安南的申诉书，仍然重弹老调，为其侵占的事实狡辩，甚至于对思明府土官进行攻击，丝毫没有归还之意。其态

---

① 王继光校注：《陈诚西域资料校注·又复安南国王书》，新疆人民出版社2012年版，第18页。

② 《明史》卷318《列传二百六·广西土司二·思明》，第8234页。

度之强硬，言辞之傲慢，是明、安交往历史中少有的。因此，明太祖召集众臣商议对策时，有大臣认为安南抗逆朝命，建议发兵征讨。明太祖并不受一时之义愤所影响，他没有忘记两年前所立之祖训，对安南的傲慢与挑衅，姑且容忍，他说："蛮夷相争，自古有之。彼恃顽不服，终必取祸，姑待之而已。"①

明太祖对安南的容忍政策，近代学人黎正甫解释为："盖有待于将来国力充裕，人民康乐之时，一举而灭之，则汉武之大业可就也。"② 这种解释是对明太祖的一贯政策的误读。其实，洪武四年制定了明确的南海政策，对南海诸国，明太祖希望以怀柔的态度处之，"其不为中国患者，朕决不伐之"。在此后的二十五年里，安南先后出现篡夺、侵邻、扰边的事件，对明朝时常表现出不恭与傲慢，而明太祖对安南最严厉的惩罚也仅仅局限于断交绝贡。洪武二十八年（1395），当明太祖重新检讨其南海政策时，仍然毫不犹豫地坚持其"不征"政策，并列入祖训之中，以警诫子孙。说明明太祖仍然坚持其一贯的南海政策，从未有过要征讨包括安南在内的南海诸国的意念。明人高岱曾对此事评曰："夫以当时熊虎之将，席百战之威，其于蕞尔小夷，岂为难克？然于敝中国多矣。彼既不足为中国患则已，又何必涂炭吾赤子而邀无益之功邪？"③ 高氏的话语正体现了明太祖的治国理念。

四　明太祖对安、占争端的无奈

安南与占城之间的军事冲突由来已久，入明后，于洪武二年（1369）占城首次指控安南入境侵扰。对于安、占的纷争，明太祖作为"天下主"，自觉有义务担当起"治乱持危"的责任，因此以"畏天守分之道"劝谕双方息兵罢事，使两国边界也因此得到短暂的平静。

---

① 《明太祖实录》卷250"洪武三十年三月甲辰"，第3626—3627页。
② 黎正甫：《郡县时代之安南》，上海商务印书馆1945年版，第141页。
③ （明）高岱撰，孙正容、单锦珩点校：《鸿猷录》，上海古籍出版社1992年版，第20页。

上　编

　　至洪武三年末，陈叔明发动政变，废掉陈日熞，自立为王。陈日熞之母出逃占城，并请求占城为其复仇。四年（1371）闰三月，占城大举进攻安南，直捣其京城，"焚毁宫殿，虏掠女子玉帛以归"①。经此一役，安南深以为耻，陈叔明决定向占城复仇，并采取了一系列措施：一是禅位于弟陈𤇔（即陈睿宗）；② 二是重用黎季犛，加封其为忠宣国上侯，命其参谋军事；三是扩军备粮。

　　占城袭击安南得手后，深为不安，害怕安南前来复仇。四年（1371）七月，占城国王阿答阿者（越南史籍称制蓬莪）派遣使节答班瓜卜农入贡明朝，并诬控常常受到安南的侵扰，请求明朝援予兵器等物。明太祖深明其中利害，因此处理两国之纷争时，颇为小心谨慎，在安、占之间保守中立，对于占城的请求只能委婉拒之，曰："所请兵器，于王何惜，但以占城、安南互相争夺，而朝廷独与占城，则是助尔相攻，其非抚安之义。"为了安抚占城，明太祖传谕福建行省，免征占城的货物税，"以示怀柔之意"③。

　　洪武九年（1376）十二月，安南国王陈𤇔亲率十二万大军报复占城。次年春正月，陈𤇔不听大臣杜礼等的极力谏止，冒险挺进，决意攻打占城都城阇槃，结果惨遭埋伏，陈𤇔阵亡，安南将士战死者十之七八。占城也乘胜北伐，五月攻打乂安，入大黄江。六月，再一次劫掠安南京城。

　　陈𤇔死后，陈叔明立陈𤇔之子陈炜（越史称陈晛）为王，是为陈废帝。洪武十年（1377），安南遣使陈建琛、阮士谔入明，称陈𤇔巡边溺死，且告以陈炜为嗣。明朝始以畏、压、溺三不吊之礼，拒绝派人前往吊祭。建琛争辩说，占城犯顺扰边，而陈𤇔有御患救民之功，何为不吊？明朝才决定派遣陈能前往吊祭。④

　　明太祖对安南与占城纷争不断，十分不满，并把责任归咎于陈叔

---

① ［越］吴士连等撰，陈荆和整理：《大越史记全书·本纪》（上）卷7，第442页。
② 陈叔明禅位于弟陈𤇔，越南史家吴士连认为"艺宗（指陈叔明）避乱时，师徒军器，皆帝（指陈𤇔）之力，故以位逊之"（参见［越］吴士连等撰，陈荆和整理《大越史记全书·本纪》卷7，第444页）。
③ 《明太祖实录》卷67"洪武四年秋七月辛未"，第1260—1261页。
④ ［越］吴士连等撰，陈荆和整理：《大越史记全书·本纪》卷7，第449页。

明。洪武十二年（1379）十二月，安南遣使入贡，明太祖派出使者传谕陈叔明，指责其持政不端，曰："尔叔明自临事以来，国中多故，民数流离……安南与占城忿争，构兵将十年矣，是非彼此，朕所不知。其怨未消，其仇未解，将如之何？"①希望安南能息兵养民，免遭亡国之痛。次年，明太祖趁占城朝贡之机，亦传谕占城国王阿答阿者，曰："朕尝戒尔两国，毋深构仇雠，以安生民。今一胜一负，终无休息，果何为哉？……今尔两国之争，是非吾所不知。但知曩者安南兵出败于占城之下，占城乘胜入安南之国，安南之辱已甚。若此之后，王能保守封疆，奉天勤民，则福禄绵长矣。如其不然，必欲驱兵，连年苦战，彼此胜负，固不可知。鹬蚌相持，渔人获利，他日悔之，不亦晚乎！"②明太祖之"微言大义"并没有平息安南与占城的相互侵扰，此后，两国在边界上依然纷争不息。

明太祖在处理安南与占城争端的过程中，态度是一贯的，没曾偏离"一视同仁"的原则，始终没有使明朝卷入其中。他的调解仍不外乎那套老办法，反复以"春秋大义""天道"之类传统伦理来开导两国的当权者，希望他们息兵养民，睦邻相处，然终其一生竟无法调处占、安之纷争。直至洪武二十二年（1389），占城国王制蓬峩战死后，国内陷入权位之争，大大削弱了占城的国力，占、安两国之纷争才得以稍事减缓。

结　语

明太祖创建明朝以后，其目标是延续朱明王朝于万世，在对外关系上，在南北边防上采取"北防南和"不同的策略。对南海诸国是想通过一个规范的宗藩体系来巩固双边关系，因此在明初，通过一系列的改革与完善措施，从礼仪、制度上规范与南海诸国的交往，这种规范既体现传统的宗藩关系的理念，也兼及南海诸国的现实发展，是建立在诚信、睦邻基础上的。而安南政局一直吊诡与多变，明太祖对

---

① 《明太祖实录》卷128"洪武十二年十二月"，第2039—2040页。
② 《明太祖实录》卷133"洪武十三年九月"，第2118—2119页。

此也有了较深的认识，因此始终没有贸然干预，持着一种"来者不拒，去者不追"的态度，与之交往。其典型的现象有二：第一，洪武十四年，安南内廷发生篡夺事件，明太祖就曾明白地告知陈叔明："安南限山隔海，远居蕞尔，天造地设，帝命王于彼者，以主生民。中国有道之君必不伐，尚强无知者必征。今朕统天下，惟愿民安而已，无强凌弱、众暴寡之为，安南新王自当高枕，无虑加兵也。"① 表明不会以军事干预安南的内政，甚至要求安南的使臣转告陈叔明，称："尔等归告陈叔明，安分高枕，虽不来朝亦也无虞。"② 第二，自洪武四年以后，终太祖一世，安南五次变更国主，并没有按宗藩关系的规则请封，而明朝既不行册封之礼，也不予追究，两国使节交往却依旧如常。这实际上是默认安南权位更替的事实。在明太祖看来，发展邦交关系要有诚信，合符礼制，否则互不来往亦无妨。也许正是这种"无为而治"的态度，有学者就认定明太祖"不喜欢发展海外的联系"③。

（与吴平联合署名，原载《广西民族大学学报》2010年第3期）

---

① （明）朱元璋撰，胡士萼点校：《明太祖文集》卷2《谕安南国王诏》，黄山书社1991年版，第21页。
② （明）朱元璋撰，胡士萼点校：《明太祖文集》卷8《谕安南来使敕》，第149页。
③ ［美］牟复礼等：《剑桥中国明代史》，张书生等译，中国社会科学出版社1992年版，第184页。

明宣德弃守安南始末考述

明成祖去世后，熙宗与宣宗相继嗣位，从安南撤军便成为其重要的朝政。但学术界对撤军过程的关注并不够，只有台湾学者郑永常的《征战与弃守：明代中越关系研究》一书，稍为涉及，但由于史料掌握不够，对撤军过程中明朝与安南的相关交涉仍有深入讨论的空间。本文试着就撤军的过程进行较详尽的分析，以揭示从熙宗萌生退兵之意到宣宗完成撤军的历史背景以及两国在战场及邦交谈判方面的博弈情形，这将有助于理解宣宗以后明、安关系发展的走向。

一 洪熙对安南政策的转变

永乐四年（1406）十月九日，明朝以"吊民伐罪，兴灭继绝"为由出兵安南，仅花八个月的时间，以破竹之势，迅速占领安南，并俘虏胡氏父子及主要大臣。后因陈氏继承人查找无踪，应安南耆老的要求，永乐五年（1407）六月初一日，明成祖颁诏在安南设交趾郡，设三司管理，形同内地。① 随后又在安南推行地方行政、经济、文化教育等一系列的改革措施，把明朝的伦理观念、管理制度完全移植到安南，对其实施全面的统治。然而安南并未因此而平静，相反各地抗明复国的武装起义此伏彼起，先后有陈简定、陈季扩等64股起义力量抗衡明朝的统治，② 使明朝管治下的安南陷入动荡不安的局面。

---

① 《明太宗实录》卷68"永乐五年六月癸未"，台北"中研院"历史语言研究所1962年校印本，第945页。
② 郑永常：《征战与弃守：明代中越关系研究》，台南成功大学出版组1998年版，第84页。

面对安南的乱局，明朝采取以剿为主、招抚为辅的政策，至永乐二十一年，安南各地的抗明武装基本被平息，只有黎利率领400余人的武装力量逃遁于蓝山一带。当时明将陈智、马骐、山寿等人不能把握良机，及时扫平黎利残部，而一味推行优抚政策，为被困于深山的黎利提供"牛、马、鱼、盐、家器、谷粟"，诱其顺服。黎利则抓住明军厌战的弱点，进行"外托和亲，内怀掩袭"活动，[1] 图谋再起。

永乐二十二年（1424）七月，明成祖去世，仁宗继位。仁宗在做太子时，成祖多年北征在外，故得以监国理事，对其父的邦交政策所产生的负面影响有着深刻的体会。因此，仁宗登基后不久，很快改变其父的外交政略，恢复太祖较为理性的邦交理念。他专门颁布了一道处理安南关系的诏令："交阯采办金珠香货之类，悉皆停止。交阯一应买办采取物料，诏书内开载未尽者，亦皆停止。所差去内外监督官员，限十日内即起程赴京，并不许托故稽留，虐害军民。"[2] 明仁宗主要想通过一些柔性的安抚措施，施缓安南人民的抗明情绪，稳定此地区的局面。

在安南，黎利正欲乘明朝新皇初立之机，组织反攻。明朝将领陈智探知这一消息，感到已招抚无望，建议对黎利实施围攻。九月初一日，他上奏朝廷曰："黎利虽称率男女四百八十余人来降，而止于清化府俄乐县，不出，且闻仍造军器不已，怀诈如此，必当进兵讨之。"然而，明仁宗虽然肯定了陈智的分析，但却指示陈智等曰："朕闻此贼初只为官司科扰逼迫，穷窘不得已而然。今以大赦天下，咸典更新，而于交阯又加宽恤，此贼万一良心未丧，庶或易虑（处）。今若官军未进，即遣人招谕，宥其前过，令还本土，安生乐业。彼若执迷不出，仍前所为，即具实来奏，别为区处。如官军已追，势不可止，须十分仔细谨慎。盖贼之谲谋，惟凭险设伏，须远哨瞭，毋堕其计。军行之际，尤加约束，军士毋扰害良民。"[3] 从这一份诏谕中可以看出，明仁宗对安南事务的处理原则，一是对黎利集团抱有幻想，他想

---

[1] ［越］吴士连等，陈荆和等整理：《大越史记全书·本纪》卷10，日东京大学东洋文化研究所发行，昭和五十九年，第521页。
[2] 《明仁宗实录》卷1"永乐二十二年七月丁巳"，第17页。
[3] 《明仁宗实录》卷2"永乐二十二年九月癸酉"，第40页。

以宽恤的政策，来唤醒黎利"未泯良知"；二是在可靠而安全的情况下，不排除使用军事行动。其"别为区处"则体现仁宗处理安南决策的弹性，而且明显倾向于以招抚为主。

随后中官山寿回京述职，"力言利与己相孚，今往谕之，必来归"，并断言"如臣往谕，而彼不来，臣当万死"①。山寿的自信，严重影响了仁宗对安南形势的判断，使之对黎利安抚的决心更加强烈，便将与黎利谈判的任务全权交给山寿。于九月乙酉，让中官山寿赍敕谕安抚黎利曰："尔本良善，久秉归向之诚。但有司失于抚绥，致怀疑畏，潜遁山林，未遂素志。今大赦之后，尽洗前过，咸与更新。特遣人赍敕谕尔，授尔清化府知府，抚一郡之民，宜即就职，以副朕推诚待人之意。"② 明仁宗对安南的怀柔政策，并未能换来黎利诚心的归顺，反而致使前线将领在军事上的迟疑不决，给黎利有喘息之机。

总结二十多年来的抗明战争，黎利深深感到自身并无足够力量与明朝的主力部队对抗，必须改变策略。他集合麾下将领于芦山讨论抗明的策略，最终采用少尉黎只的建议："乂安险要，地大人众，臣尝身履其地，颇熟之，今宜先取茶隆，略定乂安，以为立脚之地，资其财力，然后返旆东都，天下可图也。"③ 也就是不再以攻占都城为目标，而是试图转战南方，建立根据地，以蓄势北上。

九月二十日，黎利袭击多矜堡，先后击败参政梁汝笏率领的明军及由都指挥使阮率英所率援军，梁汝笏与阮率英逃回西都，而黎利并没有乘胜追击，而是按原定计划，"簿丁壮、缮器械、严部伍、备粮糗，直趋乂安"④。黎利率领的起义军在进军茶笼⑤时，与陈智等率领的明军在癸州相遇，结果明军大败，都指挥同知陈忠及昌江卫指挥伍云战死。十一月，黎利的起义军对茶笼形成合围之势，守将乃土官琴彭坚守不降。

---

① 《明仁宗实录》卷2"永乐二十二年九月乙酉"，第58页。
② 《明仁宗实录》卷2"永乐二十二年九月乙酉"，第58页。
③ ［越］潘清简：《钦定越史纲目》卷13，"国立中央"图书馆1969年影印本，第1577页。
④ ［越］吴士连等撰，陈荆和整理：《大越史记全书·本纪》卷10，第523页。
⑤ 茶笼，［越］吴士连等撰，陈荆和整理《大越史记全书·本纪》卷10作"茶麟"，［越］潘清简《钦定越史纲目》卷13作"茶隆"。

此时，陈智越发感觉局势难以驾驭，便向朝廷如实反映黎利反状，明仁宗显然没有意识安南战场上的严峻形势，曰："已有赦敕黎利罪，命为清化府知府，令内官山寿赍往谕意。待山寿至彼，尔等察其近情何如，与山寿计议停当奏来。"①

十二月，山寿到达乂安，立即派人前去黎利军营劝降。而黎利对明朝的使者却采取两面手法，一方面与明朝使者谈判，以争取时间；另一方面又积极备战，对茶笼的攻势并没有稍减。明军驻守乂安的将领陈智没能及时发现黎利的图谋，当黎利最终攻陷茶笼时，才仓促派兵前往围剿，结果在可留关与黎利的遭遇战中，明军大败。黎利乘胜追击，很快便掌控南方的乂安、清化、演州除府城之外的大部分地区，南方战场呈现一边倒的局面。只是明仁宗并不知悉这一切，便于洪熙元年五月十二日去世了。

二 宣德对安南政略的抉择

宣德继位后，为了稳定安南的局势，对安南的吏治作出一定的调整。洪熙元年（1425）七月，任命行在都察院右副都御史弋谦为交趾右布政使，代替贪淫的戚逊。② 同时应陈洽的荐举，提拨"久在交址，谙知夷俗"的大理寺右寺丞陆祯为交趾布政司左参议、孙子良为右参议。③ 然没过几天，宣德接到交趾巡按监察御史的奏报，称黎利聚众作逆，围攻茶笼，交趾土官琴彭已坚守七月，粮尽兵困，形势危急，请求增援。此时，宣德始知安南之危局，立即敕谕参将荣昌伯陈智等及交趾三司曰："朝廷命尔等镇守交址，期在安辑一方。今闻清化贼首黎利等攻劫州县，邀截道路。尔等近日乃奏已招谕黎利，待秋凉赴清化知府任。今已秋矣，利果曾到任否？朕度此贼谲诈，必无归顺之心，但诡词缓师，彼得从容聚众，将来必为边患。尔等曾无虑及此乎？署茶笼州事土官知府琴彭被利围七月，刍粮垂尽，兵死战斗三

---

① 《明仁宗实录》卷4"永乐二十二年十一月乙亥"，第134页。
② 《明宣宗实录》卷3"洪熙元年秋七月庚辰"，第93页。
③ 《明宣宗实录》卷3"洪熙元年秋七月庚辰"，第93页。

之一。彭能坚守拒敌，交址有人如此，诚不易得，尔等亦曾察此人之忠而调兵援之否？敕至，如察利果无归向之心，即设法剿捕，急发兵往援琴彭而厚抚之，庶几坚其忠顺之志。尔等皆国之大臣，须同心协力以副委任，无患赏罚之不公也。"①

宣德完全没有料及，当其签署此敕谕之时，黎利早已攻陷茶笼，并采用"舍坚攻瑕，避实击虚"的游击战术，全力攻下明军势力较弱的顺化和新平。黎利的声势正与日俱增，众将推尊为帝，以"代天行化"自榜，告谕四方。②

然而，陈智胆小而无谋，对黎利的行为并没有足够的警惕，始终抱着侥幸心理，希图以招抚的形式平定安南的局势。洪熙元年八月，他又上奏为叛寇路文律、潘僚、陈文、阮幸及阮光烈、胡纲、阮子异、阮汝言、陈江、陈清、陈元忠、胡将并军民人等说情，"请降敕抚谕"。宣德得奏后，对侍臣说："蛮夷之人叛服不常，从古而然，不足怪。若穷兵黩武，亦非帝王盛德事。不若因其所陈而赦之，亦稍舒官军之劳。"遂敕文律等曰："尔等本皆良善，但因所司抚绥失当，以致逃窜山林，聚众拒命，原其初心实非得已。而父子夫妇兄弟分离隔越，不得宁居，疾病死亡，不能相保，历年既久，艰苦备尝，有可怜悯。今朕统承大位，主宰万方，薄海内外皆朕赤子，罪无大小悉已赦除。今总兵者言尔等有悔过心，联用嘉之，特遣人赍敕往谕尔等。如诚心迁善，即各还本土，先有官者悉赴总兵处自陈其名，奏来授以职事，仍前任用，系民人者，官给种子农具，蠲免赋役五年。前之过失譬如寒冰遇春，消释净尽，无复渣滓。朕之此言上通上天，尔等更勿怀疑，因循不决，失此事机，后悔无及。"仍敕智等："若其采归，宜善抚绥。"③

陈智的一味招抚，使明军错失许多机会，黎利则进一步利用明将的懦弱，层层进逼，致使明军陷入更加危险的局面。洪熙元年十一月廿六日，交趾布政司按察司事兵部尚书陈洽对陈智的退缩政策深为不

---

① 《明宣宗实录》卷6"洪熙元年闰七月癸丑"，第148—149页。
② ［越］吴士连等撰，陈荆和整理：《大越史记全书·本纪》卷10，第526页。
③ 《明宣宗实录》卷8"洪熙元年八月乙未"，第220—222页。

满，上奏将安南的真实情形如实汇报，曰：

> 贼首黎利，名虽求降，实则携贰，招聚逆党，拒抗官兵，攻围茶笼州，杀知府琴彭，潜结玉麻州土官琴贵及老挝酋长与之同恶。太监山寿赍敕宥利之罪，授以清化府知府，利言俟秋凉到任。今复言：素与参政梁汝笏等有怨，乞解知府之职，愿得署茶笼州事。近演州土人多有从利为逆，而利又遣其党潘僚、路文律等往嘉兴、广威等州招集逆徒，日以滋蔓。望乞总兵者早灭此贼，以靖边方。①

宣德收到陈洽的奏报后，才清楚安南局势的严重性，下谕荣昌伯陈智、安平伯李安、都督方政及交趾三司曰：

> 反贼黎利包藏祸心已非一日。始若取之，易如拾芥。乃信庸人之言，惟事招抚，延今八年，终不听命，养成猖獗之势，使忠臣无辜而罹害，良民被毒而未厌，其谁之过？敕至，陈智、方政专督进兵，务在协和成功，不许缓机误事。若来春捷报不至，责有所归。②

宣德此令看似开始反省招抚政策，对安南采取强硬的措施。可是，就在他签署谕令的第二天，即在文华殿与内阁大学士杨士奇、杨荣商谈安南的局势，说："昨日谕荣昌伯等敕皆行矣？"对曰："已行！"上曰："朕有一言怀之久矣，今独与卿二人说，未可轻泄也。昔在南京，皇考因交址擒叛贼至，曾与朕言：'太祖皇帝初定天下，四裔惟安南最先归化。后来黎氏篡陈氏而夺其位，所必当讨。而是时求陈氏之后立之不得，故郡县其地。果若陈氏今尚有后，选择立之，是犹太祖之心，而一方亦得安静。'朕对曰：'朝廷若行此事，诚帝王之盛举。'皇考笑曰：'此语未可轻泄。'然藏在朕心未尝忘。朕今

---

① 《明宣宗实录》卷11 "洪熙元年十一月辛酉"，第313页。
② 同上书，第313—314页。

思之，若陈氏果有后，选一人立之，使共蕃臣之职，三年一贡如洪武之制，用宁其民，而中国亦省兵戎之劳，岂不可乎？如此，不免论者谓朕委弃祖宗之业。然继绝与兴灭，实我皇祖之志。"士奇、荣对曰："永乐三年初，命将征黎贼，凡诏敕文字皆臣等在御前亲承面命书行。是时太宗皇帝圣志倦倦，在于兴灭继绝。玉音具存，中外所共闻知。"上曰："其时朕虽髫年，尚记一二，圣等亦如卿等所云。卿二人但识朕意，勿言。三二年内，朕必行之。"①

从这一段谈话，可以肯定，宣德已经开始思考放弃安南，所忧虑者，首先是是否找到"陈氏之后"，其次是担心大臣们把此一盛举当作"委弃祖宗之业"而加以反对。为了实现此一宏愿，他做了两手准备。

一是加强对安南的军事优势，于宣德元年四月初二日，撤掉陈智等人的官爵，任命成山侯王通为总兵官，率军大征安南。②

二是设法争取大臣的支持。王通出征次日，即宣德元年（1426）四月初三日，同样在文华殿召见蹇义、夏原吉、杨士奇、杨荣四人，曰："太祖皇帝祖训有云：'四方诸夷及南蛮小国，限山隔海僻在一隅，得其地不足供给，得其民不足使令。'又云：'若其自不忖量来挠我边，彼为不祥。彼不为中国患而我兴兵伐之，亦不祥也。吾恐后世子孙倚中国富疆，贪一时战功，无故兴兵伤人，切记不可！'后因黎氏弑其国主，毒害国人，太宗皇帝不得已有吊伐之师。初意但讨平黎贼之后，即求前王子孙立之，盖兴灭继绝之盛心也。而前王子孙为黎贼杀戮已尽，乃徇土人之请，建郡县，置官守，非出太宗皇帝本心。自是以来，交阯无岁不用兵，一方生灵遭杀已多，中国之人亦疲于奔走甚矣！皇考常念及之，深为隐恻，故即位之诏施恩于彼特厚。昨日遣将出师，朕通夕不宁，诚不忍生灵之无辜也。反复思之，只欲如洪武中及永乐初使自为一国，岁奉常贡，以全一方民命，亦以休息中土之人，如何？"义等皆未有对，上曰："此固不背祖宗之心。"义、原吉对曰："太宗皇帝平定北方劳费多矣。今小丑作孽，何患不

---

① 《明宣宗实录》卷11"洪熙元年十一年壬戌"，第315—316页。
② 《明宣宗实录》卷16"宣德元年四月乙丑"，第419页。

克。若以二十年之勤力，一旦弃之，岂不上损威望，愿更思之。"上顾士奇、荣曰："于卿两人云何？"对曰："陛下此心固天与祖宗之心。交趾于唐虞三代皆在荒服之外，当时不有其地，而尧舜禹汤文武不失为圣君。太宗皇帝初欲立陈氏，所以为圣。汉唐以来，交趾虽尝为郡县，然叛服不常，丧师费财不可殚纪，果尝得其一钱一兵之用乎？汉元帝时珠崖反，发兵击之，连年不定，有司议大发兵。元帝用贾捐之议罢珠崖郡，前史称之。元帝中主，犹能布仁行义如此，况陛下天下之父母，何用与此豺豕辈较得失耶？"原吉曰："容臣等四人更审思以对。"上曰："然！但朕素志如此，本不系用兵之如何？"明日，士奇、荣奏事毕，上曰："昨日所论交趾事。朕意有在矣。卿两人意与朕同，第未可以遽言耳。"①

宣德此次试探性的谈话，并没有收到期望的结果，除杨士奇、杨荣表示支持外，蹇义表示坚决反对，而夏原吉的态度则明显有回旋的余地，所谓"容臣等四人更审思以对"。宣德明显感觉到，商谈安南撤兵的时机并未成熟，因此，此后大半年时间，宣德再也没有与大臣讨论此事。直至宣德二年正月，宣宗向杨士奇、杨荣谈及自己的看法，他批评蹇义、夏原吉"拘常见，若从所言，恐中国之劳费未已"，并表示"太宗皇帝初得黎贼，定交阯，即欲为陈氏立后，当时下人不能承顺。朕今欲成先志，使中国之人皆安于无事"。希望杨士奇、杨荣能替他想出更佳的方案，且最后补充说："朕志已定，无后疑者。但干戈之际，使令访求恐未暇及。俟稍宁静，当令黄福专意求之未晚也。"② 由此可见，宣宗放弃安南的决心是非常坚定了，他不在乎大臣的反对，至于何时执行，只是在等待适当的时机罢了。

三　黎利集团抗衡明军的策略变化

宣宗一直在等待前方的将领能给他带来好消息，可惜的是，总兵

---

① 《明宣宗实录》卷16 "宣德元年夏四月丙寅"，第420—422页。
② 《明宣宗实录》卷24 "宣德二年春正月乙巳"，第634—635页。

官王通于宣德元年（1426）九月进入安南后，对黎利的围剿并不如意，明军节节败退。十一月初六日，王通集合十万大军，拟分三路向黎利展开最猛烈的进攻，"王通由丘温过西阳桥、屯古所渡，造浮桥以济师；方政出自安决桥、屯沙堆桥；山寿、马骐出自仁睦桥、屯青威桥，列营连亘数十里，旌旗蔽野，铠仗辉空"①。然而，如此强大的军力，经过一昼夜的激战，以明军惨败告终，黎利起义军"斩尚书陈洽、内官李亮及士卒五万人，溺死者甚众，宁桥之水为之不流，生擒万余人，获马匹、军资、器械、辎重、簿书不可胜计。方政从古所渡遁归，王通、马骐等仅以身免，走还东关城"②。

明军之失利，其主要原因是王通不听众将的规劝，轻率冒进，以致陷入敌兵的埋伏。③只是这场失败不仅是军事的失败，更重要的是安南民心的背离，随后"京路豪杰及各府县人民、边镇酋长，皆辐辏军门（指黎利军团），愿效死力，以攻各处贼城"④。以至于明廷的诏令在安南已基本无法贯彻。越史记载，此役之后，"明之正朔不行于我郡县"⑤。

王通经此一役，心生胆怯，退守于东关城，日夜加筑城垣，等待援军的到来。而黎利则乘势围攻东关城，两军相持。此时王通私下使人致书与黎利议和，黎利也因势应允。"前有总兵官成山侯自宁桥败衄之后，令人致书约以和解。我上得尽敬顺朝廷之心，下免为两国干戈之苦，所言一一听从。"⑥这次和议的内容虽无完整文件，但从零星史料中可推出，王通主要提出两个方面的条件：一是保证明朝军队"得全众归国"⑦；二是访求陈氏子孙立之并上求封表。越史籍载："王通屡经挫衄，知终不可胜，欲罢兵归，而恶无其名，乃援永乐初

---

① ［越］吴士连等撰，陈荆和整理：《大越史记全书·本纪》卷10，第528—529页。
② 同上书，第529页。
③ 《明宣宗实录》卷22"宣德元年十一月乙未"，第593—594页。
④ ［越］吴士连等撰，陈荆和整理：《大越史记全书·本纪》卷10，第531页。
⑤ 同上书，第530页。
⑥ ［越］阮廌：《抑斋遗集》"谕北江城书"，《阮廌全集》第1册，（河内）文学出版社1999年版，第500—501页。
⑦ ［越］吴士连等撰，陈荆和整理：《大越史记全书·本纪》卷10，第531页。

诏求陈氏子孙，阴劝王以立陈后为辞，请罢兵。"①

黎利得到此消息后，于宣德元年十一月迅速找到一名叫"陈暠"的人，并立之为帝，以回应王通的条件。这位安南国的继承人究竟是何人？

据越南史籍《蓝山实录》记载："（癸卯年四月）时有陈氏之末孙，名琴贵，避胡氏窜于山林，诈称陈氏之后，帝乃迎立，号'天庆'。"②

《大越史记全书》则载："十一月，帝得陈暠立之。先是有胡翁者，乃丐者之子，窜身于琴贵，假称陈氏后。时国人苦贼苛政，思得其主，而帝急于灭贼救民，遂使人迎立，以权一时之事，且欲藉辞以应明人，因以为侯，建元曰'天庆'，使左仆射黎国兴傅之，实则监之。"③

从这些史料来看，陈暠完全是黎利炮制出来的傀儡，以虚应明朝和议撤军的条件。因此，当目的达到后，便急不可待地要除去，"初不择其贤愚真假，事平之后，群臣皆上疏力争，谓胡翁无功于民，何以堪居人上，宜早除之"④。

在黎利的"配合"下，王通与黎利很快达成了和议，并在布置撤军事宜，王通亲自下文演州、乂安、新平、顺化等城官军，尽速会集

---

① [越]潘清简：《钦定越史通鉴纲目》卷13"黎平定王九年"，第1611页。这里有一疑问，明宣宗与身边四位重臣言及有求陈氏子孙之意，一次是宣宗继位不久，与杨士奇、杨荣的私人密语，并强调"此语未可轻泄"；另一次是王通出兵安南次日，宣宗于朝后征询杨士奇、杨荣、蹇义、夏原吉关于处理安南的意见，王通并不在场，但从何得知宣宗此一心意？中国史籍并无交代，只有越南史籍《NGUYÊN TRÃI TOÀN TÂP》（阮廌全集）第1册"再与王通书"（第415页）中记载："前者得书并本稿，所言要赦安南罪，复立陈氏遗嗣。仆与诸将头目军民等莫不欢欣鼓舞，相谓果能如是，今后南北无事矣。"又于同书"再谕王通书"（第524页）载："大人奉命之日，得以便宜处置。而大人果能复照太宗诏书，许立陈氏，令复我国，此又一时也。"而且在"再与打忠、梁汝笏书"（第399页）中也曾说："然今圣上宽恕，有敕旨令总兵官从便宜行事，许立我陈氏，班师回京，以免两国干戈之苦。"由此可以推测，王通此举应曾得到宣宗的密示。

② [越]阮廌：《重刊蓝山实录》卷1，《阮廌全集》第2册，（河内）文学出版社1999年版，第249—251页。

③ [越]吴士连等撰，陈荆和整理：《大越史记全书·本纪》卷10，第530页。

④ [越]阮廌：《重刊蓝山实录》卷3，第295页。

东关城，指日归国。① 黎利在致"达花大人等书"亦言："只今讲和已成，求封表与使人将已过梅关界，东西二广及福建等处俱军人以明年正月初二日起程回京。惟总兵王大人并太监山大人暂且停驻等约演州、乂安、清化迤里官军齐到东关一并同行。"②

然而，王通与黎利的和议并没有得到明军内部的一致支持。其反对力量主要来自两个方面：一是明朝将领方政、马骐等。黎利在回顾此次和议失败时曾说："前者和解之约非惟仆与大人之心俱安，而两国军士之心莫不欢欣，自谓南北从此无事矣。奈何方、马二公偏执己见，泥而不通，致使阻却两边约事。"③ 二是安南本土的利益既得者，如当时都司陈封、参政梁汝笏、都指挥陈安荣等，担心黎利得势后，对他们不利，因此极力劝导王通，对黎利的言行不可轻信，并以元朝乌马儿事件为例，曰："昔乌马儿军败于白藤江，率众来降，兴道大王许之，以计取大舰装载送还国，又令善㲹者以充舰夫。至海外，夜间伺其睡熟，乃入水中，钻刻舰底，贼皆溺死，无一生还者。"而驻守清化的知州罗通与指挥打忠则曰："吾辈与贼相持，数败贼矣，出城即无生理。今城高池深，粮多人众，与其出城就缚，曷若尽忠而死，况未必死乎？总兵卖城与贼，其令决不可从。"④ 于是奖励军士，坚守城池。对于明军内部的分歧，黎利在事后曾指责王通谓："大人权不归一，政出多门，言动不同，心各自异……一人说是而十人说非，一人作事而十人坏事。"⑤

尽管王通在按和议布置撤离事宜，但黎利并没有放松对东关城的包围，乌马儿的教训使王通不得不有所警惕，他一方面加强防御，另一方面派了数十人潜出城池，以求救援。只是这些密使多被黎军所获，黎利指责王通在城内"掘壕设籤，高栅树垒，坏古器以铸火筒，修战器"⑥，于是"乃于东关城四傍阴设伏兵，候贼出入，虏获贼哨

---

① 郑永常：《征战与弃守：明代中越关系研究》，第131页。
② ［越］阮廌：《抑斋遗集》"达花大人等书"，《阮廌全集》第1册，第385页。
③ ［越］阮廌：《抑斋遗集》"安南国头目黎利书奉总兵官王大人、太监山大人钧座前"，《阮廌全集》第1册，第766页。
④ 《明宣宗实录》卷23"宣德元年十二月甲子"，第607页。
⑤ ［越］阮廌：《抑斋遗集》"再与王通书"，《阮廌全集》第1册，第415页。
⑥ ［越］阮廌：《抑斋遗集》"再与王通、山寿书"，《阮廌全集》第1册，第410页。

三千余人，马五百余匹，自是明人闭城不出，来使遂绝"①。

和议失败后，黎利并未强攻东关城，而是采取迂回的战术，在不放弃对东关城包围的同时，重点分兵对明军把守相对较弱的城市进行逐个攻击，如由黎国兴进攻刁鸦、市桥二城，黎可、黎犬进攻三江城，黎察、黎受、黎理、黎泠、黎篆进攻昌江城，黎榴、黎杯进攻丘温城。② 将战线推进至北方与中国接壤的边境地区，目的是消除东关城的外围支援，以达至孤立东关城的目的。

面对黎利的军事威逼，王通于十二月急奏朝廷，称"交阯叛冠猖獗"，宣宗感到明军在安南战场的不利局面，决定再遣兵增援，以祈一举歼灭之功。他下令安远侯柳升、黔国公沐盛任总兵官，同时敕调南北京诸卫、中都留守司、武昌护卫，湖广、江西、福建、浙江、山东、河南、广东、广西、贵州都司官兵总共七万，听其调遣，分别从广西与云南两路进发。此次出兵，宣宗强调"务要器械锋利、衣甲鲜明"，并且俸粮从优。③

柳升率军出征后，宣德二年（1427）正月乙巳，宣宗再次召见少傅杨士奇、太子少傅杨荣商议安南事件，他批评蹇义、夏原吉"拘牵常见，若从所言，恐中国之劳费未已"，并说："太宗皇帝初得黎贼，定交阯，即欲为陈氏立后，当时下人不能承顺。朕今欲承先志，使中国之人皆安于无事。"还表示："朕志已定，无后疑者。但干戈之际，使令访求恐未暇及。俟稍宁静，当令黄福专意求之未晚也。"④

这里所谓的"俟稍宁静"，只是针对当时国内外局势而言，一方面，在对待安南时，宣宗只是想在处理安南的问题上掌握主导权，并可保留宗主国的尊严体面撤出，而不是在被动之时以失败者的身份撤出；另一方面，宣宗即位未久，自感"众心未附"⑤，在高煦初乱之时，"在廷多怀二心"⑥，而宣宗虽然以亲征平定了高煦之反，慑服了

---

① ［越］吴士连等撰，陈荆和整理：《大越史记全书·本纪》卷10，第531页。
② 同上。
③ 《明宣宗实录》卷23"宣德元年十二月乙酉"，第619—621页。
④ 《明宣宗实录》卷24"宣德二年春正月乙巳"，第634—635页。
⑤ 《明史》卷118《诸王三列传》，中华书局1974年校点本，第3619页。
⑥ （明）杨士奇：《东里续集》卷36《故少师工部尚书兼谨身殿大学士赠特进光禄大夫左柱国太师谥文敏杨公墓志铭》，影印文渊阁《四库全书》第1239册，第138页。

"尚怀二心之臣",但为了得到更多朝臣的诚心顺服,树立起新帝的威信,所以他更需要前线的胜利,以争取更多大臣支持其对安南的政策。

第一次和谈失败后,黎利在策略上又有了改变,采用且战且和,以战促和的战略。一月丘温、刁鹗、乂安、演州相继攻陷。二月方政、王通虽然取得进入安南以后少有的胜利,但因王通的胆怯,没能乘胜追击,让黎利有了喘息的机会组织反攻,三月相继陷落市桥、三江、坡垒等,此时,安南的绝大部分地区已在黎利的控制之下,仅剩下东关、昌江、至灵、清化、古弄等城仍由明军驻守,而东关城更是在黎利的重兵包围之下。

在这种情形下,黎利打起了心理战,反复致书王通,历数明军在安南战场上种种不利,如兵疲、粮乏、后援不力、军心不齐,加之明廷内萧墙内耗、大臣不附、北寇侵凌、凶荒频仍、盗贼蜂起,坦言明军必败之势。并保证,如能达至和议,黎军将"修整桥梁,备办船只,水陆二途,惟意所欲,送军出境,万保无虞。臣礼不亏,贡物不缺"①。

鉴于明军的处境,对黎利的求和,王通决定接纳,然而明军内部并未取得共识,"诸将校或以为善,或默然无语,或虽不然通言而未有面沮之者,独按察使杨时习曰:'奉命讨贼,乃与贼和而擅弃地旋师,何以逃罪?此举必不可!'通厉声叱之曰:'非常之事惟非常之人能之,汝何所知?'"②此后军中再也无人敢有异议。于是王通与黎利于四月十一日达成和议。这次和议的内容包括:王通答应派人陪同黎利的使者赴明廷为陈暠求封,恢复明、安的宗藩关系,黎利则为明军的撤离提供物质与安全的保障。随之,王通遣指挥阚忠偕黎利的代表进京进献"求封奏文"与方物。③

事实上,王通此次与黎利和议的过程中,一直在精打小算盘,柳

---

① [越]阮廌:《抑斋遗集》"与王通书",《阮廌全集》第 1 册,第 515—518、523—527、533—540、549—553、560—565、579—581 页。
② 《明宣宗实录》卷 27 "宣德二年夏四月己巳",第 714 页。
③ 《明宣宗实录》卷 32 "宣德二年冬十月癸未",第 832 页;参考[越]阮廌《抑斋遗集》"求封奏文",《阮廌全集》第 1 册,第 591—595 页。

升的援军正在途中，先允诺黎利的要求，期待"我师还居生地尚可再图进取"①，因此黎利进表后，王通并未如约退军。先是提出要等"奏请表二人及进献人马回报出境"②，方能信守。接着又提出"奏事人出境后须取印信文凭回报"，方可取信。为了能使王通尽早撤军，黎利甚至愿意以其侄子黎仁澍与最得力的谋士阮廌送入东关城为人质。③ 只是此时的王通所想的是等待柳升一到，就可以与黎利来一次决定性的决战，可以光荣地退出安南，因此，对黎利的累次奉书劝退始终无动于衷，以至黎利发出强硬的威胁，称黎军人人"切齿扼腕，俱欲决死一战"④。

双方相持不下，此时黎利见和议难以执行，便制定多项措施，实行全民总动员，养力蓄锐，以待明朝援军的到来。宣德二年九月十八日，柳升所率明军从凭祥进入交趾，并很快通过坡垒关，直捣支棱关。对柳升大军入境，黎利也在做和与战的两手准备，一方面，他两次致书柳升，表示如能"循成祖继绝初意，立陈暠主其国，罢兵息民"，"我随即铸金人捧表文进贡方物。其在朝之臣幸能以道正君，复师汤武兴灭继绝之道，以戒汉唐穷兵黩武之非，命一二个使遣喣温言以赦安南之罪"⑤，确实表现出和平的诚意。另一方面，黎利也加紧进行军事阻击的准备，他认为柳升"素轻我，谓我国人性怯，久畏贼威，闻大军来，我当惊怖"。因此采取诱敌深入战术，以弱旅在前诈降，"乃命黎察、黎仁澍、黎冷、黎列、黎受等领精兵一万、象五只，先潜伏支棱隘以待之"⑥。

柳升收到黎利的议和书后，立即快驿上奏朝廷，但对黎利劝告退军不以为意，反而视为懦弱的表现，加之大军进入安南后，几乎没有遇上像样的抵抗，更使柳升滋生骄傲情绪。当时同僚也看出黎

---

① 《明宣宗实录》卷27"宣德二年夏四月己巳"，第714页。
② [越]阮廌：《抑斋遗集》"与通、寿书"，《阮廌全集》第1册，第608页。
③ [越]阮廌：《抑斋遗集》"与王通书"，《阮廌全集》第1册，第613页。
④ 同上书，第624页。
⑤ [越]阮廌：《抑斋遗集》"与柳升书"，《阮廌全集》第1册，第659—662、675—676页。
⑥ [越]吴士连等撰，陈荆和整理：《大越史记全书·本纪》卷10，第542页。

利的计谋,认为"逆贼谲诈,或示弱诱我"①。柳升不听同僚忠告,轻率冒进,最终坠入黎利早已准备好的圈套之中。二十日,双方在支棱关附近的马鞍山展开激烈大战,结果柳升及万余明兵战死,明军惨败。

支棱一役失败后,明军由崔聚、黄福整饬散兵,继续向昌江推进,希图尽快与东关城明军会合。然而,他们并不知道,昌江早已陷落,东关也被重重包围,而且沿途黎军早已设置埋伏。二十五日,马鞍山一战,保定伯梁铭中镖身亡;二十八日,芹站一战,李庆又战死。十月十四日,在昌江附近,明军陷入黎利四面包围之中,崔都督、黄尚书领军突围,结果明军大败,崔聚、黄福被虏。②

在柳升所率援军与黎利激战的同时,云南总兵沐盛也已南下,十月二十六日,与范文巧、黎可、黎忠、黎犬相持于梨花关。柳升援军惨败后,黎利"以所俘贼指挥一人、千户三人及柳升所受敕书符印送沐盛军,盛等见之大惊,须臾奔溃。文巧、可等乘胜纵兵击之,大破于冷水沟丹舍,斩首万余级,获人马各千余,陷溺溪涧者不可胜计。沐盛仅以单骑走,战器及货宝辎重倍于昌江"③。

---

① (明)张镜心编:《驭交纪》卷6,《丛书集成初编》第3503册,中华书局1985年版,第89页。

② [越]阮廌:《抑斋遗集》"安南国头目黎利书奉总兵官王大人、太监山大人钧座前",第766—771页。宣德二年十一月辛卯,当柳升阵亡的消息传至明廷,宣宗曰:"朕以升前在交阯,熟知地利人情,是以用之。然恐其恃勇而骄,故切诫其持重,且谓,'贼无他技,惟设伏诈降以诱敌。'必升不用朕言,致有此失,此升负朕也!"(《明宣宗实录》卷33"宣德二年十一月辛卯"。)柳升"负"宣宗的另一说法,据越南史籍载:"今者又有安远侯柳升受命领军十有余万行至广西,两次敕书召还,而柳升业已出军,拒命而行军。"(《阮廌全集》第1册,第766页)又载"(柳升)行至南宁,复有敕旨召还。是盖由在朝之臣必有识时达变之士,能以正道引君,欲上圣之复为汤武兴绝继灭之举,而不效汉唐好大喜功之为,柳升虑不及此,不察天时,不知人事,专以杀戮为威,意欲剿灭无遗。"(《阮廌全集》第1册,第768页)然宣宗中途撤军之令,中国史籍没有记载,无法判定历史上是否果有此一事。另外,黄福于何处被捕,中越史籍记载不一,《明宣宗实录》载:"初,柳升既死,福奔回至天棱关,为黎利守关者所获,福欲自杀,守关者力止之。"(《明宣宗实录》卷33,宣德二年十一月癸丑,第856页)

③ [越]吴士连等撰,陈荆和整理:《大越史记全书·本纪》卷10,第543页。

四 明军撤离安南和议的实施

柳升与沐晟之援军相继陷没，东关城成为孤城一座，此时，黎利"令诸将备木栅战器围东关城"，同时，"令通事邓孝禄将崔聚、黄福并所俘获人及征虏副将双虎纽、两台银印、战器、旗鼓、军籍等物示东都城"①。王通鉴于此情形，无奈地向黎利发出了求和信，然"犹豫未决"，他还试图作最后一击，哪怕求得局部的胜利，再与黎利议和，以挽回一丝颜面。因此于十一月"悉众出攻"，在这次战斗中，明军遭遇伏击，王通几乎就擒，不得不退守东关城内。②

王通在撤军的问题上迟疑不决，反复再三，其症结在于，王通受命南征，其任务是平定安南的纷乱，由明朝官员主导下恢复陈氏政权，然后明军可以光荣撤退，这样既符合宣宗原意，又不失大国的尊严。而事实上，自王通南下之后，安南战场基本上由黎利主导，明军一直处于被动。

为了消除王通的诸多疑虑，黎利给被困于东关城内的明朝大将王通、山寿、马骐等写信说："仆所愿班师一节，自始至终未尝有变……自古帝王之治不过九州，而交趾乃九州之外。考之于古，其无中国之地明矣。又于克平之初，太宗皇帝诏求陈氏子孙以奉祀，是朝廷之意初亦不以交趾之地为中国之地。且太祖高皇帝遗训明明尚在，遵此而行，有何不可？况荒外无用之地，守之但则中国虚耗，弃之则中国之民庶乎苏息。是其弃与守，可与否，虽于万世之后吾亦有辞，孰谓大人今日阃外班师而无名耶？又所谓不见小国抗大国之迹，使四夷瞻仰，则仆之所闻又异于是矣。夫小国畏天，大国乐天，小国大国各得其道。若周大王之事熏鬻，汉文帝之和匈奴，此二君者岂不足为万世之法乎？且我今欲万里航梯，铸金为人赍本谢罪，称臣纳贡。又将所获官军该数万余人，马数千余匹及黄尚书、蔡都督与都司指挥，千百户万余人尽送还京师，是仆敢与大国抗耶？是事大国之有诚耶？

---

① ［越］吴士连等撰，陈荆和整理：《大越史记全书·本纪》卷10，第543页。
② 同上书，第544页。

朝廷之议若能复以太祖高皇帝之条章及太宗皇帝之遗诏，举而行之，孰谓为四夷万国之所瞻仰乎？仆闻王者之治外国者，当以不治而治之，未闻其劳民动众以得无用之地，而为四夷万国之所瞻仰也。且交趾数年以来桑农失业，相与哀嗷。或谓王师不班，则干戈无时休息，且天子诏令不知将赦罪耶？复问罪耶？并不可卜也。今日王师之进止在乎大人之达权通变而已。仆观来书所言及推详大人之言不过谓仆所议论行为不可信，恐班师之日或有异图，是以犹豫怀疑而不能决。诗云：他人有心，予时度之。仆所以勤誊致书往来而不绝者，正以大人天地父母之恩日不可忘，而小国事大国之礼又不可缺，庶乎可无后日之患矣。"①

紧接着又发去第二封信称："大人等诚能以仆言为然，当如前约，请得山太监过江相会，仆亦令骨肉亲人入城向候以坚其约。然后退军清、陇江等处，使大人得以从容还师。凡道路、桥梁、粮储供给及进贡方物、书辞表文等项，我悉已预办，与黄尚书、蔡都督等亦已为我具本一分奉闻。"并且威胁说："若仍前牵延岁月，徒以虚言相诳，欲待他军之援，如前日所为，阳言和解，而阴怀异图，比至大军又使我腹背当敌，是虽愚夫愚妇，犹不之信，曾以仆之不知而此乎？"②

此时，王通所率守东关城明军犹如他人俎上鱼肉，除接受城下之盟，别无他途。只是王通已经没了先前那种"非常之事惟非常之人能之"豪言，撤军与否，得交由诸将领决定。后来王通在检讨此事时说："通会诸将校议曰：'交蛮负固，叛服不常，每劳王师，靡费巨万，不应以此弹丸无益之地，致累根本空虚，万一中原有变，故何应之？窃谓此地似可弃而不可守也。'诸将校以我军相持日久，且瘴疠时作，死亡甚多，遂从通议，与利连和而擅退兵。"③

十一月二十二日，明军总兵官王通、参将右都督马瑛、太监山寿、马骐、荣昌伯陈智、安平伯李安、都督方政等与黎利军将会盟于城之南。明方以山寿、马骐为质，黎利以司徒思齐、侄子黎仁澍为

---

① ［越］阮廌：《抑斋遗集》"与王大人、太监山、马二大人书"，《阮廌全集》第1册，第731—735页。
② 同上书，第755—756页。
③ （明）李文凤：《越峤书》卷6，《四库全书存目丛书》史部第163册，第28页。

质，双方互换人质后，和议正式生效。①

王通与黎利达至撤军和议，虽无正式文书，但从双方书信往来中，可以探知其和议内容的大概：

明朝的义务与责任：

1. 明朝军队全部从安南撤出。
2. 明军将领协助安南使节向明廷请罪与求封。

安南的义务与责任：

1. 保证明朝军队安全撤退。并遣返所有被掳的明朝官兵。
2. 立陈氏之后为国主。
3. 按洪武年间例，向明朝称臣纳贡。
4. 向明朝请罪，贡物包括代身金人。

王通最后决定撤军，是为时势所逼。郑永常在其著作《征战与弃守：明代中越关系研究》一书中认为，黄福是"这次和议的关键人物"②，其主要依据为《大越史记前编》有"福请与王通相见，调停讲和罢兵之事"一段。③ 然而，这只是黄福个人的意愿，并无文献记载黎利同意或安排他们会面。事实上，黎利多次写信给王通，督促尽快撤离安南，但从未言及黄、王相见之事，甚至于黄福关于撤军问题的态度；而且王通在检讨撤军决定时，只谈及与众将相议，只字不提黄福，假如两人曾经相见，并商谈了关于撤军的事宜，这是极不正常的。

为了表示诚意，十一月底，黎利率先派遣头目阮孚礼将黄福等人送回广西。④ 二十九日，又如约派遣使者黎少颖等出使明廷谢罪求封，并送还柳升等虎符印信，以及有关遣返官军人马的清单。⑤ 十二月十二日，王通"率师出交阯，由陆路还广西，太监山寿与陈智等由水路还钦州。凡交阯三司文武官员、旗军、吏典、承差人等及家属还者八

---

① ［越］吴士连等撰，陈荆和整理：《大越史记全书·本纪》卷10，第544页。
② 郑永常：《征战与弃守：明代中越关系研究》，第137页。
③ ［越］吴士连等撰，陈荆和整理：《大越史记全书·前编·属明纪》卷10，第50页。
④ 《明宣宗实录》卷33"宣德二年十一月癸丑"，第856页。
⑤ ［越］吴士连等撰，陈荆和整理：《大越史记全书·本纪》卷10，第545页。

万六千六百四十人,然亦有为黎利闭留而不遣者"①。

明军的撤离,结束了明朝对安南二十二年的占领,标志着安南又重新获得了独立。

余 绪

明宣宗恢复乃祖的邦交理念,弃守安南,致力于内治,使明朝产生短暂的安定与繁荣。然而这并没有让世人忘记那段令人不快的历史,后来的文人或历史学者,时常反思,对此无不扼腕叹息,对宣宗也提出含蓄的批评,如茅元仪认为"宣帝之弃安南,此我朝大业之首亏也"②。李文凤在《越峤书》中评论此事时说:"是时交阯复为中国有者几二十年,蛮夷祖于习见,以是数反,然所悼者英国威名耳。使当时有识者,请令英国开府交州以镇之,如黔国之在云南,虽百黎利,其何能为计?不出此乃藉口于珠崖之议,捐已成之业,弃数万之命,是太宗以百万而取之,谋国者以片言而弃之,遂使死者之仇不复,国耻不雪,岂非千载之恨哉?"③虽然撤军是宣宗的决策,但明人并不敢归罪于他,因此,杨荣、杨士奇便成了众人攻击的对象。茅元仪的言论应具有相当的代表性,他说:"自此决弃交阯之策,宣宗主之,杨士奇、杨荣佐之,张辅争之不听,使通于未弃之前,非先有欲弃之论中之于心焉,敢弃而归,归而无罪哉?此由于相,必不由于君也。君之意自相决之,亦自相启之……故我以文贞、文敏罪大矣。"④

随着明朝社会的发展,一些知识精英对宣宗的弃守安南政策也逐渐认同,吴士奇就是其中最有代表性的一人,他说:"余初睹杨文贞交南之议,亦以为轻弃其土,自损国威。及观思田诸土官之乱,竟无宁日,假令交南再复至今,用兵几何?所耗弊中国士马饷馈又几何?失此弹丸之地,于我何损?而得之其损益半也。及知老成之长虑也。

---

① 《明宣宗实录》卷34"宣德二年十二月庚午",第867页。
② (明)茅元仪:《掌记》,《四库禁毁书丛刊》集部第110册,第372页。
③ (明)李文凤:《越峤书》,《四库全书存目丛书》史部第163册,第29页。
④ (明)茅元仪:《掌记》,《四库禁毁书丛刊》集部第110册,第392页。

75

或曰镇以张辅，可令如滇中，然而未可必也。谋国者亦算其多者而已矣。"[1] 万历年间，广西副使杨寅秋主持交涉安南黎、莫之讼，事后深有感触地说："夫余于交款未尝不抵掌仁哉？章皇之禔福两粤无穷也。缙绅学士弗身遘猥，云文皇得之艰难，章皇弃若遗迹，讵知实匏不可器而石田之不可艺哉？庚子之役，副使翁万达多算知兵，毛司马实托重之，卒从款附，后六十年有今日之事，然后知章皇不忍涂中国肝脑以事外夷，千古明鉴，胡可易也。"[2]也正是宣宗以其理性与远见，力持放弃，换来明、安边境百余年的安定。

（《暨南史学》第4辑，暨南大学出版社2006年版）

---

[1] （明）吴士奇：《绿滋馆稿·征信篇》，《四库全书存目丛书》集部第173册，第581页。

[2] （明）杨寅秋：《临皋文集》卷1《绥交记》，影印文渊阁《四库全书》第1291册，第626页。

明朝与安南战后邦交关系常态化交涉考述[*]

永乐四年（1406），明成祖以"吊民伐罪，兴灭继绝"为由，兴兵征讨安南胡氏父子，明军仅花八个月的时间，即以破竹之势，迅速占领了安南，并俘虏胡氏父子及主要大臣。永乐五年（1407）六月初一日，明成祖颁诏在安南设交趾郡，设三司管理，形同内地。[①] 随后，明朝在安南推行地方行政、经济、文化教育等一系列改革，全面推行明朝的伦理观念、官僚政治制度。然而，安南并未因此而平静，相反，各地抗明复国的武装起义此起彼伏，先后有陈简定、陈季扩、黎利等60余股起义军，[②] 使明朝在安南的管治陷入动荡不安的局面。尽管明朝多方调兵遣将，并采用征讨与招抚兼施的策略，却始终未能彻底地稳定安南政局。永乐二十二年（1424），明成祖抱恨而终。仁宗继位后，对安南事务曾作出检讨，一改乃父之政策。然而，仁宗在位不足一年，在安南并无作为。宣宗继位，即致力解决安南问题，经过一番筹划，决定从安南撤军，并希望恢复安南陈氏政权。[③] 宣宗二年（1427）十一月，明军总兵官王通与安南头目黎利达成撤军和议。其和议内容概括如下。

---

[*] 本文为2013年教育部人文社会科学研究项目"危机与调适——明代中越邦交关系研究"（项目编号：13YJA770004）的阶段性成果。

[①] 《明太宗实录》卷68"永乐五年六月癸未"，第945页，台北"中研院"历史语言研究所1962年影印本。

[②] 郑永和：《征战与弃守：明代中越关系研究》，台南成功大学出版组1998年版，第84页。

[③] 关于明宣宗从安南撤军的过程，参考拙文《明宣宗弃守安南始末考述》，《暨南史学》第4辑，暨南大学出版社2006年版。

明朝的义务与责任：

1. 明朝军队全部从安南撤出。
2. 明朝总兵官王通等回国后协助安南使节向明廷请罪与求封。

安南的义务与责任：

1. 保证明朝军队安全撤退，并遣返所有被掳的明朝官兵。
2. 向明朝请罪，贡物包括代身金人。
3. 拥立陈氏之后裔为安南国主。
4. 遵照洪武年间的贡例向明朝称臣纳贡。

十一月二十九日，黎利如期派遣使臣黎少颖等出使明廷谢罪求封。十二月十二日，王通"率师出交阯，由陆路还广西，太监山寿与陈智等由水路还钦州。凡交阯三司文武官员、旗军、吏典、承差人等及家属还者八万六千六百四十人，然亦有为黎利闭留而不还者"[①]。

明军的撤离，结束了明朝对安南二十二年的管治，标志着安南又重新获得了独立。但是战后两国关系常态化面临着很大的困难，主要问题是明朝士大夫对从安南撤军存在分歧，尤其是主战派无法接受在安南军事失败的事实，因此在明、安关系正常化的交涉时，态度较为强硬，而更为主要的是，安南头目黎利作为军事的胜利者，对明朝并没有诚心的归顺，一再违背原有的承诺，这就使得明、安关系正常化经历了三年的漫长交涉。但关于这一交涉过程，至今学界没有专文论述，本文不揣翦陋，谨作概述性的考述。

一 明朝提出明、安关系正常化的三个条件

关于明朝撤军一事，明朝士大夫一直没有达至共识，反对派主要有英国公张辅以及大臣蹇义、夏原吉。宣德二年（1427）十月二十八日，明宣宗收到黎利进呈给总兵官安远侯柳升求封表文，[②] 次日，又接到王通所遣指挥阙忠与黎利所遣使者进献的求封表文，[③] 这些求封表文内

---

① 《明宣宗实录》卷34 "宣德二年十二月庚午"，第867页。
② 《明宣宗实录》卷32 "宣德二年冬十月壬午"，第830—831页。
③ 《明宣宗实录》卷32 "宣德二年冬十月癸未"，第832页。

容，主要说明安南已经找到前国王之后裔，名叫陈暠，恳求明朝撤军，并册封陈暠为安南国王。宣宗将表文密示张辅，辅对曰："此不可从，将士劳苦数年，然后得之，此表出黎利之谲，当益发兵诛此贼耳。"又征询蹇义、夏原吉的意见，二人说："举以与之，无名，徒示弱于天下。"再征询杨荣、杨士奇，两人是撤军的最坚定支持者，杨荣说："永乐中费数万人命得此，至今劳者未息，困者未苏，发兵之说必不可从，不若因其请而与之，可旋祸为福。"杨士奇曰："荣言当从，初求立陈氏后者，太宗皇帝之初心，求之不得，乃郡县其地。十数年来，兵民困于交趾之役，极矣，此皆祖宗之赤子。行祖宗之初心，以保祖宗之赤子，此正陛下之盛德，何谓无名？且汉弃珠崖，前史为荣，何谓示弱？臣侍仁宗皇帝久，圣心数数追憾此事，臣愿陛下今日明决。"二杨希望宣宗当机立断，答应安南黎利的请求，一是撤军，二是承认安南陈氏政权。宣宗说："汝两人言正合吾意，皇考言吾亦闻之屡矣。今吾三人可谓同心同德。"于是三人同膳畅饮，共贺朝廷找到了丢包袱的台阶。次日早朝，宣宗出示安南的求封文对文武群臣说：

  太祖皇帝初平天下，安南最先朝贡。及黎氏篡弑，毒虐国人，太宗皇帝发兵诛之，本求陈氏之后立之，求之不得，始郡县其地。至我皇考，每追念往事，形诸慨叹。此数年来，一方不靖，不得已屡勤王师，岂朕所乐？今陈氏既有后，尔等试观表中所言，其从之便，抑不从之便？

此时，宣宗消除了高煦反叛的负面影响已经过去一年，皇权牢固，群臣存二心者甚寥，均回答说："陛下之心，即祖宗之心。且偃兵息民，上合天心，从之便。"尽管仍有张辅等少数大臣持有异议，但宣宗认为撤军的基本条件已经成熟，因此当廷宣布说："论者不达止戈之意，必谓从之不武。但得民安，朕何惧人言？其从之。"[1]

十一月，明宣宗派遣行在礼部左侍郎李琦、工部右侍郎罗汝敬为

---

[1] （明）杨士奇撰，刘伯涵等点校：《东里文集·别集》卷2《圣谕录下》，中华书局1998年版，第406—407页。

正使，通政司右通政黄骥、鸿胪寺卿徐永达为副使，赍诏抚谕安南：一是承认对明朝管理安南的过失，"所置之吏，抚驭乖方"；二是同意册封陈氏之后，撤回所有军民；三是同意遵循洪武旧制，恢复明朝与安南朝贡关系。同时遣都指挥张凯、田宽赍敕谕总兵官王通、参将马瑛等曰：

> 今得安远侯柳升进安南头目黎利等书，及前安南王嫡孙陈暠表，祈请复陈氏之嗣，恫款切至，有契朕怀，今悉从所请。特颁诏赦，与之更新。敕至，卿等即率领官军人等，悉皆回还。①

事实上，王通尚未收到朝廷敕谕就已经与安南签订撤军和议，因此，宣德三年（1428）二月初，当李琦、罗汝敬等人到达广西南宁时，恰好与王通所率明朝撤军相遇，军中众将曾试图劝阻李、罗南下，但遭拒绝。《古廉文集》记载这次出使的经过：

> （罗汝敬）尝奉命往使交址，抚谕蛮夷，召镇将还京。比至广西，黎贼已据交址城，镇将与中国士民皆送出境，众谓公不可往，副使者亦不欲行，公曰：吾与君受命往使交址，未有诏止，君而留此可乎？镇将数以言撼公，意沮公行。公曰：汝受朝廷厚恩，镇抚一方，既不能以死守，又不待诏命私与贼和，辱国辱身，如此，犹欲对人言语，是无耻人也，我岂效汝为哉？即日率众长驱至关。关吏莫敢拒，黎利错愕出迎，奉纸笔诣前曰：夷俗不晓礼节。公援笔具仪注数百言授之。蛮人环视，大惊。既入城，颁布诏命，谕以朝廷恩意，开示祸福。黎利率众拜俯，呼万岁，欢声雷动。遣使奉表入朝谢罪。②

二月十二日，明朝廷收到王通擅自撤兵的辩白书，宣宗为王通不

---

① （明）张镜心：《驭交纪》卷7，《丛书集成初编》第3503册，第96页。
② （明）李时勉：《古廉文集》卷9《罗侍郎哀挽诗序》，影印文渊阁《四库全书》第1242册，第826页。

待使臣的通告，擅自撤离，颇感无奈。因为主动撤离与被迫撤军，对朝廷的尊严有着本质的区别。故此，宣宗对王通的作为不无气愤地说：

> 盖此举非为叛贼猖獗，朝廷不能调兵剿灭，但不忍赤子久罹涂炭。尔等正宜坚守城池以待朕命，乃辄与贼通，弃城径回。尔等虽急为自全之计，其如国体何？且失臣子之礼，岂不为蛮夷所笑？

然事已至此，宣宗不得不接受这一事实，于是命令所有官兵各回原有卫所，山寿、马骐与王通一起赴京，同时，准许安南的使者黎少颖一行进京。①

虽然明朝大臣已经接受了从安南败退的事实，但心里却难以短时间内抹去那一份耻辱，对安南的使节绝难以友好相待，越南史籍称："辰明人深以柳升之耻，每本国使臣来，多方挫抑。"② 或许安南士大夫早已想到有此际遇，黎利在选派使臣进行"破冰之旅"时，"人人皆不往"，只有黎少颖"忠臣事不辞难"，毅然请往。黎少颖到达明廷，"献金银二躯及土宜，拜伏于庭，哀诉，明人噬骂不问，幽之别处，不与饮食。其师黄福密藏面饼于鞋中，阴与之食，月余不死，明人以为神，始受贡礼，使事乃通"③。

越南史籍对明朝大臣接待安南使节的指控，虽有夸大的成分，但黎少颖的到来，却又使明廷在对待安南问题产生杂音，这是事实。三月十五日，黎少颖等到达明廷，为陈暠、黎利呈进了"陈情求封表文"④。次日，明朝文武大臣联合上奏，指责王通等不应擅与安南头目黎利议和，弃城退师，为此，建议对王通应明正其罪，对黎利亦不

---

① 《明宣宗实录》卷36"宣德三年二月癸亥"，第900—901页。
② [越] 佚名：《辅轴市先师遗事考》，越南汉喃研究院藏本，编号A.1161。
③ [越] 佚名：《慕泽黎氏谱》，越南汉喃研究院藏本，编号A.658。
④ 《明宣宗实录》卷40"宣德三年三月丁酉"，第977页。

应宽宥，宜发兵征讨。①

明朝经历永乐年间南征北伐，下西洋，修长陵，营造北京等，国库已经相当空虚，再次大规模的出兵行动，对明王朝来说，已是力有不逮。此时，即使原本一直不支持撤兵的夏原吉等也反对再次出兵，他在回答宣宗的咨询时说：

> 兵疲财竭，不可再举……若不小忍而惟毒之攻，浸淫不已，心腹内虚，恐患复生于他所，不可不虞。今莫若因彼上表谢罪，许其复国自新，吾人之在彼者令护之出境，则恩结其心，而亦无他虞矣。②

当时最主要的任务是稳定政局，防范边患。因此，宣宗不得不耐心开导激愤的众臣，说："朕非为宥利，但悯一方生灵，故曲从宽贷耳。"③ 为了安抚众臣的情绪，在与安南关系正常化的问题上，宣宗表现出的"固执"，也就不足为奇了。

黎少颖此次入贡明朝，所进献表文与方物细单如下：④

1. 进贡呈情谢罪表文一道。
2. 代身金、银人贰个（共二百两。金人一个，重一百两；银人一个，重一百两）。
3. 方物：银香炉一个、银花瓶一只、土绢三百匹、象牙一十支、薰衣香二十罐共一百八十斤、绿香二万支、沉速香二十四块。
4. 送还京师：总兵官安远侯原领征虏副将军双虎符两台、银印一颗，官军人等一万三千五百八十七员名（军官二百八十员、民官典吏一百三十七员、旗军一万三千一百七十名），马一千二百匹。

黎利遣返明军人数仅万余人，但事实上仍然滞留安南的明军及家

---

① （明）杨士奇：《东里续集》卷36《故少师工部尚书兼谨身殿大学士赠特进光禄大夫左柱国太师谥文敏杨公墓志铭》，影印文渊阁《四库全书》第1239册，第138页。
② （明）夏原吉：《忠靖集》附录"夏忠靖公遗事"，影印文渊阁《四库全书》第1240册，第554页。
③ 《明宣宗实录》卷40"宣德三年三月戊戌"，第981页。
④ ［越］阮廌：《抑斋遗集》"呈情谢罪表文"，《阮廌全集》第1册，（河内）文学出版社1999年版，第789—803页。

属远非此数。首先明代学者陈建对此提出了质疑,他说:

> 交趾弃守之议,二杨以息兵养民说,意固美矣。然是时交趾设置文武诸司大小四百七十余所,官吏将士何啻数万,交趾一弃,数万人皆为南荒之鬼,不亦悲乎?①

据《明史纪事本末》载:

> 计其班师之日,文武吏士携家而归者八万六千六百四十人,为黎贼遮留不遣者尚数万人。②

后来安南的史学家也认为,黎利扣留有明人不遣还者,他们被分别安置在于清义、蓝邑、先平等处。③宣宗朝臣必然虑及于此,因此,明朝在与黎利交涉过程中,遣返滞留官民始终作为两国关系正常化的条件之一。

四月初一日,安南使者黎少颖回国,明宣宗特意要黎少颖把一份敕谕带回给黎利,说:

> 去年十月,军中以尔等所陈书并表来奏,请立陈氏之后,朕仰体天地之心、与太宗文皇帝初意,俯从所请,特遣礼部侍郎李琦等赍诏大赦交趾,令尔及国中头目耆老具陈氏嫡孙之实来闻。尔宜恭俟朝廷之命,乃中怀谲诈,辄与王通等议和,诱退官军,入据城池,僭慢无礼,有非一端。今虽陈词谢罪,而文武廷臣合奏尔罪不可以宥。朕以恩命既颁,姑从宽贷,但立后事重,须合国人之心,非尔所得独擅。敕至,即同交趾头目耆老前安南王陈氏嫡孙之实奏来,以凭颁诏册封。尔仍以所拘留人口及一应兵

---

① (明)严从简撰,余思黎点校:《殊域周咨录》卷5《安南》,中华书局1993年版,第198页。
② (清)谷应泰:《明史纪事本末》卷22《安南叛服》,中华书局1977年版,第369页。
③ [越]阮廌:《南国禹贡》,越南汉喃研究院藏本,编号A.830,第36页。

器送京，庶几一方永底绥定。群臣奏章就付黎少颖等示尔，尔其省之。①

这份敕谕确定了明朝与安南关系正常化的基本条件，即：第一，确定被册封者必须是陈氏之后裔；第二，明朝所有滞留安南的官兵及家属必须遣返；第三，明军遗留在安南的兵器必须送还。同时，明宣宗将群臣反对其所推行的安南政策的奏章一并附上，让黎利知道，在明廷中仍有许多大臣对安南存有不满之意，目的无非是想通过这种方式，警诫黎利，真心臣服于明廷，让宣宗在处理与安南关系时，处于主导地位。

二　黎利与明朝的外交博弈

然而，明宣宗的如意算盘很快就落空了。王通撤军还不足一个月，明朝颁布大赦的使臣尚未入境，于宣德三年（1428）正月初十，黎利便迫不及待地将陈氏之后陈暠铲除。② 三月，明朝使者李琦、罗汝敬等到达安南，安南国内全无"国丧"的悲哀。十八日，明使回国。四月十五日，黎利即帝位于东都，改元顺天，建国号大越。五月初一日，安南使者枢密佥事何甫等向明廷报告陈暠的死讯，并称陈氏

---

① 《明宣宗实录》卷41"宣德三年夏四月癸丑朔"，第993—994页。
② 关于陈暠之死，越史籍有五种说法：一云：顺天元年（1428）十月，陈暠饮毒卒。时群臣皆上疏言，陈暠无功于民，何以居人上，宜早除之。帝自知其然，而心有不忍，遇之益厚。暠知国人不服，乃潜驾海船，逃入玉麻州，至麻港（义安地），官军追及获之，回至东关城，饮毒卒。一云：先是帝既立暠，暠驻营空路山，徙宁江，是岁，迁古弄城。自谓天无二日，国无二主。我无功于天下而居尊位，若不早图，恐有后悔。乃潜驾海船而卒。一云：暠自知国人不服，乃阴与文锐等潜驾海船，逃至古弄隘。帝令人追杀之，投尸入丛棘中。暠死时，有祝天而言，闻者莫不悲恸，天下冤之。后黎末，陈暠作乱，传以为陈暠后身也。一云：陈暠名頵，明人之难，頵隐迹民间。及太祖起兵，以人心思陈，故立之，以从人望。至是寇平，犹居位。太祖密言曰：我以百战得天下，而暠居大位。暠畏惧，走至古弄隘，太祖令人追杀之，投尸入丛棘中。（《大越史记全书·本纪》卷10，第551页。）另据《重刊蓝山实录》载：天庆（即陈暠）见帝平吴，深自恐惧，遂逃入乂安。黎昂追及，将回，帝问曰：已立位号，如何异心逃去？对曰：寡人无功，将军功盖天下，谁能种树，与人食果？畏死而逃，无有异心，愿乞全身而死。帝言犹未忍，群臣曰：天无二日，国无二王，使自缢之（《重刊蓝山实录》卷1，《阮廌全集》第2册，第249—251页）。

子孙已无继承人，"国人推利谨守其国，以俟朝命"①。这完全是黎利编造来蒙蔽明廷的谎言。黎利似乎十分清楚明朝的国内形势，断定明朝是不会因为陈暠的问题而再次对安南发动大规模的战争。

陈暠的身份，原本包括王通等人就深表怀疑，然而，他的存在为宣宗同意撤军保存了一丝颜面，也是明朝与安南交涉的一块遮羞布。黎利的目的达到后，立即撕开了这块遮羞布，无疑是给明朝一个响亮的耳光，而此时明廷却无力干预，只能徒叹无奈。战后的外交角力，安南可谓先胜一筹。

当然，安南的图谋，明朝也不会让其轻易得逞。对陈暠之死及后继无人的说法，明宣宗深表怀疑，五月十八日，派行在工部右侍郎罗汝敬、鸿胪寺卿徐永达再度前赴安南，质疑陈暠之死，曰：

> 朕体天道，以御邦顺民心，以典理薄海内外，一礼同仁。间以交阯之人不忘陈氏，请立其后，用率一方。朕志在恤民，俯从所欲，赦其既往之罪，召还征讨之师，特诏头目耆老具陈氏子孙之实来闻，用凭建立。今黎利等奏陈氏之孙名暠者正月病死，并无子孙。数月之间，言词顿异。夫陈氏世得国人，必其后嗣尚众。昔王师初平交阯，诏求陈氏子孙立之，国人咸谓为黎季犛屠灭已尽，是以郡县其地。然今二十余年，尚有如暠者在，何至暠死顿云尽无？

因此，要求黎利及耆老、军民"悉心咨访陈氏子孙奏来，用颁继绝之命，以宁一方，以副朕体天爱人之心"。同时再次强调"交阯所留朝廷官吏、军校人等及其家口，速皆遣归，以慰其父母妻子之望，所留军器，亦悉送纳，庶几求福之道"。并警告黎利"毋或蓄疑，自诒伊戚"②。

对于明朝的怀疑与责问，黎利采取以不变应万变的策略与之斡旋，一方面对明朝的要求反复强调原有的说辞；另一方面做足表面功

---

① 《明宣宗实录》卷43"宣德三年五月壬子朔"，第1043页。
② 《明宣宗实录》卷43"宣德三年五月己巳"，第1053—1054页。

夫，尽显其对明朝"忠诚"之心。十月十九日，当罗汝敬等人回国时，安南又派其头目何栗随从入朝，对明朝的质疑，回答说："钦遵圣谕，访求陈氏子孙，无有遗者。"对滞留官吏军人及家属、军器等问题，认定于总兵官成山侯王通班师之时悉已送还。又说："臣利又尝出榜禁约，但有隐藏官军一人以上者必杀，其有首出者亦已陆续遣回。今蒙诏敕，谨复戒饬国人，且差人四出寻访，但有遗留，尽应起送，不敢辜负圣天子惠爱元元之意。"① 而且再次献上"代身金人"，以示诚意。②

对于黎利的倔强，明宣宗的态度很快就软化了。宣德四年（1429）三月二十八日，明廷遣派行在礼部侍郎李琦、鸿胪寺卿徐永达再次出使安南，他们带去的敕谕表明，明宣宗对陈暠的问题很不甘心，曰："既历二十余载，尚有存者，推昔较今，理未必无。"但同时对于安南方面的"改命之请"，他表示"诚得一人以绥一国，足惬予志，但建立事重，所当详慎"。如果遍历咨访，还无法找到陈氏的存人，"朝廷当与处置"③。显示出，宣宗在寻找陈氏之后的问题上已有所妥协。

黎利得知明宣宗的态度后，自然喜不自胜，立即下令诸头目耆老等集体上奏，派出亲信陶公僎、黎德辉等十月二十九日随明使入朝。陶公僎此次携来表文及奏书有两则，一则是以黎利名义进献的表文，历数其如何尽心尽力搜求滞留安南的官军及军器等，以及对明朝如何尽忠尽责，称"臣等虽糜身粉骨，不能报万一，何敢复留朝廷官吏，不奉诏命？"另一则是安南耆老集体上书，奏称陈氏之后已绝，"国人遍行寻觅，内而国中，外而边远，家至户到，并无见存"。同时认为黎利"为人谨厚，抚绥有方，甚得民心，可堪管摄"，希望明廷能"俯从所请，使黎利得布宣圣德，以安远人，播扬皇威；以固封守，永为藩臣，常奉职贡"。明宣宗看完这份求封书，十分气愤地说："蛮夷谲诈，未可遽信，更当索之。"④

---

① 《明宣宗实录》卷51"宣德四年二月丁亥"，第1218—1219页。
② ［越］佚名：《慕泽黎氏谱》，越南汉喃研究院藏本，编号A.658。
③ 《明宣宗实录》卷52"宣德四年三月甲戌"，第1259—1260页。
④ 《明宣宗实录》卷64"宣德五年三月辛亥"，第1506—1508页。

对安南国的陈辞，宣宗虽然深表怀疑，但也无可奈何，慢慢便失去耐性。宣德五年（1430）四月，安南使臣陶公僎等回国，宣宗令其带回敕谕，此次宣宗再次作出重大让步。第一，认为"兵器以卫民也，安南之民皆朕赤子，今留在彼，与在此同，已置不问"，但所有滞留官民必须如数遣归；第二，陈氏之后必须继续询访，如果确实无从访求，可"连名奏来，朕与处置"。对于黎利可否获得封赐，宣宗的态度则显得暧昧，只是表示"盖从民所志，朕之素心"①。

三 明朝妥协与明、安宗藩关系的恢复

黎利对宣宗的一再让步，自然会紧紧把握良机。宣德六年（1431）五月初三日，又派正使黎汝览、副使吏部尚书何栗、黎柄等出使明朝，对明朝所关心的两大问题，仍然老调重弹，说明朝官民滞留者"无见全者"，而陈氏子孙也是"的无见存"，并申诉说，安南国"不可无管摄，而常未奉朝命"，请求明朝对黎利封赐。② 为了使这次求封之请得以如愿，黎利第三次贡献代身金人，以表诚意。③

此时，也许黎利已经意识到明朝会应允他的请封，所以在派黎、何等人出使明朝的同时，也着手于在安南作长期统治的打算，他向文武大臣宣布"帝范"以训诫太子，说：

> 我闻帝王禅让，必以心治法治而并传，世代继承，每述训言戒言而垂范。虽所遇之辰或异，而所为之事则同。我身剪荆棘，手锄强暴，以介胄为衣被，以草野为室家，履险乘危，蹈霜冒刃，然后扫荡凡尘，创成基业，经营缔构，厥惟难哉。今汝无我之功劳，承我之基绪，凡其监国抚军之要，存心出治之方，勉力而行，无辰豫怠。敦睦亲属，思存友爱之心；子惠庶民，思布宽

---

① 《明宣宗实录》卷65"宣德五年夏四月乙酉"，第1540页。
② ［越］吴士连等撰，陈荆和整理：《大越史记全书·本纪》卷10，日本京大学东洋文化研究所发行，昭和五十九年，第563页。
③ （明）严从简撰，余思黎点校：《殊域周咨录》卷5《安南》，第199页。

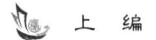

仁之政。①

宣宗对黎利关于陈氏子孙"的无见存"的解释，虽然仍有猜疑，但有感于安南头目耆老反复奏称陈氏之后已绝，请以黎利管摄国事，而且"众口一词，累章不已"，故而从其所请。六月初七日，明廷派行在礼部右侍郎章敞、右通政徐琦携带朝廷印章前往安南，授命黎利"权署安南国事"②。

明朝只授命黎利权署安南国事，而不是直接册封为"安南国王"，其中原因很复杂。首先，作为宗主国，明朝有义务肩负兴灭继绝的历史使命。对于陈氏灭而后存，存而后绝，明王朝很清楚，这一切均是黎利导演的把戏，宣宗事后曾说：

> 黎利本起贱微，因奉陈暠以从人望，坚请立之。朕志在息民，遂诏罢兵，将察实建立，而彼遽奏暠死。暠之死，利所为也。此时朝廷即欲加兵，但不忍荼毒生灵，故体上天好生之德，敷旷荡之恩，姑令权署国事。③

其次，宣宗在最初提出两国关系正常化的三大条件，至今没有一条得到落实，这对明朝政府而言，是一次"军事的、外交的屈辱"④。对于宣宗而言，他在大臣中的权威性必然受到一定的影响。有鉴于此，宣宗采用折中之法，授命黎利权署安南国事。这样做有三个好处：一可以显示明朝的大度，能顺应安南民意。二可以继续对黎利产生一定的约束力。每位安南国主都期望得到中国王朝的册封，因为这样能使其统治更具合法性和权威性。明朝没有直接册封黎利为安南国王，对黎利会有一种精神上的约束力。三可以减缓明王朝内部的异见

---

① [越]黎贵惇：《大越通史》卷2《太祖下》，越南汉喃研究院藏本，编号A.1389，第54页。
② 《明宣宗实录》卷80"宣德六年六月己亥"，第1849页。
③ 《明宣宗实录》卷109"宣德九年三月甲申"，第2444页。
④ [美]牟复礼等：《剑桥中国明代史》，张书生等译，中国社会科学出版社1992年版，第321页。

者非议。

最后，明成祖册封胡汉苍所造成的惨痛教训，给予明朝统治者深刻的警示作用。在无法证明陈氏之后"的无见存"前，明廷不宜贸然册封。

明廷授予黎利权署国事，其中是否存有某种交易，在中越文献中没能找到明确的证据，但是从一些不被重视的史料，可以说明，应该存在这种可能。因为黎利获得明朝的授命后，于十一月派审刑院副使阮文绚、御史中丞阮宗赟等随章敞、徐琦前来明廷谢恩，在越南史籍《大越史记全书》《钦定越史通鉴纲目》中均称"解岁贡金五万两"①。在中国文献中亦有类似的记录，如《弇州四部稿》载：

> 遣礼部左侍郎李琦、工部右侍郎罗汝敬等持玺书赦利，且推求陈氏后立之。利诡陈氏已绝，凡再往返，始遣礼部右侍郎章敞、右通政徐琦册为权署安南国事，利遣使入谢，解岁金五万两。②

《东西洋考》也有同样的记载：

> 宣宗用大学士士奇、荣策，遣少宗伯李琦、少司空罗汝敬等持玺书赦利，求陈氏后立之。利诡陈氏已绝，更遣少宗伯章敞、纳言徐琦册为权署安南国事。利遣使入谢，解岁金五万两。③

像如此巨额的贡金，在中越关系史上是绝无仅有的。在中外关系史中，永乐初年爪哇杀死明朝贡使士卒一百七十人，明朝曾经索偿六

---

① [越]潘清简：《钦定越史通鉴纲目》卷15，台北"国立中央"图书馆1969年影印本，第1731页。参见吴士连等撰，陈荆和整理《大越史记全书·本纪》卷10，第564页。
② （明）王世贞：《弇州四部稿》卷80《安南志》，影印文渊阁《四库全书》第1281册，第334页。
③ （明）张燮撰，谢方整理：《东西洋考》卷1《交趾》，中华书局2000年版，第4页。

万两黄金,实际上支付了二万两。① 因此笔者有理由怀疑,这笔巨额贡金是明王朝与黎利谈判中关于战后关系正常化的一笔交易。

明朝授予黎利权署国事,实际上承认了黎利在安南的"合法"统治,安南承诺"依洪武三年贡例"② 和"岁贡金三百斤"③,这便标志着明朝与安南结束了长达二十余年的战争状态,恢复了两国的传统宗藩关系。

(与江振刚联合署名,原载《东南亚研究》2014 年第 1 期)

---

① 《明太宗实录》卷71"永乐五年九月癸酉",第997—998 页。
② [越]吴士连等撰,陈荆和整理:《大越史记全书·本纪》卷10,第564 页。
③ (明)何乔远《名山藏·王享记》曰:"乃许利权署安南国。利遣使请岁贡金三百斤,以拜明赐"。关于岁贡金三百斤之事,其他史籍没有记载,但据《明史·徐琦传》记载,宣德八年,安南因岁贡赋不如额,特令徐琦前往追讨。因而可以佐证黎利对明朝肯定有过相关承诺(《四库禁毁书丛刊》史部第48 册,第254 页)。

莫登庸事件与明代中越关系的新模式

明宣德年间从安南撤军后，经过数年的交涉，明、安关系得以规范、平稳地发展，这种局面延续了一个世纪，成为安南自宋朝独立以来最稳定的时期。但至明正德年间起，安南内政日渐腐败，派系斗争，大臣专权，至嘉靖六年（1527），莫登庸迫使朝中各臣草拟禅位诏书，成功篡夺王位，改元"明德"。安南的内乱易主，严重冲击明、安关系，明朝朝野对安南"莫登庸事件"的处理意见分歧严重，"征讨"与"招抚"之争，反复多次，最终采用地方大臣的意见，以招抚方式降服莫登庸，并以一种新的形式发展明、安关系。本文将就莫登庸篡位的经过、明朝朝野处理此次危机的争拗以及新形势下明、安关系的特点，进行探讨。

一　莫登庸事件与明、安关系的危机

安南在经历黎圣宗、黎宪宗的盛世后，至黎威穆帝，由于过分信赖外戚，恣行暴政，朝纲不举，内治混乱。弘治十八年（1505），明朝使臣许天锡有诗曰："安南四百运尤长，天意如何降鬼王（威穆帝）。"[1] 可见明朝士大夫对其之印象。出身渔人的莫登庸就是在这样的政治环境下，凭借其强力而受宠。

明正德四年（1509），黎圣宗之孙、威穆帝之叔伯黎简修（又名潆）与诸旧臣联合发动宫廷政变，弑杀威穆帝，并自立为王，即襄翼

---

[1]　［越］吴士连等撰，陈荆和整理：《大越史记全书·本纪》卷14，日东京大学东洋文化研究所发行，昭和五十九年，第789页。

帝。然而，襄翼帝即位后，大兴土木，生活奢侈无度。明朝使臣潘希曾见后说："安南国王貌美而身倾，性好淫，乃猪王也。"[①] 由于政治上的极度腐败，国内矛盾加剧，各地民众起义此起彼伏，更加重了权臣弄权的程度。后郑维憆因谏帝忤旨，遭受杖罚，而怀恨在心，便与黎广度、程志森等密谋起义，杀了襄翼帝，立锦江王之子椅为帝，是为昭帝。

此时昭帝年幼，但外则贼寇作乱，以陈高尤甚；内则无重臣扶持，各官互生嫌隙，互相攻伐，如阮弘裕和郑绥的斗争最为激烈。昭帝虽极力劝解，却依然无效，各据一方。后郑绥在陈真的协助下，击败阮弘裕，阮氏被迫南逃清化。在这种情况下，陈真逐渐掌控朝廷的权力，但昭帝又听信传言，说陈真意图谋反，昭帝遂设计捕杀陈真。而陈真的部将黄惟岳、阮敬、阮盎等得知这一消息，举兵攻破京城，昭帝不得不逃至嘉林以避之。昭帝曾想借割据于清化的阮弘裕的力量清剿叛贼，但阮弘裕因昭帝曾经在其南逃时欲一举歼灭之，故不肯听命。在毫无支持的情况下，昭帝再次想起莫登庸。他派人到海阳招抚莫登庸，并授予莫氏全部兵权，负责平定黄惟岳等叛乱。

莫登庸入朝后，或招抚，或清剿，铲除了伪帝黎樽、叛将郑绥、阮（王师）等人，又招抚了黄惟岳、阮敬、阮盎等人，自此之后，莫登庸威权日重。莫氏在朝独断专行，对异己者或杀或逐，朝中众大臣迫于他的淫威，不得不归附于他。昭帝为了扭转此局面，暗中内联大臣范宪、范恕，外结据守清化的郑绥，嘉靖元年（1522），昭帝外逃山西，试图整兵联合讨伐莫登庸。

莫登庸遣将追杀昭帝的同时，也与朝中大臣商谋改立皇弟椿为帝，史称恭帝，改年号为统元。嘉靖三年（1524），莫登庸亲率大军攻打驻守清化的昭帝，并擒杀之。六年（1527），莫登庸迫使朝中各臣草拟禅位诏书，成功篡夺王位，改元明德。为了稳定王位，莫氏随后又弑杀恭帝与皇太后，以及一批拥护黎氏政权的忠臣。

莫登庸虽篡夺王位，但并没赢得人心，尤其他对诸位忠臣的残

[①] ［越］潘清简：《钦定越史通鉴纲目》卷26，台北"中央"图书馆1969年影印本，第2522页。

害，使人更加感念黎太祖、黎圣宗的恩德，许多智勇之士纷纷逃往南方，十一年（1532）阮淦等人拥立昭帝之子黎维宁称帝于琴州（哀牢），是为黎庄宗。后迁回清化，建行宫于万赖，另立朝廷，与莫氏政权抗衡，形成安南的南北朝时期。

自黎威穆帝后，安南国内叛乱频生，王位迭换，从而影响了与明朝的交往。正德十三年（1518）十月，安南国王黎昭宗遣阮时雍、阮俨、黎懿、吴焕如明岁贡并请封，因陈暠在北方作乱，结果未能成行。① 十六年（1522），明世宗派编修孙承恩充正使、礼科给事中俞敦充副使前往安南诏谕世宗登极，亦因其国内乱路梗，王位承袭混乱，名讳不清，在边境逗留多时。逾年，副使俞敦病卒，承恩乃上疏曰："窃惟原领诏敕彩段，止该谕赉黎晭，今黎晭既殁，其所称光绍者承袭，初未请封，遭乱又无求援，未审是否黎晭嫡派支裔。纵使道路无阻，臣等可得而入，决亦不敢轻与。况据各访报前来，则是该国逆臣陈氏父子相继梗于其外，莫氏又逼于其中，兵火相仍，国无定主，臣等又安敢轻入，自速辱命之愆。……臣伏思之：臣原与俞敦钦承上命充正副使，差往安南国公干，今该国地方多事，既不可进，而俞敦近故，臣又难以独行，理合并行具题，乞敕礼、兵二部从长议处，使臣有所凭藉遵依，以为进止。"② 明廷了解孙承恩的处境后，决定将其召回，暂不赴安南。同时，下令广西官员对安南国内发生的事情进行查勘。

嘉靖三年（1524）十二月，巡按广西御史汪渊将安南各方的报告具奏朝廷，曰："安南国王黎晭无嗣，立故兄灏子譓为世子。正德十一年，逆臣陈暠弑晭，国人黎珦等共立譓为王。其臣莫登庸讨暠，暠走，死，子升犹据谅山为梗。登庸挟讨贼功，又取黎灏寡妻，即譓母也，遂谋夺国事。于是，杜温润、郑绥奉譓出避清都府，登庸遂胁迁譓弟㦓出据海东、长庆等府，各相仇弑，乞无定主，此其大较也。乃长庆府牒文称：登庸讨贼在外，奸人杜温润、郑绥胁迁譓于清都，故

---

① ［越］吴士连等撰，陈荆和整理：《大越史记全书·本纪》卷15，第821页。
② （明）严从简撰，余思黎点校：《殊域周咨录》卷6《安南》，中华书局1993年版，第206—207页。

登庸立廬，暂摄国事。今已杀温润，逐陈升，国中悉平。且称：登庸所据也。臣以事情度之：夫黎譓之立，名位甚正，今摄国七年，一旦播迁，登庸既忠义，何不讨贼，辄议别立？此难免于篡逼之罪。且黎灏早卒，安有幼子？或登庸取其妻而生子，冒姓黎廬，亦未可知。况清都越在南徼，音问阻绝，其称杀杜温润事，未审真伪；而黎譓之存亡，亦未得知。请封事情，未敢轻议。"礼、兵二部审议汪渊的报告后曰："安南之乱，始于陈暠叛逆而黎晭遇害，继以登庸奸雄而黎譓播迁，然登庸辄背旧主，别立黎廬。夫譓，兄也；廬，弟也，弟不可以夺兄。譓，君也；登庸，臣也，臣不可以废主。况今彼国无主，势未归一，使譓能光复旧物，封之固宜。不幸譓不得还，将封廬则遂其奸谋，不从则别无嫡派，无一可者也。故必俟其国事既定，勘报无异，听其继请，庶有适从。"获悉安南国内乱局后，明世宗要求广西官员继续密切关注安南的国情。①

嘉靖年间，安南南北对峙，攻伐不断。同时南北双方都曾试图入贡明朝，争取明朝的承认与支持。嘉靖八年（1529）黎朝旧臣郑颙、郑昂兄弟二人试图入朝明廷，请求出兵平定内乱，但莫氏多次贿赂于广西守将，使之不得而入。② 十二年（1533）安南黎氏的使臣郑惟僚等十余人辗转于占城，附搭广东商船，历经两年才到达明廷，控诉莫登庸篡逆窃国、阻绝贡道等罪行，乞求兴师问罪。"明人疑其诈，惟僚作书数千言，自附于申包胥、张子房之义，忠愤奋激，读者悲之。"明礼部尚书严嵩以为惟僚所述未有确据，将其软禁于使馆，仍命官员前往勘查实情。③

嘉靖十四年（1535），莫氏遣陪臣叩关求封，当时广西左江分守参议何瑗曾经接纳，但后因何瑗坐事被免官，事件不了了之。④ 十五年（1536）十月，明皇子诞生，按例应当颁诏安南，礼部尚书夏言上疏曰："安南国自正德十年该国王黎晭进贡之后，迄今二十一年，

---

① 《明世宗实录》卷46，嘉靖三年十二月戊午，台北"中研院"历史语言研究所1962年影印本，第1191—1193页。
② [越]黎贵惇：《大越通史》，越南汉喃研究院藏本，编号 A.1389，第34页。
③ [越]潘清简：《钦定越史通鉴纲目》卷27，第2624—2625页。
④ （明）李文凤：《越峤书》，《四库全书存目丛书》史部第163册，第36页。

贡使不至；前编修孙承恩、给事中俞敦义捧诏往谕即位，竟以国乱道梗，不达而返，若复如前梗阻，徒损国威。合无今次暂免遣使。"明世宗以为安南叛逆昭然，一方面派官员前往勘查落实，另一方面命夏言会同兵部商议出兵征讨事宜，并提醒"勿视为非要"①。夏言与兵部尚书张瓒等也"力言逆臣篡主夺国，朝贡不修，决宜致讨"②。

明廷决议征讨安南后，立即着手相关事宜，一方面遣派锦衣卫千户陶凤仪、郑玺等前往云南，与巡抚汪文盛查实安南篡逆的罪名；另一方面敕谕两广、云南守臣，谓安南"叛逆之罪，昭然明著，在法当兴问罪之师"。要求各地方官员整饬兵马，备足粮草与锋利器械，"候总兵官进兵之日，听其调取前去，随宜应用"③。

二 明朝朝野对征讨安南的分歧

对朝廷主议出兵安南之事，第一个明确提出反对意见的乃时任南京户部尚书唐胄（此前曾任广西提学佥事、广西左布政使），其上疏曰："今日之事，若只欲致彼之修贡，其事甚易，非但兵不必备，虽勘官亦不须遣；若必伐而乘隙于不贡，则关系颇大，非但此未可举，虽有甚于此者，亦未可轻举也。"④为此，他提出了七个不可伐的理由，并痛斥锦衣卫士"暗于大体。倘稍枉是非之实，致彼不服，反足损威"，恳请朝廷停止一切有关勘查安南的行动以及军队调动事宜。⑤且云："太宗以黎季犛弑篡、杀使臣诸大罪讨之，兵已压境，犹遣行人朱劝，许其赎罪，及不悛而后灭之；求陈氏后不可得，乃郡县之。仁宗每以为恨。至宣德再叛，杨士奇等举先帝遗意以闻，宣宗亦曰：'皇考追憾此事，时形慨叹。朕屡闻之。'遂决意弃焉。世宗闻其说亦为心动。"⑥明世宗虽然没有放弃军事干预安南的决定，但显然也

---

① （明）张镜心：《驭交纪》，《丛书集成初编》第3503册，第118页。
② 《明史》卷321《安南列传》，第8331页。
③ （明）张镜心：《驭交纪》，《丛书集成初编》第3503册，第118—119页。
④ （明）李文凤：《越峤书》，《四库全书存目丛书》史部163册，第126页。
⑤ 《明史》卷203《唐胄列传》，第5358—5359页。
⑥ （明）沈德符著，杨万里校点：《野获编》卷17《征安南》，上海古籍出版社2012年版，第371页。

受到反对派的影响，因此暂时搁置征讨的准备工作，只是"敕边臣先体勘之"①。

嘉靖十五年（1536），黎氏遣使郑垣再次入明告难。郑垣经由云南入境，适逢明朝勘官陶凤仪等，便向其陈述了莫氏弑逆及黎氏播迁南方之实情，恳请出兵讨伐。② 十二月，陶凤仪据此向朝廷回报了关于安南国内政的勘查情况，再次燃起世宗征伐的决心。

十六年（1537）夏四月庚申，礼部尚书严嵩、兵部尚书张瓒召集大臣再次商议征讨安南之事，历数了莫登庸有十大罪，称："逼逐黎譓，占据国城，罪一；逼娶国母，罪二；鸩杀黎㦎，伪立己子，罪三；逼黎宁远窜，罪四；僭称太上皇帝，罪五；改元明德大正，罪六；设兵关隘，阻拒诏使，罪七；暴虐无通，荼毒生灵，罪八；阻绝贡路，罪九；伪置官属，罪十。请大发宸断，播告中外，选将训兵，克期致讨。"从这十大罪状看来，只有"阻拒诏使""阻绝贡路"两项与明朝稍有关系，其他全是安南内部事务。如果以洪武年间的事例来衡量，这些事情还不至于劳师动众。但此时明世宗明确地说："安南久不来庭，法当问罪。今本国奏称逆臣莫登庸篡乱，阻绝贡通，又僭称名号，伪置官属，罪恶显著，可即命将出师征讨。"并吩咐总督等官推荐能胜任之将才。不久即下令任南京刑部右侍郎胡琏为户部右侍郎，升原任巡抚江西右副都御史高公韶为户部左侍郎，俱兼都察院佥都御史，总督粮饷；以都督佥事等官江桓充左副总兵，牛桓充右副总兵，杨鼎、田茂充左参将，孙继武、高谊充右参将，樊泰、萧霱、汤庆、陈伟充游击将军，各领兵征讨，大将候旨简用。③ 这一安排为征讨安南揭开序幕。

明世宗决意征讨安南，并为此作了充分的安排。但对于征讨安南的必要性，部分官员却冒死提出质疑。嘉靖十六年（1537）三月，广西左参议田汝成曰："黎氏失国而莫氏代之，其衅未之详也。在黎氏必淫湎败度，故众叛亲离；在莫氏必阴施市恩，故能潜移默夺。不

---

① （明）许重熙：《嘉靖以来注略》，《四库禁毁书丛刊》史部第5册，第49页。
② ［越］潘清简：《钦定越史通鉴纲目》卷27，第2626页。
③ 《明世宗实录》卷199"嘉靖十六年夏四月庚申"，第4177—4179页。

然，岂以一国之主，累世之威，忽然易姓，而更无倡义其间者哉？桓叔之入晋也，晋叔启之也，于是乎有椒聊之咏。田恒之代齐也，齐人附之也，于是乎有采苢之叹。莫氏之于安南，亦犹是也。其得民深矣，其自卫固矣。征之则失春秋详内略外之体，因而与之，又非天王正名定分之心，故不若先之以责让之词，诘其篡杀之由，晓以君臣之义，以观其臣民向背之机而徐为之所。如其冥然矫虔，不可谕晓也，为之申固关隘，却摈贡献，绝不为臣，则莫氏必皇皇然曰：'天朝之弃我如是，我何以取重于臣民也。'其臣民亦将曰：'莫氏为天朝所不赦，而吾父子兄弟皆乱贼之党也。'庶或有倡义而图之者，则吾中国礼义纲常，固凛然观示于外域也。故征之不若弃绝之为得策也。"① 四月庚申，兵部左侍郎潘珍也上奏，支持田汝成的意见，反对出兵安南，称："莫氏父子及陈升皆弑逆之贼，而黎宁与其父黎譓，不请封入贡者亦二十年。揆以春秋之法，皆不免于六师之移，又何必兴兵为之左右乎？且其地诚不足郡县置，其叛服无与中国。矧今虏众滋蕃，自东徂西，联帐万里，烽警屡报，自冬迄春，月无虚日。而我士伍不充，刍粮耗匮，隐忧积患，各边同然。顾乃释庭之防，忽眉睫之害，殚竭中国之力以远事瘴岛，非计之得也。臣愚以为，今副参而下及督饷之臣，可无遽遣；各狼土兵及诸省粮运，可毋遽发，第敕持重有才望文武大臣二员，奉征讨之命，佩印符以往，驻交广界土，调集近地土汉官，分兵番练阅，稍远卫所及各省狼土兵，令其各就近团练，以候征调。然后移檄交南，声莫贼篡夺之罪，必诛不赦；其余胁从，许其归顺。有讨贼自效者，一体赏录。仍檄黎宁假以杀贼之权，令督所部兵马，候大兵入境，并力进讨。其武严威等，亦谕使佐宁自效，使一国之人，合谋讨逆。借我天声，壮彼气势，底定之功，将可坐致矣。"② 面对朝野官员冒死进谏，明世宗并没有动摇，反而认为征讨之令已下，斥责潘珍不谙事体，以言论惑乱人心，褫职闲住。③

兵部左侍郎、提督两广军务潘旦，原本反对出兵安南，称："莫

---

① （明）谈迁：《国榷》卷53，上海古籍出版社1958年点校本，第3348—3349页。
② 《明世宗实录》卷199"嘉靖十六年夏四月庚申"，第4182—4184页。
③ 《明史》卷203《潘珍列传》，第5360页。

氏固奸雄之魁，然黎贼亦叛逆之派，律以中国之法，皆非所宜。假天朝名号之主者，今二氏纷争，兵甲小息，彼既未定，我谁适从。"①嘉靖十五年（1536）冬，得知朝廷要命毛伯温率兵征讨安南，也曾对其说："安南非门庭寇，公宜以终丧辞，往来之间，少缓师期，俟其闻命求款，因抚之，可百全也。"潘旦抵达广州，适遇安南使臣到来，初步了解安南的态度后，立即上疏朝廷，反对出兵，称莫登庸之篡黎氏，犹如黎氏之篡陈氏，朝廷正拟兴兵问罪，莫登庸立即遣使求贡，说明其畏忌天威。因此，请求朝廷给予时间，等安南国势稍定，"若登庸奉表献琛，于中国体足矣，岂必穷兵万里哉？"②但是，尚书严嵩、张瓒已窥悉世宗征讨安南之心甚炽，而且潘旦叔父潘珍因反对出兵而遭革职，便将潘旦的奏疏搁置不报。

五月，毛伯温获悉潘旦奏疏的内容，"恶其忤己"，因而进言曰："总督任重，宜择知兵者。"毛伯温的建议得到朝廷的采纳，遂改潘旦为南京兵部，并以山东巡抚张经代任两广总督。潘旦对此不服，对毛伯温出言不逊，明世宗十分愤怒，勒令致仕。③此时反对出兵的还有御史徐九皋、给事中谢廷莅。

八月，云南巡抚汪文盛捉拿莫登庸的间谍阮璟等，搜获伪印一方、伪《大诰》一道，并上报朝廷。④明世宗获报，气愤不已，命令各守臣依照前诏出征安南。尤其是，此时汪文盛招纳了黎氏的旧臣武文渊，武氏献上了进攻安南的军事地图，答应可以号召国中义士从内部策应，一起推翻莫登庸政权。⑤汪文渊还报称，老挝宣慰司土舍怕雅一、八百宣慰司土舍刁缆那、车里宣慰司土舍刁坎、孟艮府土舍刁交等均愿意协同征讨安南。⑥这就更激发主战者的信心。

此时，征伐安南似箭在弦上，已不可避免。嘉靖十六年（1537）冬十月壬子，巡按广东御史余光犯颜上疏，极力反对出兵安南，曰：

---

① （明）严从简撰，余思黎点校：《殊域周咨录》卷6《安南》，第217页。
② 《明史》卷203《潘旦列传》，第5360页。
③ 《明史》卷203《潘旦列传》，第5360—5361页；（明）严从简撰，余思黎点校：《殊域周咨录》卷6《安南》，第217页。
④ （明）许重熙：《嘉靖以来注略》，《四库禁毁书丛刊》史部第5册，第49页。
⑤ 《明世宗实录》卷204"嘉靖十六年九月壬午"，第4262页。
⑥ 《明世宗实录》卷205"嘉靖十六年冬十月己巳"，第4282—4283页。

莫登庸事件与明代中越关系的新模式

"臣曩在都下闻安南之事，三支互争，形如鹬蚌，可收渔人之利，意窃信之。今入境与三司会议，其实不然。盖莫登庸全有其地，诸酋率服，黎宁播迁，不知其所。且黎氏鱼肉国主，在陈氏为贼子，屡取屡叛；在我朝为乱魁，今具失国播逃，或者天假手于登庸以报之也。夫夷狄篡夺，实其常事。自宋以来，丁移于李、李夺于陈、陈篡于黎，今黎又转于莫，是陈为李贼，黎为陈贼，今莫又为黎贼，此好还之道也。若复立黎，是悖覆暴之义，势莫能久。夷狄之运，一败弗复。……若黎宁者，今虽置之，终为他有，何者？倾木不能植，余烬不能嘘，兹天道也。故今日于安南，直宜问其不庭，责以称臣，约之修贡。彼若听服，因而授之，此因势以定，不在劳兵也。若必征剿，则势难穷追，兵难入驻，老师生变，未见其便。"明世宗看完奏疏，曰："奏内事情，及引用五季六朝等语，兵部参阅以闻。"兵部认为"敷陈失当，比拟不伦，举动轻率，宜加罚治"。结果被罚俸一年。①

而此时支持征讨安南最积极的地方官是钦州知府林希元，他反复上书朝廷，极力主张讨伐安南，嘉靖十七年（1538），林希元"反复以登庸乱政及近日败衂之状上闻，且谓藩篱已撤，兵可径进，时不可失"②。时任廉州知府的张岳对林氏的言行十分反感，曰："近钦州知州林希元在彼专讲取交之策，又且言之于朝，而身任之，其蔽于功名而不达事机如此。恐其掇拾故事，装缀成章，读者或信其文辞，而未深考其实，至误国家大计。"③他批评说："今之谈安南事者，大抵多半画鬼也。次崖（即林希元）初到此，慨然有勒功铜柱之意。"认为奢谈兵事者均是"喜功利、尚权谲"之辈，而士大夫中好谈兵事的原因，乃是"近世学术不明，廉耻道丧"的结果。④

不仅如此，他还要求两广总督蔡经阻止朝廷使臣前往安南调查莫氏的情况，认为："莫氏篡黎，可无勘而知也。使往盖受谩词辱国，

---

① 《明世宗实录》卷205"嘉靖十六年冬十月壬子"，第4277—4279页。
② （明）朱国桢辑：《皇明大事记》卷15《安南叛服》，《四库禁毁书丛刊》史部第28册，第263页。
③ （明）张岳著，林海权、徐启庭点校：《小山类稿》卷8《论征交利害与庙堂》，福建人民出版社2000年版，第141页。
④ （明）张岳著，林海权、徐启庭点校：《小山类稿》卷8《答王蘗谷中丞》，第138—139页。

请留使者毋前。"① 为了阻止朝廷出兵，他犯颜上疏，阐述了不可出兵的六点理由，并说：如果朝廷停议出兵，"非特臣一身一郡之幸，实天下万世之幸"②。两广地方官的极力谏阻，使得兵、礼二部对征讨安南之事议而不决，每次向世宗汇报结果"率常谈旧所已言者"。世宗对此极为不满，曰："安南事必识体达道者乃得分晓，朕闻卿士大夫私相议论，谓不必讨。尔等职司邦政，全不主持，一一委之会议，既不协心国事，其已之。"③

此次两广地方官几乎一致反对明世宗出兵征伐安南的决定，说明了在处理安南问题方面，地方官力争主导权的态势。两广地方官的意见与建议，反映出他们处理安南问题的务实性。

三　明朝边将与安南莫氏的角力

虽然朝廷关于征与抚之争议而不决，但云南、广西地方官仍一直在备战。云南方面主要的拉拢各羁縻部落，广西方面则主要平定境内的土司之乱。当时两广地区土司争端不断，如"凭祥州土舍李寰弑其土官珍，思恩府土目卢回煽九司乱，龙州土舍赵楷杀从子燧、暖，又结田州人韦应杀燧弟宝，断藤峡瑶侯公丁负固"。这些土司"篡主自立，素通于登庸"④，因此之故，莫登庸才敢十分嚣张地说："中国土官弑逆数十年，无能正法，独问我哉？"⑤ 有鉴于此，两广总督张经听取翁万达的意见，⑥ 实施"攘外必需安内"的政策，以期达到"威近可以袭远""先声以夺交人之气"的效果。⑦ 在翁万达智取利诱的

---

① 《明史》卷203《张岳列传》，中华书局1974年标点本，第5295—5296页。
② （明）张岳著，林海权、徐启庭点校：《小山类稿》卷1《论征安南疏》，第10页。
③ （明）朱国桢辑：《皇明大事记》，《四库禁毁书丛刊》史部第28册，第263页。
④ （明）查继佐：《罪惟录》卷19《翁万达传》，浙江古籍出版社1986年版，第2395页。
⑤ （明）何乔远：《名山藏》卷77《臣林记》，《四库禁毁书丛刊》史部第47册，第623页。
⑥ （明）王世贞《弇山堂别集》卷19载"兵部尚书张经，初蔡姓"，故"张经""蔡经"，实则一人（中华书局1985年点校本，第344页）。
⑦ （明）查继佐：《罪惟录》卷19《翁万达传》，第2395页。

策略下，不足一年时间，"诛寰、应，擒回，招还九司，诱杀楷，佯系讼公丁者给公丁，执诸坐，以两军破平其巢。又议割四峒属南宁，降峒豪黄贤相"①。而安南的莫氏与黎氏对明朝的军事行动，反应不一。莫氏慑于明朝的威力，尤其有黎氏旧臣武文渊及老挝、车里、八百等与明朝积极的合作，害怕受到南北夹攻，被迫向明朝作出妥协的姿态，派人分别向云南与广西廉州的地方官投书，恳求"乞贳其罪，修贡如制"，以此拖延时间，加紧备战。嘉靖十七年（1538）三月，云南巡抚汪文盛将莫氏归顺之事奏闻朝廷，兵部一致认为："莫氏罪不可赦，亟宜进师。"②

对于莫氏的归降书，广西廉州知府张岳则认为，莫氏的文辞"自解僭号、改元、伪作大诰，自比禹、汤、文、武等，委诸黎氏故事及文儒私自称美，辞气之间，似尚倔强，未肯输服。又兼自叙其祖宗被黎氏见陷之冤，隐然以篡弑为复仇，而无所忌惮"③。在张岳看来，莫氏妥协的目的只是拖延时间，况且，据密探反映，莫氏对明朝已有极其周密的防御计划，"常遣小船在外海，以捕鱼为名，打探海中船只。今次虽来投文，闻得亦有许多船只，其实防我"④。在其国内，莫氏并未放弃备战，"购铁勒木，堑险塞为重栅而守之。又教练水战，造巨舰，募人铸佛朗机铳，海汊通舟处，皆树木橛水中，令舟不得入。贼之防虑甚预且密"⑤。更有甚者，莫氏还私通明朝土官抵抗明军南征，"（李）寰私于登庸曰：即南征，愿以全州先附。登庸因厚赂寰为向导，曰：急缓纤钜告我变"⑥。由此可见，莫氏的归顺缺乏诚意。因此张岳建议：第一，两广必须保证一定的兵力震慑边境；第

---

① 《明史》卷198《翁万达列传》，第5244—5245页。
② 《明史》卷321《安南列传》，第8333页。
③ （明）张岳著，林海权、徐启庭点校：《小山类稿》卷8《与督府蔡半洲论抚谕交夷》，第147页。
④ （明）张岳著，林海权、徐启庭点校：《小山类稿》卷8《论防备交夷》，第148页。
⑤ （明）张岳著，林海权、徐启庭点校：《小山类稿》卷8《论交事与巡按两司》，第145页。
⑥ （明）应槚编，刘尧诲重修：《苍梧总督军门志》卷20《讨罪四》，全国图书馆文献缩微复制中心1991年影印本，第194页；（明）田汝成：《炎徼纪闻校注》卷1《广西土司》，广西人民出版社2007年版，第32页。

二，莫氏归顺表文必须递送凭祥，内容必须有纳地请罪之款；第三，表文之言辞"必令极卑哀"①。

随后翁万达平息土司纷争，明朝大军压境，莫氏十分惊恐，再次派遣阮文泰等赍表叩降镇南关，表文以莫登庸之子莫方瀛落款，称："臣窃念臣本国土地、人民皆天朝所有，自陈氏既绝，黎氏承之，壹听天朝所命。向者，臣先国王黎晭遇害，无子，国人共推其侄黎譓权管国事。黎譓病卒，无子，国人共推其弟黎懬权管国事。黎懬以年幼居摄，经陆载间，国内乖乱，道途梗阻，未及请命于朝；黎懬又不幸婴疾，无有子孙，宗派苗裔绝，无可嗣立者。以臣父臣莫登庸系旧臣，预有微劳，召委国事。臣父上承黎氏付托，下为国人请逼，仓促之间，苟从夷俗，固知得罪于天朝。然终于辞避，则本国臣民无所统摄。臣父不得已奉谨守天朝所钦赐印信，抚集臣民，又付于臣。臣虑：夫臣故主黎懬未得请于朝，而授之臣父；臣父未得禀于朝而受之黎懬，又付之臣。其授者、受之者皆非也，臣父子已甘受专辄之罪。"② 并陈奏其国人民土地实数，请求处分。

十八年（1539）七月，莫方瀛又分遣头目范正毅、阮文泰赍投降奏本赴云南、广西，云南、两广守臣均将莫氏的降表驰报朝廷。此时，适逢册立太子，世宗也想因势招抚，便"令择廷臣有文学才识、通达国体者，赍诏谕之"，但相关部门反复四次推荐的人选均不能满意，最终，晋升礼部左侍郎黄绾为礼部尚书，担任正使，出使安南。但黄绾多次托事推延，迟迟未能成行。对此，世宗十分恼火，革黄绾职，下诏停办使事，并曰："安南事，本因一人倡之，众皆随之。乃讪上为听夏言之言，共起违慢之侮。此国应弃应讨，宜如何处之，兵部其即会议来闻。"但张瓒及廷臣均以为"夷情反覆，诡秘难信"，请依照原议征讨。只是此次征讨的目的产生了一些变化，所谓"若莫登庸父子果有隐谋，则进兵以正朝廷之法；如其束身待命，果无他心，则星夜檄闻，朝廷待以不死"。明显是要以威压之，达至招抚的

---

① （明）张岳著，林海权、徐启庭点校：《小山类稿》卷8《与督府蔡半洲论抚谕事情》，第150页。
② 《明世宗实录》卷221"嘉靖十八年二月癸丑"，第4593—4595页。

目的。最终确定由咸宁侯仇鸾挂征夷副将军印、兵部尚书毛伯温参赞军务关防，负责此次征讨事宜。①

十九年（1540）初，毛伯温等到达广西。作为主战派的毛伯温，初至两广，一切工作并不如意，首先是两广守臣"多难之"②。后由两广总督张经推荐，毛伯温与翁万达、张岳等商议征伐安南的策略，在处理安南问题的原则与思路上达至共识。在降服安南的策略方面，翁万达献计曰："今日所以处莫贼者，其策有三：以天朝威德之盛，布之文告之辞，震如洊雷，扫如挽抢，使千里之国折于咫书，万人之命全于一檄。登庸翻然献诚，顿首待命，以全我圣天子大造之仁，而二三执事可以垂橐端委，揖让而告成功焉。此上策也。若彼以奸宄之心，逆我大信，犹豫之状，扰我宽仁，必将提兵百万，大震天威，譬之泰山临于累卵，洪涛沃于一爝，而慑之以不敢不从，则犹幸兵不血刃，以戢烈焰于崑岗。此中策也。倘彼以义问为要劫，以至诚为可绐，迷复怙终，奸我皇命，则徒繁辩驳之书，返伤尊大之体，于是乎三略训兵，五申誓众，灵旗直指，云骑长驱，取鲸鲵以为大戮，虽僵尸蔽野、腥血洒途、芟夷绝灭所不惜也。执事者将驰露布以告捷，系俘酋而献庙，皇灵殚赫，震于九埏，威则威矣，而圣天子好生恶杀，非其所先。此下策也。今宜总众长，兼群策，临之以惧，终之以谋，集兵粮，倡勇敢，俾机权在我，动出万全。纵不得其上，而可得其中，必不得已就其下，亦将举之裕如，不至于从事失时也。"③

翁万达的建议务实而可行，在当时的情况下，是处理有关安南问题的最佳方略，因此深得毛伯温的赏识。在众将达成共识之后，毛伯温按照"以下策备之，以上策努之"的原则，对莫氏进行文宣武吓。首先是陈兵边境，毛伯温征调两广、福建、湖广狼土官兵共12.5万余人，分三哨，自凭祥、龙峒、思陵州入，又以奇兵二支声援；在钦州乌雷山等处驻守海哨。同时又传檄云南巡抚汪文盛亦分兵三哨进驻莲花滩，联络安南黎氏降将武文渊率兵六万候命。从东、西、北三个

---

① 《明世宗实录》卷227"嘉靖十八年闰七月辛酉"，第4719—4721页。
② （明）叶向高：《苍霞草》，《四库禁毁书丛刊》集部第124册，第521页。
③ （明）翁万达撰，朱仲玉等校点：《翁万达集·文集》卷15《上东塘毛尚书书（其五）》，上海古籍出版社1992年版，第542—543页。

方向给莫氏施予军事压力;① 其次传檄安南,说明明军以兴灭继绝之义讨罪,其对象仅限于莫登庸父子,其他"有能擒斩莫登庸、莫方瀛父子者,赏银二万两,仍奏闻朝廷大加升秩;有愿以一府归附者,即以其府与之;有愿以一州一县归附者,即以其州县与之;仍各赏银一千两"②。再次,莫氏曾二次遣使乞降,翁万达俱不遣还,使其疑畏,"谜莫能解,又不知发何处分"③。同时派指挥王良辅、通判苏廷献出关通牒莫氏父子"惟毋求封、毋求贡,束身军门、遣子请罪、归地缴印、去僭号、奉正朔,则天兵可止"④。

在面临明朝大军压境的同时,莫氏也受到来自内部的威胁,一是爱子莫方瀛于十九年(1540)一月夭逝;二是部属将领相继被策反,南方黎氏不断进逼。早于于嘉靖十六年(1537),莫氏分管清化的黎丕归附南方清化的黎氏政权;十八年(1539)黎氏大将郑检率兵在清化雷阳击败莫军;十九年(1540)黎氏的另一大将阮淦进取乂安,南方黎氏政权初步以清化漆马江一带为据点,准备与莫氏作长久的抗衡。在这种情形下,莫氏的唯一出路便是诚心归顺明朝。翁万达曾说:"莫登庸近因方瀛病死,虑有内变,乞降听处,或其本心。"⑤ 并一针见血地指出:"登庸本欲束身降服,假重天朝名号以自固定。"⑥

四 莫登庸归顺与明、安关系的新模式

莫登庸在内外交困的情况下,终于嘉靖十九年十一月初三日,携其侄莫文明及耆老士人"素衣系组""囚首徒跣"进入镇南关,向两广三司参将等行五拜三叩之礼,然后递上降本。随后,由莫文明等率

---

① (明)冯时旸等辑:《安南来威图册》之《安南来威辑略》,书目文献出版社1987年版,第19页。
② (明)应槚编,刘尧海重修:《苍梧总督军门志》卷34《安南五》,第466页。
③ (明)翁万达撰,朱仲玉等校点:《翁万达集·文集》卷15《上东塘毛尚书书(其五)》,第535页。
④ (明)应槚编,刘尧海重修:《苍梧总督军门志》卷34《安南五》,第467页。
⑤ (明)翁万达撰,朱仲玉等校点:《翁万达集·文集》卷15《上半洲蔡中丞书(其二)》,第535页。
⑥ (明)张镜心:《驭交纪》,《丛书集成初编》第3503册,第127页。

领莫氏政权的使团入朝听命。

毛伯温等将此次莫氏归降的情形奏报兵部,并提出处理莫氏建议。鉴于历史的经验教训,最好采取"外而不内,以夷治夷"原则。考虑到莫登庸戴罪在身,不宜封予王爵,可参考汉唐时期的做法,授予"都护总管等项名色"①。后经朝廷众臣商议,最终作出了对安南事件的处理决定。二十年(1541)八月十八日,明世宗敕谕曰:"朕惟法原自首,人贵改过,既自缚投降,纳土请命,是能畏天道、服中国也。尔负大罪数十,故一切赦之。今革去安南国号王封,特授尔都统使之职,赐从二品衙门银印;俾奉正朔朝贡;许尔子孙承袭,世守其地;其十三路地方,各置宣抚司,设官分职,属尔管辖差遣;余阖境大小官属听从宜建置;前黎氏僭拟中国制度,宜悉改正,毋蹈僭逆;献还我边四峒地方,已收入版图,其诸土地人民,朝廷无所利之,兹特降敕锡尔荣命,尔能感恩慕义,贱夷贵华,知今日革除封国之典,实杜他日乱臣贼子之祸,为尔类永利,为尔子孙无穷之福。"②

至于黎氏后裔黎宁问题,黎氏使臣郑惟憭称其逃匿漆马江一带,但莫氏众臣阮如桂、杜世卿等奏称:"黎宁系阮金之子,黎氏委果无人。"③并且云南、广西地方官经查勘,亦称其"踪迹委的难明",虽然,当时云桂边将建议,鉴于"黎氏自修贡以来,已蒙列圣宽宥,若其遗裔尚存,似宜体恤,合行云南抚镇等官查勘,果有可据,别无异同,听令仍于漆马江居住,见在所属地方,俱属管束,或量与职事,径属云南。若非黎氏子孙,置而勿论"④。但是,明世宗的敕谕中并没有明确的处置意见。事实上,黎氏的问题也就不了了之。数十年后,当黎莫再起纷争,部分明朝官员为此而深感"祖宗以来积憾于黎"⑤。

此次对安南危机的处理,至少说明几个方面。

---

① (明)张镜心:《驭交纪》,《丛书集成初编》第3503册,第128页。
② (明)夏言:《夏桂洲文集》卷9《敕安南都统使莫登庸》,《四库全书存目丛书》集部第74册,第457页。
③ (明)张镜心:《驭交纪》,《丛书集成初编》第3503册,第129—130页。
④ (明)冯时旸等辑:《安南来威图册》之《安南来威辑略》卷中,第446页。
⑤ (明)杨寅秋:《临皋文集》卷4《绥交上三院揭帖》,影印文渊阁《四库全书》第1291册,第739页。

一是明朝对安南的决策，由明初皇权主导，变为地方官员主导。在整个危机处理过程中，明世宗一直倾向于征讨，朝中掌权者为讨好皇帝，基本上也是支持出征，而两广地方官员则极力反对出兵，倾向以招抚为主。其最后结果基本上是按两广地方官筹划而行。这与明初太祖、太宗，甚至宣德，由皇上主导对安南的政策有着明显的差别。

二是对安南的处理结果，体现了明朝对外政策的务实的一面，不再拘泥于传统的理念。安南黎利从不认为自己是由篡逆得国，他是从明人的手中夺取政权，在安南被誉为"民族英雄"，明朝尚可默认其统治地位。莫氏则是篡逆得权，本是触犯中国传统宗藩关系的规则，理应征讨，以助黎氏复国。而莫氏虽属"篡逆"，但对明朝尤为恭敬，当时广西地方官员奏疏曰："臣等窃伏思，惟黎利倡乱阻兵，陷没郡县，杀败官军，大将如柳升、大臣如陈洽皆死于利之手，其余官吏戍卒不能自拔者，悉遭荼毒。臣等今言之尚为痛心，我宣宗特以生灵之故，不欲穷兵而姑与之耳。今莫登庸之罪既与黎利之猾夏者不同，而一闻天声遂匍匐请死，亦与黎利之屡抗王师者又为有间。黎利既蒙宽贷，则登庸似应末减。"① 对莫氏归降，毛伯温不无感慨地说："窃惟安南自五代以来不入中国版图，负其瘴疠险远，或服或叛，中国常以不治治之。及至不得已兴兵远讨，虽至事势穷蹙，尚乃冥顽弗率，未有一闻王师之至，即委国听命，自缚乞哀，如今日之卑顺者也。"② 也正是安南错综复杂的形势，使得明朝的地方官员在处理两国关系时，对传统的"兴灭继绝"的理念被逐渐地模糊，最初在是否出兵的辩论时，就有官员指出，出兵的目的，不是追究莫氏是否正统，而是"直宜问其不庭，责以称臣，约之修贡"③。后来甚至提出："蛮邦易姓如弈棋，不当以彼之叛服为顺逆，止当以彼之叛我服我为顺逆。"④

三是虽然莫氏获得了明朝的承认，成为安南的实际统治者，安南的行政运作如旧，莫氏也获得世袭，安南实际上的独立王国地位并没

---

① （明）冯时旸等辑：《安南来威图册》之《安南来威辑略》卷中，第445页。
② 同上书，第447页。
③ 《明世宗实录》卷205"嘉靖十六年冬十月壬子"，第4278页。
④ 《明史》卷321《安南列传》，第8335页。

有变化，但是，从政治伦理上来说，明朝与安南的关系已经不再是传统的宗藩关系，而是中央与地方的关系，这主要表现在如下几个方面。

1. 安南国王爵号被革除，改为都统使，品秩只相当于明朝廷的从二品官阶，授予涂银铜印。其国内地方行政改为"宣抚司"主理，形同明朝周边羁縻州的设置。虽然各级官员如宣抚、同知、副使、佥事，由都统使"自行升黜"，但于朝贡之年，必须"以升黜过官员总数奏闻"[①]。明朝士大夫对"都统使"的意义早作注脚，所谓"乃削其爵而卑世官，比于内吏，辑我龙编"[②]。这是自宋朝安南立国以来从未有过的现象。

2. 莫氏承袭都统使时，明朝不再委专使赴安南任命，而是将任命的有关敕谕、印信托付广西地方官，安南的继承者必须亲自到镇南关接受身份鉴别，经过勘验明白，就地领敕回国。广西方面每年授予大明大统历一千册，让其在安南境内颁布通行，以示内属。

3. 虽然规定安南仍然保持"三年一贡"，但使臣在明廷得不到陪臣的待遇。嘉靖二十二年（1543），安南使臣入贡，明廷礼臣建议"安南既废不王，则入贡官员，非异时陪臣比，宜裁其赏赉"。明世宗最终决定："既纳贡谕诚，其赉如故；第罢赐宴，稍减供馈，以示非陪臣礼。"[③]

以上三方面的措施，实际上是将安南在体制内定位为内属之行政特区。

（与李宁艳联合署名，原载《暨南学报》2010年第1期）

[①]（明）李东阳纂，申时行重修：《大明会典》（三），中华书局1988年影印本，第1558页。

[②]（明）田汝成：《田叔禾小集》卷7《安南论》（上），《四库全书存目丛书》集部第88册，第442页。

[③]《明世宗实录》卷273"嘉靖二十二年夏四月乙未"，第5366页。

试析晚明与安南黎、莫政权之间的平衡政策

嘉靖六年（1527），安南莫登庸迫使朝中各臣草拟禅位诏书，成功篡夺王位，改元"明德"。安南的内乱易主，严重冲击明、安关系，明朝朝野对安南"莫登庸事件"的处理意见严重分歧，"征讨"与"招抚"之争，反复多次，最终采用地方大臣的意见，以招抚方式降服莫登庸，并以一种新的形式发展明、安关系。本文将就莫登庸篡位的经过、明朝朝野处理此次危机的争拗以及新形势下明、安关系的特点，进行探讨。

一 安南国内政局再起纷争

嘉靖十九年（1540）十一月，莫登庸率领其侄莫文明及耆老士人"素衣系组""囚首徒跣"入镇南关，正式归顺明朝。此后，莫氏政权对外依照承诺，归还钦州地区的四峒，并向明朝履行三年一贡，与明朝保持相对平稳的关系。对内以怀柔政策来笼络黎氏的旧臣，并取得明显的成效。然而也有一部分黎氏的旧臣心念旧主，纷纷南逃，组织武装，与莫氏进行抗衡，其中以阮淦影响最大。阮淦在南部地区，多方联络，四处寻找黎氏的后裔，以图助黎复国。嘉靖十一年（1532），阮淦找到了黎昭宗之子黎维宁，并拥立为帝，史称黎庄宗。后来阮淦笼络了一名骁将名郑检，共同协力扶黎抗莫。十九年（1540）黎氏一度攻陷乂安，二十一年（1542）再度进攻乂安、清化，次年（1543）控制了西都，迫使莫氏的总镇官杨执一投降。二十四年（1545），阮淦被莫氏降将毒死，郑检掌握了全部黎氏的军

权。郑检掌权后，广招名士与豪杰，积贮粮草，势力日强。

二十五年（1546），莫福海病逝，由其子莫福源继位，改年号为永定。二十七年（1548），黎庄宗也病逝，郑检立太子黎维暄为帝，史称黎中宗。黎中宗在位仅8年，无嗣，所有"地方事无大小，军民租赋"，一概委任郑检。① 郑氏实际上把持南方黎氏政权的全部权力。为了巩固自身的实权，后来郑检访得黎太祖兄黎除的玄孙黎维邦，并立其为帝，史称黎英宗。

在此期间，南方黎氏与北方莫氏都曾试图消灭对方，实现安南的统一。莫氏以莫敬典为将领，率兵进攻清化达10次，南方的郑检则亲自率兵攻打山南亦有6次之多，但双方均以失败告终。②

隆庆四年（1570），郑检去世，其子郑松与郑桧内讧，莫敬典乘机率兵10万进攻驻守清化的郑桧，结果郑桧贪图官爵，领兵向莫敬典投降。黎英宗逃回东山，任郑松为左丞相，调度众将，以抗击莫军。莫敬典对郑松久攻不下，日久粮乏，被迫撤兵。而黎英宗为奖赏郑松抗敌有功，封其为太尉长国公，委以重任。郑松也因此逐步掌控黎氏的一切军政大权。后来，黎英宗觉察郑松权柄日重，深以为忧，便与大臣黎及第密谋铲除郑松。然不慎谋泄，郑松先后弑杀了黎及第、黎英宗等人，迎立英宗第五子黎维潭，史称黎世宗。

此后十年间，郑松坚守清化、乂安一带，整饬军备，尽管莫敬典多次入侵，均是铩羽而归。万历七年（1579），莫敬典去世，莫敦让接管军权，对郑氏仍旧屡战屡败。

十一年（1583），这是安南南北朝情形转变的关键年。这一年，郑松觉得情势对己有利，便开始主动出击，先是进军山南，首获大捷。此后对莫战争，均是每战必克。十九年（1591），郑松决定率兵直捣升龙。次年占领了升龙，并擒获外逃的莫氏皇帝莫茂洽，押回升龙斩决。

莫茂洽被俘前，已感到形势不利，早将军政大权交予其子莫全。但莫茂洽被俘后，莫敬让却拥兵自重，自立为帝，驻于青林县，召集

---

① ［越］黎贵惇：《抚边杂录》卷1，越南汉喃研究院藏本，编号A.184。
② ［越］陈重金：《越南通史》，戴可来译，商务印书馆1992年版，第199页。

莫氏的文武旧将，广募军士，一时间拥兵六七万之众，莫全也不得不依附莫敬让。

莫氏的败落，黎氏的复兴，使得明朝与安南的关系又出现重新抉择的困局。二十一年（1593）春，莫氏在黎氏的军事威迫下，纷纷北窜，其中莫敦让从海上逃奔至防城向明朝告急，称"郑松假称黎氏，迫迫亡命"，并请借住钦州。当时地方守将担心难以操控，亦恐郑松追逐，侵凌内地，故"未便听许"。结果，莫敦让于大亥村为郑松所擒。随后广东钦州、广西思陵州、凭祥龙州成为莫氏逃避追杀的地方。对于莫氏的处境，明朝兵部要求两广地方官加紧侦探，但"毋得构引衅端"。万历帝也只是要求两广总督"相机处置，务求安妥"①。希望不要卷入安南的内争之中。

二　晚明对安南"双重承认"的构想

黎氏重掌安南大局后，于万历二十一年（1593）十月，黎维潭与大臣黄廷爱等抵达镇南关，要求以黎氏的后裔的名义入贡请封，称："今莫氏支孽殄亡，官目悉皆归顺，境土复为所有，人心咸戴黎维潭权署国事。"②

对于安南国内政局骤变，两广地方官员曾有理性的认识，如广西巡抚陈大科等上言："蛮邦易姓如奕棋，不当以彼之叛服为顺逆，止当以彼之叛我服我为顺逆。今维潭虽图恢复，而茂洽固天朝外臣也，安得不请命而捆然戮之？窃谓黎氏擅兴之罪，不可不问。莫氏孑遗之绪，亦不可不存。倘如先朝故事，听黎氏纳款，而仍存莫氏，比诸漆马江，亦不斁其祀，于计为便。"③这一建议在朝廷也得到认可，成为处理安南关系的基本原则。然而，此次黎维潭叩关求贡，"来牒用国王金印封"，"牒中世次与故府所载稍异"④，在这些疑问尚未诘问清楚之前，明朝政府抱持观望的态度，暂时决定"以夷叵测，弗请

---

① （明）张镜心：《驭交纪》卷11，《丛书集成初编》第3503册，第138页。
② 同上书，第140页。
③ 《明史》卷321《安南列传》，第8335—8336页。
④ （明）张镜心：《驭交纪》卷11，《丛书集成初编》第3503册，第139页。

命，戒我贡臣，即弗观之，兵宜闭关绝之"①。

次年，两广总督陈蕖上奏反映安南黎、莫相争的调查结果，并提出了处理的意见，称：

> 今窃揣大势，莫裔多人从上年奔播以来，屡经败衄，在黎怀灭此朝食之心，在莫有难必旦夕之恐，其境上折而之黎已六七，似无振日。据黎维潭卑辞扣关，实欲藉我声灵，驱除噍类……今惟传檄黎人，责以不请之罪，问以失贡之期，听彼鹬蚌，相持有定，黎人匍匐请死，别为区处未晚也。②

从这一份奏书中可以看出，明朝封疆大臣虽然很清楚安南政局走向，但并不急于插手安南事务，而是"听彼鹬蚌"，伺机而行。同时责令边境守将加强情报的收集，密切关注安南的局势发展。越南史籍载："时，明国多使人来探访事情，殆无虚日。"③

二十三年（1595）七月，黎氏再次派遣使臣黎早用等从海路直趋肇庆请罪求贡。与此同时，莫敬用也派遣阮净等人"以穷乞援"，并对黎氏臣服明朝进行挑拨，称"有谓维潭未必黎利后，或郑松牛易焉；即利后，利猾夏，负积怨，先朝亡国裔不宜再许"，还说："黎款诈也，惧我乘其后，姑缓我师。"④其目的是要阻止明朝对黎氏的信任。

当时，陈大科刚从广西巡抚升任两广总督，其于两广任官多年，对安南的国情有较客观、清晰的认识，认为"安南传国不数十年，辄易一姓"，"安南僻土荒缴，夷长更置不常，嗣入我朝，断自以陈氏为正，而黎氏代陈也，莫氏代黎也，总之皆篡也"⑤。且认为调解安

---

① （明）杨寅秋：《临皋文集》卷1《绥交记》，影印文渊阁《四库全书》第1291册，第620页。
② （明）张镜心：《驭交纪》卷11，《丛书集成初编》第3503册，第141页。
③ ［越］吴士连等撰，陈荆和整理：《大越史记全书·本纪》卷17，日东京大学东洋文化研究所发行，昭和五十九年，第900页。
④ （明）杨寅秋：《临皋文集》卷1《绥交记》，影印文渊阁《四库全书》第1291册，第620页。
⑤ （明）张镜心：《驭交纪》卷11，《丛书集成初编》第3503册，第142、145页。

南黎、莫之争的时机已经成熟，于是与新任广西巡抚戴耀、左江副使杨寅秋等商议。

杨寅秋最后受命主理与黎、莫使者交涉，他曾从现实、伦理、道义以及交涉策略等方面上书督、抚、按察司三院，阐明交涉的思路与方向。从现实来说，当时，黎氏已经掌控安南的大部地区，实力占优，而明朝"物力未必能制黎夷死命，乘其乞哀求附，因以许之，使荒服之献珍如旧，中国之体统常尊，足矣"①。况且，"黎夷恢复之名义甚正，叩关之款诚甚真，此而固拒之，或深求之，使彼负怏怏以去，异日毛羽既成，正朔不供，中朝弃之既不能，处之又甚难，而追咎前日之谢绝者，其何说之辞？"②如今黎、莫相争，均"欲得中国之典为重"③，因此，必须借此机会，妥善处理。

从伦理来说，他认为：

> 执登庸之罪与黎利较，则黎利猾夏，屡抗王师，戕我重臣，黎重而莫轻；执维潭之罪与登庸较，则交南土宇系黎氏旧物，当日登庸为篡夺，今日维潭为恢复，其不可同语者一。登庸未降之先，绝贡二十年，世庙御极诏使已不谕而返，僭号纪元，张官置吏，且以位号私禅其子莫方瀛，而黎维潭无一有焉，其不可同语者二；登庸为黎宁奏发，寻为大庆事，世庙震怒，大臣重兵压境，登庸乃震怖请死，黎维潭首事即具夹板申款，天朝未有寸镞尺矢之加，而彼遣使蹈海，愿得称贡内附，此不可同语者三。④

虽然永、宣时期惨痛的历史记忆尤深，但鉴于莫、黎与明朝的关

---

① （明）杨寅秋：《临皋文集》卷4《绥交上三院揭帖》（一），影印文渊阁《四库全书》第1291册，第739—740页。
② （明）杨寅秋：《临皋文集》卷4《绥交上三院揭帖》（二），影印文渊阁《四库全书》第1291册，第742—743页。
③ （明）谈迁：《国榷》卷77"神宗万历二十五年"，中华书局1958年版，第4795页。
④ （明）杨寅秋：《临皋文集》卷4《绥交上三院揭帖》（二），影印文渊阁《四库全书》第1291册，第740页。

系，他认为，"祖宗以来，有积憾于黎，无深憾于莫"。① 然而，时下莫氏为"献珍之贡臣"，黎氏为"擅杀之叛臣"，因此认为"祖莫不失治乱持危之意，祖黎有与乱同事之嫌"②，更担心"当日势在莫则与莫，今日势在黎则与黎，书之史册，传之天下后世，国体谓何？"③ 如何在不失伦理，不损国威的情况下，找出既体面，又照顾双方实力优劣，实现调解双方矛盾的方法？杨寅秋认为，必须确实贯彻"不拒黎，不弃莫"原则，只有这样，方可以做到"黎氏袭封之请于大义有名，于大体有光照远迩，垂简策有辞矣"④。

为了落实"不拒黎，不弃莫"的构想，在策略上，杨寅秋分别与黎氏、莫氏进行交涉。在接受黎氏请贡前，为了维护宗主国尊严，对黎氏决定采取"将欲与之，必固抑之；将坚彼恭顺之心，必折彼桀骜之气"⑤。要求黎氏一一如当年莫登庸事例，"不少假贷"，亦即黎氏必须满足四个条件，明朝才能允诺其入贡请封：第一，黎维潭亲赴镇南关请罪、勘验；第二，缴还金印；第三，进献代身金人；第四，安插莫氏。⑥

为了让莫氏顺从明朝的外交安排，杨寅秋对其实施软硬兼施的手段，一方面针对其篡夺黎氏的原罪，直问其"今日安南之土宇，原是谁家之故物？"另一方面对莫氏的处境表示同情之意，并表示明朝的安排也是为莫氏着想，指出莫氏的衰败是内乱所致，是"自作之孽"，如果以为"人心未散，听尔厉兵秣马，为卷土重来之计。若大势已去，宜及时审己量力，存不绝如线之祀。漆马江故事具

---

① （明）杨寅秋：《临皋文集》卷4《绥交上三院揭帖》（一），影印文渊阁《四库全书》第1291册，第739页。

② 同上。

③ （明）杨寅秋：《临皋文集》卷4《绥交上三院揭帖》（二），影印文渊阁《四库全书》第1291册，第742—743页。

④ （明）杨寅秋：《临皋文集》卷4《绥交上三院揭帖》（一），影印文渊阁《四库全书》第1291册，第739—740页。

⑤ （明）杨寅秋：《临皋文集》卷4《绥交上三院揭帖》（二），影印文渊阁《四库全书》第1291册，第742—743页。

⑥ （明）杨寅秋：《临皋文集》卷4《檄交南国黎维潭》，影印文渊阁《四库全书》第1291册，第743页。

在，天朝尚能为尔图之"①。但明朝官员最初并不确定把莫氏安排在何处，后莫敬璋在永安被黎氏所败，海东、新安等地均相继沦陷，形势对莫越加不利，最后提出将高平地区作为莫氏栖身之地，以保全莫祀。②

三 晚明承认安南黎氏的谈判

明朝与安南黎氏原定于万历二十四年（1596）二月二十八日开关勘验，但于二十六日夜，突然收到黎维潭的奏文，取消会勘的计划。黎维潭连夜冒雨赶回升龙城。

关于黎维潭突然取消会勘的原因，据两广地方官的奏疏称："据黎维潭申称，安插莫氏之土地，先皇所与，先祖所受，未敢闻命；兵粮空竭，兼染岚障，函进奏本事件，途间未能卒办，暂且转出善地，整理完备，另请放关赐进。"③而越南主要史籍如《大越史记全书》则称："时明人牵延逾期，退托要索求取金人、金印事迹等物件，不肯赴勘，卒过期。三月帝还京。"④其他如《钦定越史纲目》等的记载大致相似，都将责任归咎于明朝。

其实，中越文献的记载并不矛盾，它反映了一个事实，即黎氏没有按照明朝开列的条件赴关。黎氏一开始就认为自己报仇复国，名正而言顺，要求在勘验时要与莫登庸的事例有所区别，所以没有照足明朝的条件准备。但迫于明朝权威，退而又欲以金银代替代身金人、金印墨样代替金印原物。万历二十四年（1596）正月，冯克宽等携带"安南都统使司印"及前"安南国王印"墨样二件、金子一百斤、银

---

① （明）杨寅秋：《临皋文集》卷4《檄交南亡国裔莫敬用》，影印文渊阁《四库全书》第1291册，第743页。
② （明）萧云举编：《奖黎安莫集》，越南汉喃研究院藏本，编号A.948，第16页。
③ 同上书，第17页。
④ ［越］吴士连等撰，陈荆和整理：《大越史记全书·本纪》卷17，第907页。《黎朝南北分治录》同样将责任推向明朝一方，曰："明人牵延要索，过期不赴。"（越南汉喃研究院藏本，编号A.2029）

子一千两,并率领黎氏政权的数十名老臣一起赴镇南交关等候会勘,①企图蒙混过关。但明朝则坚持要求黎氏满足先前提出的条件,方能开关勘验。所以,此次勘关在即,黎氏或许看出明朝官员没有妥协的迹象,也只能托词不接受莫氏的安插及勘关物件尚未准备好,单方面取消勘验。

在与明朝交涉的过程中,黎维潭的处境是相当微妙的。

第一,黎维潭出于安全原因,并不想亲自赴关。其安全的隐患来自两方面:一是对明朝缺乏自信,二是莫氏残余的威胁。自从莫敬璋被擒后,边境亲莫土官讹言加害黎维潭。陈大科在奏疏中亦承认:"黎维潭乞款,虽其一念畏之,诚如江汉之朝宗,自不可遏。但夷性多疑,每有前却。而有莫氏之残孽,百计阻挠,边境之土司,多方鼓煽。"② 更有传言:"土夷冒莫屯兵七源,剽掠交境,扬言夺款。"③ 因此,黎维潭于一月二十七日便可以此为借口提出"谨差族目率领臣耆赴关候勘"④。明朝官员则作如此理解,认为黎氏并没有真心归顺之意,所谓"阳为衔戴,阴欲以族目代款,无束身抵关意"⑤。

第二,黎维潭的皇位乃郑松所扶持,故朝政一切听命于郑松,因此,明朝有官员还认为,黎维潭中途遁回,乃郑松所为。两广总督陈大科上疏曰:"安南之事,一切称名虽黎维潭,其实权臣郑松主之也。莫弱而黎强,故今日不得不折而入手于黎,然黎庸而郑狡,黎在他日将终为郑所有耳。"明确指出黎维潭撤离南关,"盖郑松星夜飞骑四次来追,维潭遂冒大雷雨以去,此实郑心害其事之成,唯恐维潭一朝被天朝之名,则彼将不得行其篡夺之谋"⑥。

---

① [越]吴士连等撰,陈荆和整理:《大越史记全书·本纪》卷17,第907页。同书第908页又称:"(万历二十四年八月)时令工匠铸造金银人躯,各高一尺二寸,并重十斤。又铸银花瓶二双,小银香瓶五件。又备用土绢及诸贡献之物,以防北使。"说明二月黎维潭前往勘关时,并没有准备代身金人。

② (明)萧云举编:《奖黎安莫集》,第37页。

③ (明)杨寅秋:《临皋文集》卷1《绥交记》,影印文渊阁《四库全书》第1291册,第623页。

④ (明)萧云举编:《奖黎安莫集》,第16页。

⑤ (明)杨寅秋:《临皋文集》卷1《绥交记》,影印文渊阁《四库全书》第1291册,第622页。

⑥ (明)张镜心:《驭交纪》卷11,《丛书集成初编》第3503册,第142页。

上 编

黎维潭深夜拔营而去，使得明朝地方官一时不知所措，"人人相觑失色"。此一事件也引发明朝官员在对待黎氏问题上产生分歧，兵部认为"黎酋志在蓄威，当事不及时操割剪萌，恐遗养虎积薪忧"，主张出兵征讨。当时主持勘验事务的黄纪贤则"发愤上疏"，认为出兵安南，"请将求莫氏后立之乎？遗孽不振，死灰难燃。将遂郡县之乎？前鉴岂远，今可复蹈？妄揣归着，不过许以纳贡称臣而已。急而兵之，固可必得；缓而抚之，未必终失。兵而得之，固足扬威；抚而有之，宁遽不武，而劳逸镇扰，相距万矣。宜稍宽时日，再行檄勘"①。最终明廷同意继续与黎氏进行谈判。

鉴于黎维潭中途爽约，明朝地方官认为，有必要在其再次提出勘验时，"必抑揭之三而许之"②，以挫其锐气。因此，在万历二十五年（1597）四月初三日黎维潭等再次到达镇南关外请求勘验时，明朝派出了黄宇、李陶成等前往黎营，诘问七事：

第一问：莫氏系我贡臣，何为拥兵擅杀？

回答称：生长遐荒无识，惟思乘时恢复，且恐泄漏，委实失禀天朝，自甘万罪请死，恳望矜宥。

第二问：先将莫登庸称尔黎氏沦没已尽，今黎宁已称无后，尔系黎晖之世孙，查历朝册封，无黎晖之名，有何宗枝可考？

回答称：先祖晖，一名镔，袭封为王，因莫逆篡夺，时黎宁差旧臣郑惟憭抱奏请兵乞援，后蒙安插漆马江，黎氏何曾沦没？原奏可查，一面世守清化不绝黎龙，继黎宁无后，旧臣推黎晖四世孙黎维邦承继（亲供世系可查）。

第三问：郑松既是旧臣，其祖父为谁？有无诈冒奸谋？

回答称：郑松乃郑检之子，郑惟憭之孙，世与黎共同患难，有何诈冒奸谋？（随查该国臣耆黄廷爱、官目裴秉渊递出奏函结状，情愿附戴旧主，阖口无异。）

第四问：金印难凭描模，权用事了销化，就蒙追印，情愿铸换，

---

① （明）杨寅秋：《临皋文集》卷1《绥交记》，影印文渊阁《四库全书》第1291册，第622—623页。

② 同上书，第621页。

已经奉文免铸别无匿情。

第五问：先次启关已有期，何故又向宵遁？

回答称：粮草缺乏，兵士疲困，本函事件卒难整办，且不敢闻安插莫贼之命，只得申明暂回，原非宵遁。

第六问：安插莫氏乃天朝继绝之仁，往年黎宁蒙天朝矜怜，以漆马江安插，莫登庸遵依罔违，今尔何得故违？

回答称：莫篡我国，故安插我漆马江，今日我恢复故土，岂得比漆马江例？且天朝兵有除逆之法，无容逆之理。

第七问：彼在先虽系篡臣，在今即系贡臣，尔节次申报，一听天朝处分，岂得反覆？

对此各酋目语塞，无言以对，但"仍似执迷"，于是，黄宇等坦率指出，黎氏真正担心的是，残莫得一安身之处后，会依傍土司，成为黎氏的"祸本"。为此，明朝保证妥善安置莫氏后，土司不会助其为恶，黎氏自然"亦自无后患"①。

四　明朝承认安南黎氏政权的策略与原因分析

黄宇等将是次谈判的结果带回，经三司研究，给黎维潭发出一份正式的谕文，强调开关的四个条件。

第一，强调黎维潭必须亲赴镇南关勘验。明朝在檄谕中明确提醒黎维潭，曰："黎氏失国六十年，一旦欲光复故土，再定永世黎藩之典，不亲赴乞恩而委之族目乎？汝有擅杀贡臣之罪，不亲赴乞宥而委之族目乎？今日请封为谁？他日之蒙恩者为维潭乎？为族目乎？"②因此，坚持要求黎维潭亲自勘关。这样做有两重目的：一是对郑松阴谋篡夺的防范，二是对莫氏指控"黎为松冒"有所交代，以挫莫氏之计较。至于黎氏亲自赴勘的安全问题。明朝官员一则"征调诸土司精锐，棋布要害，委参戎李君凤森扈扬干彰威严；请添委南太知府苏

---

① （明）萧云举编：《奖黎安莫集》，第21页。
② （明）杨寅秋：《临皋文集》卷4《檄交南国黎维潭》，影印文渊阁《四库全书》第1291册，第742页。

民怀、吴大绅，南宁同知黄淙，南太推官卢硕、黄喜之共效劻勷"①。二则申谕边境土司："敢有仍前畜异妄为者，土官定行褫职削地，犯人以军令处斩。"② 三则对黎氏作出一定的让步，允许其"陈兵摄甲入卫，成礼而退"③。

第二，关于缴还金印。黎氏托言"安南国王"的真印已经失落，彼时所用乃描模的假印。明朝官员对此虽存疑惑，最终同意其缴进假印，但必须书面说明真印失落之缘由。

第三，关于代身金人。本来一切如莫登庸事例，代身金人应是"囚首跪缚绑献之状"，明朝官员考虑到黎氏之罪与莫氏相比，轻重有间，因此也作了一定的让步，要求所进献金人"作俯伏乞恩状，凿'安南黎氏世孙臣黎维潭不得匍伏天门恭进代身金人悔罪乞恩'字面"④。

第四，关于安插莫氏。明朝官员耐心开导，解释说，安插莫氏是明廷"一视同仁"的原则，必须"以一隅存莫祀"，这样做并非"独为莫计，亦为黎计，况称莫氏已无踪迹分割，亦属虚名"⑤。据《徐霞客游记》载："初，莫彝为黎彝所蹙，朝廷为封黎存莫之说。黎犹未服，当道谕之曰：'昔莫遵朝命，以一马江栖黎，黎独不可以高平栖莫乎？'黎乃语塞，莫得以存，今乃横行。"⑥

经过反复交涉，黎氏表示愿听明朝处分。万历二十五年（1597）四月初十日，黎维潭"褫衣跣足，身系白组"入关勘验，黎氏及耆目均行五拜三叩礼，"先进伏罪本，次进代身金人，次进通国臣耆伏罪、乞恩本"⑦。

---

① （明）杨寅秋：《临皋文集》卷1《绥交记》，影印文渊阁《四库全书》第1291册，第621页。
② （明）萧云举编：《奖黎安莫集》，第16页。
③ （明）杨寅秋：《临皋文集》卷1《绥交记》，影印文渊阁《四库全书》第1291册，第622页。
④ （明）杨寅秋：《临皋文集》卷4《檄交南国黎维潭》，影印文渊阁《四库全书》第1291册，第742页。
⑤ 同上。
⑥ （明）徐弘祖：《徐霞客游记》卷4《粤西游日记》，上海古籍出版社1987年版，第479页。
⑦ （明）萧云举编：《奖黎安莫集》，第22页。

试析晚明与安南黎、莫政权之间的平衡政策

勘关后,黎氏派冯克宽等赴明廷朝贡。同时,两广地方官上疏,建议朝廷承认黎维潭的合法地位,至于官衔,建议"或照莫登庸例授以都统,或颁给别项名色"①。明神宗听取兵部的意见,最终授以黎维潭"都统使"名衔,并赐以银印一颗。黎氏使臣冯克宽得知后,深为不满,于是上表曰:

> 臣主黎氏,是安南国王之胄,愤逆臣莫氏僭夺,不忍负千年之仇,乃卧薪尝胆,思复祖宗之业,以绍祖宗之迹。彼莫氏本安南国黎氏之臣,杀其君而夺其国,实为上国之罪人,而又暗求都统之职。兹臣主无莫氏之罪,而反受莫氏之职,此何义也?愿陛下察之。

明神宗回复曰:

> 汝主虽非莫氏之比,然以初复国,恐人心未定,方且受之,后以王爵加之,未为晚也。汝其钦哉!慎勿固辞。②

明廷坚持只授予"都统使"的名衔,一是在谈判勘验的过程中,黎氏多次反复、诡辩,对明廷并不"言听计从",因此有必要继续挫其锐气;二是担心黎氏获得册封"安南国王"后,无法在处理安南事务方面占据主动。兵部在题议黎氏的名衔时,就曾表示:"自今受命之后,果永肩恭顺,贡献依期,保境安民,别无生事,及有效劳功绩,许该督抚按查实代奏,加给奖赏。"③ 这里可以看出,当时明朝官员对黎氏的顺服心存疑虑,因此,明廷要给黎氏套上一个"紧箍咒",压制其可能的不恭行为,以维护大天朝的权威与尊严。

至于坚持要求给莫氏以"一线之祀"。学者多强调传统对外关系中的"兴灭继绝"原则,是出于保护贡臣的目的;有的则过分强调

---

① [越]黎统:《邦交录》,越南汉喃研究院手抄本,编号 A614,第 93 页。
② [越]吴士连等撰,陈荆和整理:《大越史记全书·本纪》卷17,第 916—917 页。
③ (明)萧云举编:《奖黎安莫集》,第 46 页。

明朝"以夷制夷"的策略。①笔者以为,邦交关系是一个复杂的系统工程,明朝在处理黎、莫事件过程中,既尊重了中国历代王朝对藩属国的承诺,也考虑到形势发展的状况与自身的利益,是经过周详、全面的思考而制定出相应的策略。

首先是捍卫宗主国的信誉与尊严。天朝对属国负有"兴灭继绝"的义务,这是中国历代王朝处理属国事务的最高理想。因此,在与黎氏的交涉中,明朝官员不厌其烦地阐明莫氏的贡臣地位,指出莫氏"在先为篡臣,今日却系贡臣",既是贡臣,即"宜加保全",这是涉及天朝的信誉与尊严问题。但是,明朝官员(尤其是地方官)深谙安南的历史,所谓"交南以强弱为雄长,所从来久"②。在理想与现实发生矛盾时,他们只能屈从现实,对属国的责任感也随之减弱。明成祖承认胡季犛、宣宗承认黎利、世宗承认莫登庸,都说明在邦交关系中,更多的是不得不承认既成的事实。在与黎氏谈判勘关的过程中,土司指责黎氏实际是郑氏的假冒,处处阻挠勘关,而杨寅秋为了说服土司,竟说出"与郑亦未尝不可"的话,并解释这是按照"祖宗之法"来处理的,使得土司一时"哑口输情"③。

其次是实施以莫抑黎策略。所谓"帝王之于夷狄,以不治治之,夷狄相攻,中国之利也"④。这种"坐山观虎斗"的思维模式,是人类在处理三角关系时常用的思考定式,我们也不必避讳。早在万历二十二年(1594)七月,莫玉辇临终前叮嘱莫敬恭曰:"莫家气运已终,黎氏复兴,乃天数也。我民是无罪之民,而使自罹刃之中,何忍也?我等宜避居他国,养成威力,屈节待时,伺其天命有所归而后可。"⑤当初莫敬用同意安插,亦称:"伏蒙传檄安插,遵效勾践之谋……俟兴复后,照旧奉贡。"⑥由此可见,莫氏同意接受安插,乃

---

① 钟小武:《明朝与安南莫氏的政策(1529—1597)》,硕士学位论文,中山大学,2000年,第30页。
② [越]黎统:《邦交录》,越南汉喃研究院藏本,编号A.614,第88页。
③ (明)杨寅秋:《临皋文集》卷3《与袁聚霞宪副》,影印文渊阁《四库全书》第1291册,第688页。
④ (明)许重熙:《嘉靖以来注略》卷3,《四库禁毁书丛刊》史部第5册,第49页。
⑤ [越]吴士连等撰,陈荆和整理:《大越史记全书·本纪》卷17,第902页。
⑥ (明)萧云举编:《奖黎安莫集》,第14页。

是权宜之计，打算长期与黎氏抗衡。杨寅秋在给莫氏的檄文里也说："惟理与势，果人心未散，听尔厉兵秣马，为卷土重来之计。"① 说明了明朝官员默认或支持莫氏的计划，因此，安插莫氏，不能说没有以其制衡黎氏的意思。事实上，至崇祯年间，兵部官员就明白说出以莫制黎的想法，曰："莫酋越在关外，亦中国之小藩屏，莫折而入于黎，只益黎氏之强耳，是敬宽侵犯内地可诛也，留之牵制黎酋可议也。"②

最后是安抚边境土司。莫氏主政安南六七十年，此间与广西边境土司有着千丝万缕的关系，莫氏被黎氏赶出升龙以后，与广西土司的互动更为密切，《徐霞客游记》载："其土官岑姓，乃寨主也。以切近交彝，亦惟知有彝，不知有中国。彝人过，辄厚款之，视中国漠如也。交彝亦厚庇此寨，不与为难云。"③ 正所谓："莫依土司为逋薮，土司以莫为侵地。"④ 莫氏一直在利诱土司对黎氏争取明朝承认的问题进行阻挠。其主要表现在两个方面：一是直接参与莫氏对黎氏的军事攻击。万历二十二年（1593），莫敬恭被黎氏逼逃龙州，随后"多率龙州人出掠谅山各州"⑤。明朝与黎氏实现勘验前，莫氏就曾勾结龙州土官乘夜纵火烧坡垒、谅山黎营，恫吓黎氏，以阻挠其顺利勘关。明朝的官员也很清楚，龙州土司"以兵翼莫而恐喝黎"⑥。安南史籍载："辰明土官多受敬恭重赂，奏请明帝安插敬恭于高平，明人累致书强逼朝廷，议以事大惟恭，不得已，姑从之。"⑦

明朝边境土司对国防安全的贡献不可忽视，明朝于周边防务严密，"独交南不设一卫堡，不置一戍守"，其原因除安南国力弱小外，

---

① （明）杨寅秋：《临皋文集》卷4《檄交南亡国裔莫敬用》，影印文渊阁《四库全书》第1291册，第743页。
② 台北"中研院"历史语言研究所编：《明清史料》（庚编）"兵部《驭夷机宜》残稿"，中华书局1987年影印本，第1页。
③ （明）徐弘祖：《徐霞客游记》卷4《粤西游日记》，第489页。
④ （明）杨寅秋：《临皋文集》卷1《绥交记》，影印文渊阁《四库全书》第1291册，第621页。
⑤ ［越］吴士连等撰，陈荆和整理：《大越史记全书·本纪》卷17，第902页。
⑥ （明）杨寅秋：《临皋文集》卷4《贵州左监军按察使临皋杨公墓志铭》，影印文渊阁《四库全书》第1291册，第760页。
⑦ ［越］潘清简：《钦定越史通鉴纲目》卷30，台北"中央"图书馆1969年影印本，第2849页。

更主要的是"镇南关以北,龙、凭诸州为之藩,维土兵强悍,素易交人"①。鉴于土司的作用、土司与莫氏的特殊关系,明朝官员在处理莫氏时,不得不考虑土司的意见。因此,安南史籍称,明朝执意安插莫氏是"曲徇下司土官受莫氏贿赂,公相容庇"的结果,② 也不无道理。

(原载《暨南学报》2007 年第 3 期)

---

① (明)萧云举编:《奖黎安莫集》,第 46 页。
② [越]黎贵惇:《大越通史》卷 34《逆臣传》,越南汉喃研究院藏本,编号 A.1389,第 48—49 页。按:当时广西巡抚戴耀曾一度有"弃莫"的想法,但杨寅秋以"推亡固存之义"以应之。参见(明)杨寅秋《临皋文集》卷 1《绥交记》,影印文渊阁《四库全书》第 1291 册,第 623 页。

明清之际中越关系的演变与抉择

清入关后，朱明遗族在南方相继建立了弘光、隆武、永历等流亡政权，控制南方多个省份，与清王朝抗衡。面对中国南北分治的局面，安南作为中原王朝的藩属国，其主政的中兴黎朝是与南明流亡政权保持关系，还是承认新的清王朝？必须作出抉择。关于明清之际中越关系演变的过程，现学界已有一定的成果，其最重要者，如牛军凯《朝贡与邦交：明末清初中越关系研究（1593—1702）》、孙宏年的《中越研究关系（1644—1885）》，他们对这一时期中越关系基本脉络作出了较清晰的分析，尤其是前者对一些细节也进行了相当深入的探讨，但是，在这时局大变革中，越南中兴黎朝统治的邦交心态与策略，仍有较大的讨论空间。本文正是在他们的研究基础上，就明清交替之际中国政局的演变，以及安南面对中国政局的变化所作出的反应进行探讨，为深化这一专题研究，提供更多的史料与思路。

一　南明政权与安南黎氏政权的互动

崇祯十七年（1644），李自成率义军攻陷北京，接着清入主中原，标志朱明王朝的终结。随后，在一批批义士的支持下，朱氏遗族南逃，相继于南京、福州、肇庆建立了弘光、隆武、永历流亡政权，以抗衡清朝的南下，使明朝的历史残延二十余年。这一时期，史称南明。

晚明时期，明朝面临内外交困，曾多次派使节到日本、澳门请求军事援助，但始终没有对传统属国——安南王国提出要求，究其原因，主要有两个方面：一是安南国内长期战乱，当时安南黎氏、莫氏、阮氏三权纷争，形成鼎立之势，各政权自顾不暇，对明朝事务自然难以照应；二是明、安关系复杂而微妙。虽然明朝于万历年间承认黎氏政权在安南的合法统治地位，但同时又迫使黎氏安插莫氏政权的残余于高平一带，以抗衡黎氏，黎氏对此心存不满。后来黎氏反复请求恢复王爵的封号，明朝均以各种理由搪塞，这就更加深了黎氏与明朝的隔阂。因此，黎氏对明朝表面恭顺，实则蔑视双方的传统宗藩关系，立新王不及时请封，朝贡不按时，甚至要明朝官员多次催促下才向明朝进贡；进贡时常常提出条件，更有甚者，有时对催贡使者耀武扬威。崇祯十三年（1640），兵科给事中张晋彦曾对安南黎氏政权趁明朝内乱之机多方要挟，发表了明朝在处理与安南关系时的原则性意见，曰："虽朝廷字小，不靳殊典，而荒夷要挟，岂可徇情？使郑桩得其志，将遂悍横，忧及中土，即欲以茅土之券，塞溪壑之欲，岂可得哉？"①

当崇祯王朝被农民起义军推翻、吴三桂引清兵入关后，明朝后裔福王朱由崧在南京监国，建立弘光政权。弘光朝廷延续了晚明的对外政策，欲依赖外国的军事援助以拯救业已覆没的王朝，除继续向日本、澳门等寻求支援外，对安南的态度也产生较大的改变。

南明向安南派出使节始于弘光年间，《明末纪事补遗》载：弘光二年（顺治二年，1645）"王乃遣锦衣卫康永宁航海乞师安南，风逆，自崖而返。是时，安南入贡，使人衣冠颇类中国，但椎髻跣足，所贡惟金龟、银鹤、炉香、绡，无异物也"②。黄宗羲在《行朝录》亦载，弘光二年正月，交趾遣使入贡。③

弘光二年（1645）八月，唐王朱聿健在福州建立隆武政权，随即

---

① 《明崇祯实录》卷13，台北"中研院"历史语言研究所1962年影印本，第398页。
② （清）三余氏：《明末纪事补遗》卷4，《四库禁毁书丛刊》史部第13册，第250页。瞿其美《粤游见闻》载，隆武元年派康永宁出使安南，因"风逆不得泊岸，望涯而返"（明季稗史汇编本，巴蜀书社1993年影印本，第8页）。越南史籍《历朝宪章类志》卷46《邦交志上》记载，隆武派往安南的使者是都督林参，他成功会见了后黎国王，并招来安南方面求封和朝贡的使节（越南汉喃研究院藏本，编号A2061，第29页）。
③ （清）黄宗羲：《行朝录》，《四库禁毁书丛刊》史部第44册，第597页。

又派都督林参出使安南求援。① 安南也许认为，明朝在危难之际，向其求封或许容易成功，因此于次年二月派遣正使阮仁政、副使范永绵、陈概、阮滚等随天朝使节、都督林参从海路前往福建，贺隆武帝即位，并求封王爵。② 但安南使者尝未抵达福州，隆武帝已经被清人所杀。

隆武元年（1646）十二月，永明王朱由榔在肇庆即皇帝位，改年号为永历。安南使者阮氏等在福州求封无果，听说永明王朱由榔在肇庆称帝，也顺道入谒永历帝。此次永历朝廷答应了安南使节的请求，同意恢复安南黎氏的王爵。永历元年（顺治四年，1647）五月，永历朝派遣翰林潘琦、科臣李用揖赍敕书诰命并涂金银印前往安南，正式册封黎真宗为安南国王。③ 安南国被明朝撤销王爵近百年后，至此才得以恢复。

对于永历政权的好意，安南黎氏政权也给予了相应的回报。同年（1647）夏，安南派出300艘战船进逼广东廉州。驻守廉州的清兵将领闻讯后派人宣谕曰："天与人归，华夷一统，闻交王贤明，必能上顺天意，各守土地，安分守法，清朝无有苛求之意。"并明确指出："自河州以外至分茅铜柱，久系贵国耕牧之地，应为安南国；若借名侵管一步，即锢解正法。不可妄听流言，致生异念。"安南郑主辩称："本国旧境自分茅铜柱至桂州、浔州、南宁、太平、镇安、思明、思恩各府州县，已差兵巡守其地，烦为发牌来，得凭执守，以免天兵侵轶。"④ 从上述史料可以说明两个问题：其一，早于1647年，清朝就与安南黎朝发生了直接的接触，并确认两国边界，表明清兵无意入侵安南国土。其二，安南此次出兵恰在永历册封黎真宗为安南国王之

---

① ［越］吴士连等撰，陈荆和整理：《大越史记全书·本纪》卷18，日东京大学东洋文化研究所发行，昭和五十九年，第950页；［越］潘辉注：《历朝宪章类志·邦交志》，越南汉喃研究院藏本，编号A206，第291页。
② ［越］吴士连等撰，陈荆和整理：《大越史记全书·本纪》卷18，第950页。
③ 越南史籍《大越史记全书·本纪》（卷18，第951页）与《钦定越史通鉴纲目》（卷32，第2927页）均载此次册封对象是"太上皇"，牛军凯在其博士论文《朝贡与邦交：明末清初中越关系研究（1593—1702）》中，考证册封的对象实为"黎真宗"，即黎祐，而非太上皇。此从牛军凯之说。
④ ［越］潘辉注：《历朝宪章类志》卷49《邦交志下》。

后，虽然史料说安南有"并广东意"，但从另一侧面可以说明，很有可能这是应永历之请，以守护疆土为名，向永历朝进行军事援助。因为所列举桂州、浔州、南宁、太平、镇安、思明、思恩等地，正好是此时永历朝所控制的范围。只是清兵强盛，南明败退迅速，安南不得不退兵而已。

永历二年（顺治五年，1651）二月，永历帝为清兵所逼，移驾驻跸于南宁。同年，派遣张肃等出使安南，再次请求资助"兵象粮铳，以助恢剿"①；并且嘉封安南清都王郑梉为都统使大将军。但郑梉并不满足于此，他派使节前往南宁谢恩，缴还原来大将军的敕印，要求改封为安南副国王。② 郑梉的无理要求，源自他在安南黎氏政权中的权威，以谋求与安南国王同等地位。③

永历朝廷毫无尊严地答应郑氏的要求，并以"特崇殊典"嘉封其为安南副国王。永历朝此举，究其原因，可以从两个方面考察：一是亟须稳定安南。郑氏掌控安南黎氏政权的实际权力，而此时清已基本控制广东，让安南哪怕是表面顺服自己，至少不至于有后顾之忧，因此在册封郑氏的副国王的表文中强调曰："朝廷置外藩，所以抚要荒弘捍蔽，承平则渐濡德教，戡定则翊赞明威，维翰维城，无分中外。尔懋膺宠锡，务益忠贞，来辅黎氏，永修职贡，作朕南藩，永世勿替。"④ 二是希望郑氏给予更多的实质性的支持。从史籍记载来看，永历朝对郑氏的崇高礼遇，确实得到了郑氏的回报，郑氏答应每年助银二三万两。⑤ 在永历帝偏安于安龙府期间，"命使来求兴化诸州之地，王乃乞纳十州税例，半为内地（兴化东川簿全年供纳北聘一州金

---

① ［越］吴士连等撰，陈荆和整理：《大越史记全书·本纪》卷18，第952页。
② ［越］潘辉注：《历朝宪章类志》卷46《邦交志上》，第30页。
③ ［越］阮㴞：《南国禹贡》，越南汉喃研究院藏本，编号A.830，第25页。原文为："元帅郑靖王久统国政，欲北朝策封，以自等威，乃私遣使求封于明，明封为副国王。"《雨中随笔》第497页亦有"密授以奏书表求封副国王"的记载，但记为丁酉年（1657）之事，疑纪年有误。
④ ［越］吴士连等撰，陈荆和整理：《大越史记全书·本纪》卷18，第953页。
⑤ （清）陆圻：《明末滇南纪略·移黔谋逆》，方国瑜主编《云南史料丛刊》第4卷，云南大学出版社1998年版，第714页。

二笏、银一笏）。"① 后来越南史臣阮㒪也指出："中兴之第四叶，元帅清都王久统国政，私使使祈封于明，明封为副国王，王乃献以阳泉五县。"②

永历朝廷愿意放下尊严与郑主交往，更多表现出永历的衰弱与无奈，安南史家潘辉注对于南明政权与安南关系的转变有过这样的评述：

> 中兴初，累求王封，明人未许，至是则既封国王，又有副王辅政王之命，册使叠来，有加无已，视前迥不同。盖当明人南奔，事势穷蹙，所以望救于我国者，正在昕昕，故其宠命之加，不惜烦黩。今读其诰册，纵可想见情状，而一代盛衰之会，亦当为之一概云。③

二 安南黎氏政权对永历政权的态度转变

永历六年（1652），清兵从桂林、柳州南下，直逼南宁，永历帝在孙可望的挟持下偏安安隆，并改名安龙府。永历十年（1656），又在李定国的护送下逃往昆明。同年安南的黎真宗去世，黎神宗复位。次年郑梉去世，其子郑柞承袭，成为安南新的掌权者。此后安南黎氏与南明永历政权的关系急转直下。

十一年（1657），秦王孙可望、鲁王朱以海都曾遣使出访安南，这些南明使节被迫向黎朝郑柞行跪拜礼。④ 次年，代表永历朝前赴罗马寻求西方军援的西方传教士卜弥格回到远东，因此时澳门已向清朝投诚，便派人通知，不得在澳门登岸。卜弥格万般无奈，便欲转道安南进入广西，继续追随永历帝。郑柞对这位永历的使节百般阻挠，后

---

① ［越］阮㒪：《南国禹贡》，第28页。
② ［越］阮㒪《抑斋遗集》卷6《舆地志》，《阮㒪全集》第1册，（河内）文学出版社1999年版，第413页。
③ ［越］潘辉注：《历朝宪章类志》卷46《邦交志上》，第31页。
④ （明）徐孚远《交行摘稿》"附：小传"载："去年秦、鲁二藩遣使来，用拜礼。"（载吴省兰编《艺海珠尘》草集，第15页）

127

在安南的西方传教士的求情下，才得以通过安南。卜弥格到中越边境时，获悉清兵已经控制两广，永历帝也已西撤昆明，绝望之下，希望回到安南，却遭到拒绝，不得不徘徊在中越边境，终因忧郁成疾，于次年病故。从这些事件可以说明，安南新主对南明的态度已经发生很大的变化。

十二年（1658），郑成功派使臣徐孚远等前往拜谒驻跸昆明的永历帝，①道经安南。郑柞引用先前鲁王、秦王的使节之例，提出在会见时要求徐孚远行跪拜之礼，为此，徐孚远去函表示不可接受，信中曰：

> 自我朝遣使至贵国，二百余年，载在国典，只行宾主礼，此贵国先王及贤大臣所共知者也。惟去岁秦、鲁二藩使来，用拜礼。二藩虽贵，乃大明之臣，与贵国敌体，其所遣使，仍奔走，末弁爵，不列于天朝，名不闻于闾巷。先王宴而资送之，不为薄矣。……伏惟殿下访诸大臣，得遣一两员来，与孚远等商定，使孚远等有以受教于殿下，有以不获罪于朝廷，不贻讥于天下万世。殿下之大惠也，孚远等之至愿也。②

后来，徐孚远还向前来议礼的安南礼部尚书范公著表达宁死不屈的决心，其"赠安南范礼部"诗曰：

> 十载风尘卧翠微，今来假道赴皇畿；

---

① 关于徐孚远前往云南拜谒永历帝的时间，还有一种说法，即1651年。其依据是徐孚远《交行摘稿》艺海珠尘本"序"，钱澄之《所知录》，两者均记于"辛卯岁（1651）"。此说实为错讹。理由有二：一是清人黄宗羲《行朝录》载："永历十二年戊戌正月朔，上在滇都，遣使赍玺书从安南出海，至延平王朱成功营，授张煌言兵部左侍郎兼翰林院学士，其余除授有差，徐孚远随使入觐，由交趾入安隆，交趾要其行礼，不听，不得过，孚远遂返厦门。"（《四库禁毁书丛刊》史部第44册，第634页）二是张煌言给徐孚远临别赠诗"徐闇公入觐行在取道安南闻而壮之"二首，其中有"旌旗如在昆明里""万里行朝古夜郎"[（明）张煌言《张忠烈公集》卷8,《续修四库全书》第1388册］说明徐孚远出使的目的地是昆明，而永历帝到昆明的时间不可能是1651年。

② （明）徐孚远：《交行摘稿》，第15页。

未闻脂秣遄宾驾，更有荆榛牵客衣；
生似苏卿终不屈，死如温序亦思归；
南方典礼惟君在，侨肸相期愿弗违。①

徐孚远此次安南之行，尤感国力衰弱，使臣受辱之悲愤，其诗有云"天威未振小夷骄"，又曰："千行涕泪王威弱，三月拘留臣节艰……安得禁申求颇牧，早施长策定南蛮。"②为了坚守臣节，他在安南滞留三个月后，无奈地原路返回厦门。郑成功闻讯后大怒，"遂禁商船不许往交趾贸易"③。

安南中兴黎朝对永历朝使节态度转变的原因，有学者认为主要有三个方面：一是南明的衰落使安南了解到清军的强势；二是秦、鲁二王使节的先例；三是郑柞个人的原因，主要是对永历帝没有册封他为副国王心怀不满。④ 这些分析有欠完整。

安南对南明态度的变化，应当是对形势评估后作出外交政略的调整。早于顺治四年（1647），清朝以浙东、福建平定而诏示天下，曰："东南海外琉球、安南、暹罗、日本诸国，附近浙闽，有慕义投诚、纳款来朝者，地方官即为奏达，与朝鲜等国一体优待，用普怀柔。"⑤清新政权首次对于包括安南在内的南海诸国释放善意，阐明其对外政策，依然遵循旧朝的"怀柔"原则。同年六月，清朝释放琉球、安南、吕宋等国入贡隆武朝的贡使。《清世祖实录》载：

> 初琉球、安南、吕宋三国各遣使于明季进贡，留闽未还，大兵平闽，执送京师，命赐三国贡使李光耀等衣帽缎布，仍各给敕谕遣赴本国，招谕国王。谕琉球国王敕曰：朕抚定中原，视天下为一家，念尔琉球自古以来，世世臣事中国，遣使朝贡，业有往

---

① （明）徐孚远：《交行摘稿》"赠安南范礼部"，第2页。
② （明）徐孚远：《交行摘稿》"舟中杂感"，第5—6页。
③ （明）夏琳：《闽海纪要》卷上，《四库禁毁书丛刊》史部第35册，第13页。
④ 牛军凯：《朝贡与邦交：明末清初中越关系研究（1593—1702）》，第49页。
⑤ 《清世祖实录》卷30"顺治四年二月癸未"，中华书局1985年影印本，第3册，第251页。

例。今故遣人敕谕尔国，若能顺于循理，可将故明所给封诰印敕遣使赍送来京，朕亦照旧封赐。谕安南、吕宋二国文同。"①

清朝通过优抚、释放贡臣，再度释放善意与诚意以招徕各国的信任与归顺，并明确指出，只要缴出明朝的封诰印敕，即可获得新的册封。

七月，清军基本上控制广东地区，清廷又一次特颁恩诏，其中有一节专门解释其对外关系的原则，重申其对南海藩国的"怀柔"政策不变，曰："南海诸国暹罗、安南附近广地，明初皆遣使朝贡，各国有能倾心向化，移臣入贡者，朝廷一矢不加，与朝鲜一体优待，贡使往来，悉从正道，直达京师，以示怀柔。"②

清廷多次对外宣示其优抚政策，南海诸国并没有立即做出回应。迟至顺治七年（1650）12月19日，澳门葡萄牙当局才正式向清军前山参将杨汝柏献"投诚状"③，次年1月31日，靖南王耿精忠代表清政府接受了澳葡当局的归顺，并承诺保证澳门及其市民的安全。④ 顺治九年（1652）十二月暹罗国请求换给敕印勘合以便入贡。⑤ 顺治十三年（1656）七月，清廷准许荷兰"八年一次来朝"⑥。安南与这些国家或地区素有密切的经贸交往，周边国家向清朝的归顺，对安南执政者必然产生很大的影响。而郑梉之所以迟迟没有行动，缘于他得永历的恩惠至深。那么，郑梉之子郑柞则没有这个包袱，当他承袭父权之时，永历已退缩到西南，可以肯定，永历复兴断无可能。在这种情况下，郑柞不得不为接受新主做准备。

---

① 《清世祖实录》卷32"顺治四年六月丁丑"，第3册，第267页。
② 《清世祖实录》卷33"顺治四年秋七月甲子"，第3册，第272页。
③ 台北"中研院"历史语言研究所编：《明清史料》（丙编第4册），中华书局1987年影印本，第8页。
④ ［葡］施白蒂：《澳门编年史》，小雨译，澳门基金会1995年版，第53页。
⑤ 《清世祖实录》卷70"顺治九年十二月戊午"，第3册，第555页。
⑥ 《清世祖实录》卷102"顺治十三年七月戊申"，第3册，第793页。

三 安南黎氏政权之弃明投清

顺治十六年（1659）六月，永历帝及其少数随从逃入缅甸，而大部分南明残部则逃散于安南与缅甸等地。八月，经略大学士洪承畴奏报，安南国都将、太傅、宗国公武公悠遣目吏玉川伯邓福绥、朝阳伯阮光华"赍启赴信阳郡王军前，摅忱纳款"①。安南西部割据政权武氏率先向清廷投诚。九月，莫敬耀差杜文簪、阮维新等人向驻守广西太平府的清朝官员何起龙递交了"投诚谒"，在表文中，莫敬耀自称安南都统使司都统使，希望清朝"使本司得以恢复旧疆"。但清兵将领并没有即时接纳，而是提出两个纳顺的条件：一是交出南明德阳王、太监黄应麟、总兵阎永德、郭崇正、谭佐明、水师张仕朝、李联芳、副将饶仁素、户部庄应琚、锦衣卫张进忠等；二是归还所侵占的归顺、镇安、龙州、下雷、湖润、上冻、下冻等地。并威胁说："你看云南、贵州李定国俱已平定，你高平宁有多大地方，徒自取灭亡无益。"十月三十日，莫敬耀再次呈文"申前事"，十二月，两广总督李栖凤将莫氏投诚状上报清廷。②广西巡抚于时跃建议："安南都统使莫敬耀向化投诚，请给印敕，应如所请。"顺治十八年（1661）四月，清顺治皇帝认为："授都统使、给与印敕，系故明之例，本朝不宜沿习。安南远方一国，莫敬耀倾心向化，自当另授官职，以示鼓励。应照何国归附例，授何官衔，给何印信？"③要求兵部与礼部等拟出一个办法。五月，清廷兵、礼等部议定："安南国都统使莫敬耀带领高平等处地方效顺，应增本秩封为归化将军，以示鼓励。印信敕书，俟进贡到京之日给发。"④但莫敬耀未授封而卒。十一月，清廷将封号"归化将军"恢复为明朝的旧例"都统使"，并授予莫敬耀之子莫元清。

---

① 《清世祖实录》卷127"顺治十六年八月丙申"，第3册，第988页。
② 台北"中研院"历史语言研究所编：《明清史料》（庚编）"两广总督李栖凤揭帖"，第32—43页。
③ 《清圣祖实录》卷2"顺治十八年四月壬寅"，第4册，第62页。
④ 《清圣祖实录》卷2"顺治十八年五月乙亥"，第4册，第68页。

在安南国内两股割据势力武氏、莫氏相继向清王朝投诚的同时，实际掌控安南政权的中兴黎朝也不得不面对现实，为稳固其在安南的地位而作出抉择。顺治十七年（1660）七月安南国王黎维祺向清朝表达了归顺之意。清朝对安南黎氏的归顺，提出两个条件：一是缴还南明敕印，二是协助剿除南明残余。同年，南明败将邓耀逃入安南，清兵将领谕知黎氏，请求协助剿抚。黎氏出兵协助围剿，"杀溺贼众无算，邓耀削发，窜匿粤西"。最后被清兵擒获。① 十八年（1661），黎氏又将南明光泽王朱俨铁等人交出。对于安南的配合，清廷给予很高的评介，曰：

> 尔安南国王某，克殚厥猷，乃心王室，摅诚向化，贡使频来，列爵衔恩，勤劳茂著。近者禀我方略，益抒忠悃，擒俘伪王朱某归之，边吏以实上闻，朕甚嘉焉。夫功莫高于歼逆，而治有贵于销萌，维尔之勋于斯为最，是用赐敕奖励，兼赐王某某诸物。尔其永此忠猷，祗承罔致策勋之典，朕无靳于便蕃也。②

并谕令大加封赏以示勉励，礼部拟定赏银100两、锦4端、纻丝12表里。康熙帝继位后，认为安南国王"倾心向化，复协助剿贼，深可嘉尚，尔部以故明卑视外国之礼议复，殊不合礼，著另议"。随后议定，赏银500两，大蟒缎、妆缎、锦各2匹，彩缎表里各12匹。同时在敕文中赞扬黎维祺"古称识时俊杰，王庶几有之"③。

顺治十八年（1661）闰七月，黎维祺正式向清廷归顺，但对清廷要求缴印一事则表示"前代旧制，原不缴换敕印，惟待奉准贡例，依限上进"④。清廷要求缴出明朝印玺，只是在程序上证明安南放弃了对旧王朝的效忠。在这一原则问题上，清廷并没有丝毫让步的意思。因此，此后五年间，由于安南以种种托词拒绝缴印，即使安南与清朝

---

① 《清圣祖实录》卷2"顺治十八年四月乙丑"，第4册，第66页。
② （清）张宸：《平圃遗稿》卷2《奖谕安南王黎维祺敕命》，《四库未收书辑刊》第5辑第29册，第569页。
③ 《清圣祖实录》卷2"顺治十八年三月甲申"，第4册，第58页。
④ 《清圣祖实录》卷4"顺治十八年闰七月庚子"，第4册，第82页。

的使臣往来频繁，甚至于在两国关系不明朗的情况下，清廷还派使臣前往吊祭黎维祺，但清廷始终没有册封黎氏的意思。迟至康熙五年（1666）二月，礼部向安南黎氏发出了最后通牒，表明了如果再不缴印，有可能断绝交往，曰：

> 今岁安南国黎维禧例当进贡，所受永历敕印，屡谕缴送，迟久未至。始称无缴送之例，今复欲委官临关，当面销毁，殊非尊奉天朝之礼。请敕广西督抚移文再行晓谕，速将伪敕印送京，准其入贡，否则绝其来使。①

迫于清廷的压力，五月，安南国主黎维禧不得不将南明永历朝的"敕命一道，金印一颗"缴送两广总督卢兴祖。至此，清朝才谕令册封黎维禧为安南国王。② 六年（1667），清朝派遣内国史院侍读学士程芳朝、礼部郎中张易贲前往安南举行册封大典。这就标志着安南与清朝正式建立起传统的宗藩关系。

余 论

在古代中越宗藩关系中，无论是宗主国还是藩属国，于王朝更替之时，均谋求得到对方的承认，只有这样，其政权在国内才更具合法性。清朝替代朱明王朝，总的来说，基本沿袭旧明王朝的制度，承认安南黎氏的主导统治地位，册封为安南国王，而莫氏虽然投诚较黎氏早，却只以"都统使"赐之，并未能与黎氏享有同等的地位。相对而言，安南黎氏对于清王朝的态度就耐人寻味，其表现有三：一是安南黎朝向清廷的归化是迫于无奈。因为在安南的其他竞争对手武氏、莫氏均已先后归化于清廷，并获得了封号。安南黎朝不得不为争取"合法性"，主导安南政局，转而归顺于清。二是安南黎朝关于"缴印"问题，与清廷交涉了数年之久，最后也是在清廷强硬的立场下不

---

① 《清圣祖实录》卷18"康熙五年二月己卯"，第4册，第263页。
② 《清圣祖实录》卷19"康熙五年五月壬寅"，第4册，第271页。

得不妥协。三是当安南黎朝与清朝建立了传统的宗藩关系后，双方又在邦交礼仪上争持，安南黎朝坚持明朝时的"三叩五拜"之礼，而清朝则要求安南行"三跪九叩"之礼。安南自以为继承了中华正统，对清所代表的游牧文化有所鄙视，自然难以接受。因此，这一场邦交"礼仪之争"，实际上是关于文化正统论之争。回顾安南中兴黎朝与清王朝的交涉过程，从"缴印"问题到"礼仪之争"，可以透视出安南的某种复杂而矛盾的心态，一方面不得不屈服于清王朝的强势；另一方面对明王朝及其所代表的中华文化正统观有所眷恋。

（与周亮联合署名，原载《东南亚研究》2011年第1期）

清朝藩国使团伴送制度述论

——以安南使团为中心

古代藩属国使团伴送制度乃朝贡制度的重要组成部分，对于藩属国的入贡，作为宗主国，清朝政府有义务尽大国待客之道，施之以仁以爱。具体于接待入贡使团，首先确保其在辖境旅途安全、生活便利，其次是给予与身份相符的尊严，再次让使臣感受到大国在政治、社会与文化的先进性。这需要有一套细致周详的安排，总的来说，就是由朝廷制定与完善相关规则，地方政府具体落实。本文以清朝对安南王国使团的接护为例，对清朝属国伴送制度的形成、完善与实践进行探讨。

一　清朝贡使伴送规则的形成与完善

明朝关于入贡使团的护送规定相对较为简单，依据印信由地方政府选派通事进行陪送，据《明经世文编》载："凡四夷赴京朝贡有印者，自有印信番文；无印者，自有白头番文连方物，俱赴沿边应该起送衙门差通事并官舍伴送前来。"[1] 清初藩国使团的迎送事宜，基本承袭传统做法。《清史稿》记载："将入境，所在长吏给邮符，遴文武官数人伴送。有司供馆饩，遣兵护之。按途更代，以达京畿。"[2] 但是，有清三百余年，在一些细节操作上不断完善，其演变大致经过

---

[1] （明）陈子龙：《明经世文编》卷61《增重国体事四夷通事》，中华书局1962年版，第499页。
[2] 赵尔巽等：《清史稿》卷91《礼十·宾礼·山海诸国朝贡礼》，中华书局1978年版，第2675页。

三个阶段：清初，藩属国入境处督抚选择伴送官至京，回程加增礼部司官一人伴送回国；乾隆三十五年改革伴送制度，由沿途选派地方伴送官接替护送，回程仍派遣礼部司官；乾隆三十六年，伴送制度进一步发展，采用入境处督抚选派全程伴送官和沿途地方官短途伴送相结合的伴送制度，取消回程礼部司官的派遣。

清初，对于贡使的迎送规则有所变革，主要表现在两大方面。

一是依照国度做出不同的规定。《钦定大清通礼》对此有详细的记载："贡使将入境，朝鲜以礼部通官二人迎于盛京凤凰城。安南、琉球、缅甸、暹罗、荷兰、苏禄、南掌诸国，贡道所经之省，督抚遣佐贰杂职官一人迎于边界。西洋以内务府司官及西洋人供职钦天监者各一人，迎于广东，皆给以邮符，经过地方，有司供其次舍廪饩车舟夫马，沿途营汛递遣官军防护，以达于京畿。"[①] 显然，清初对待不同的藩属国进行不同规格的陪护，相对而言，安南与东南亚诸国所得到的礼遇不如朝鲜与西洋诸国隆重。究其原因，与清朝对各国的态度有着密切的关系，朝鲜在清人入关前即已臣服，在推翻明朝政权的过程中，有所贡献；西洋诸国的传教士在宫廷中的活动，则可以满足清廷的科技需求，故两者在邦交上均获得清廷的优抚。反之，安南等东南亚诸国，在清人入关后，并没有立即臣服清朝，安南尤甚，不仅在一定程度上支持南明政权，而且在发展与清朝关系过程中，态度桀骜不驯，甚至鄙视清人"夷狄"的出身，在上缴前明印玺方面故意延宕，在行礼仪式方面固执前明事例，缺乏"事大"之诚意。[②]

二是回程之时，给予安南等东南亚诸国加派礼部司官，"朝鲜、南掌仍以迎接官伴送出境，安南、琉球、缅甸、暹罗、荷兰、苏禄，礼部奏遣司官一人伴送，西洋以原迎官二人"[③]。《清实录》对此亦有所记载，顺治十八年，安南请封，贡使由京返国时，清廷"遣安南馆清

---

① （清）乾隆官修：《清朝通志》卷46《礼略十一》，浙江古籍出版社2000年影印本，第7019页。

② 牛军凯：《三跪九叩与五拜三叩：清朝与安南的礼仪之争》，《南洋问题研究》2005年第1期。

③ （清）来保、李玉鸣等：《钦定大清通礼》卷43《宾礼》，《四库提要著录丛书》第140册，北京出版社2011年影印乾隆武英殿刻本，第366页。

通事序班一员，伴送至广西境上"①；康熙七年奏准："安南国贡使归国，差司宾序班一人伴送至广西，交与该督抚差官护送出境"②。

附表1　　　　　　　清初各国贡使伴送官安排情况

藩属国	入京伴送官管职	回程伴送官管职	管职类别	伴送官数量
朝鲜	礼部通官两名 盛京地方官一名	原入京伴送官	中央官 地方官	3
安南、琉球、暹罗、缅甸等东南亚海国③	佐贰杂职官一名	原入京伴送官 礼部司官一名	地方官 中央官	2
西洋诸国 （荷兰除外）	内务府司官一名 供职钦天监一人 佐贰杂职官一名	原伴送官	中央官 地方官	3

清初，除朝鲜与西洋诸国外，其他藩国的使团伴送官多为入境地方督抚派遣的佐贰杂职官，品秩较低，在沿途地方缺乏威信，时常出现问题。乾隆三十五年，琉球伴送官王绍曾事件便为一典型事例。乾隆三十四年（1769），琉球国遣使入贡，福建巡抚崔应阶派遣试用知县王绍曾陪送。王绍曾因未按期行走，以致琉球使团延误元旦行礼。朝廷拟对王绍曾以"不知催令贡使按例至京，以致迟误行礼"为由，着交部察议。④福建巡抚崔应阶辩称，琉球贡使入京无期限要求，并且使团人员"或制衣守冻，或患病调治，非无故逗遛"⑤。礼部不以为然，"琉球贡使向来俱于岁内抵都，从无后期者"，并无往届伴送延迟事例，故礼部以"意存回护"，又不承认"委员不能妥慎之处"⑥为由，对其告诫斥责。礼部认为，出现此种事件的原因在于伴送官官

---

① 《清圣祖仁皇帝实录》卷2"顺治十八年四月癸卯"，中华书局1985年影印本，第4册，第62页。
② 《钦定大清会典则例》卷94《礼部·主客清吏司·朝贡下》，影印文津阁《四库全书》第207册，商务印书馆2005年版，第108页。
③ 此处东南亚国家之中南掌较为特殊，进京采用杂职官伴送，回程并无增加礼部司官；此外，荷兰也是采用入境地方伴送。
④ 《清高宗纯皇帝实录》卷851"乾隆三十五年正月下辛丑"，第19册，第396页。
⑤ 《清高宗纯皇帝实录》卷856"乾隆三十五年四月上丙辰"，第19册，第468页。
⑥ 同上。

职较低，在沿途地方呼应不灵，故建议改革伴送制度。

乾隆三十五年，礼部建议："嗣后琉球入贡，自闽起程日，该抚遴选同知、通判一员伴送，一面知照前途地方官预备夫马船只，其伴送官员按省更换交代，毋须一人长送，以免隔省呼应不灵；并不得任派举人试用官员，如来使沿途有整顿行装，及守风守冻，须停留者，该伴送官会同地方官申报，咨部查核。各省凡有外国入贡者，均照此办理。"① 此次伴送规则改革主要表现在三个方面：第一，提升伴送官的官职秩品，要求伴送官的是同知或是通判，品级为五品，不得任意选用举人或试用官员，更不可以杂职官任之。第二，分省交替护送，取消由入境处督抚选择一人长送至京的规定，改由沿途省份选官交替护送，以杜绝隔省呼应不灵的弊端，不致中途滞留。第三，使团人员途中因置办行装及其他事宜需滞留时，伴送官和地方官须向礼部申报，请求核查。

伴送新规实施不满周年，南掌国贡象事件发生，促使礼部对伴送安排再次调整。乾隆三十六年（1771）五月，云南巡抚上奏，南掌国贡象到边，随即派员护送进京，后详查乾隆三十五年礼部新议，得知取消了一人全程伴送至京的制度，改由沿省更替护送，自觉安排不妥，请求处分。乾隆皇帝看到奏议后，对于伴送制度有了新的考虑，认为"礼部新定之例，未为妥协"②。故建议：

> 如福建之于琉球、云南之于南掌，贡使初至该省皆有应行照料事宜，既派有承办伴送之员，即当始终其事，而派员与贡使伴行日久，一切与之相习，途中屡易生手，亦觉非宜，若虑派员在路托故迁延，止须于经过各省添派妥员，护送趱行，自不虞其任意迟缓。所有外国贡使来京及由京归国派员伴送及各省添员护送之例，著该部另行定议具奏。③

---

① 《钦定大清会典事例》（嘉庆朝）卷398《礼部·朝贡·迎送》，《近代中国史料丛刊》三编，第668册，台北文海出版社1992年影印本，第8031—8032页。
② 《清高宗纯皇帝实录》卷885"乾隆三十六年五月下丙寅"，第19册，第859页。
③ 同上。

礼部随后经过商议，复奏伴送条例如下：

> 嗣后，各省贡使到境，该抚即于同知通判内遴委一员护送趱行，惟伴行长送，酌派守备一员。回国时，仍令委员长送，经过各省仍遴员护送。再查朝鲜国贡使回，现派凤凰城防御一员伴送，毋庸更换；至琉球、苏禄、安南等贡使回国，向例，臣部拣派司员引见，嗣后司员伴送应请停止。①

此次调整伴送规则，其新意主要表现在三个方面：首先，长送与短送相结合，既解决频繁更换伴送官所造成贡使生疏、交流不顺的问题，又能防止沿途地方接待迁延问题。其次，文武官搭配，文官负责总体行程安排，武官负责旅程的安全事宜。最后，取消回程时礼部加派司员伴送的安排。"琉球、苏禄、安南等贡使回国，向例礼部拣选司员引见，派出伴送，今各省贡使既议有伴送来往之同知等官，又有沿途委员护行，已属详慎。所有礼部司员伴送之处，嗣后停止。"②

经此调整，安南使节入关后，广西方面按规定给予勘合，委派通判或同知衔的文官一员陪同，守备一员带兵护送前行。进入另一省时，该省督抚指派短程伴送官员在交界处迎接，并配合广西伴送官员安排经过该省。沿途各省，如此更替，直抵京城。在京朝觐活动结束，礼部换给勘合，仍由广西伴送官全程护送南下，经过各省时仍是轮流派出官员、士兵伴送过境，直至广西出境。③ 至此，清朝的伴送制度更显周详、有效。

二　伴送官之选拔

使团是否安全顺利地完成入贡任务，是否遵守清朝的相关法规？

---

① 《清高宗纯皇帝实录》卷885"乾隆三十六年五月下丙寅"，第19册，第859—860页。
② 《钦定大清会典事例》（光绪朝）卷510《礼部·朝贡·迎送》，《续修四库全书》第806册，上海古籍出版社2002年版，第125页。
③ 孙宏年：《清代中越关系研究》，黑龙江教育出版社2014年版，第96页。

伴送官员的选拔是一个关键的环节。清初的伴送官按层级划分为地方伴送官和朝廷伴送官。地方伴送官多由地方督抚选拔，因文献不足，无法考证其具体选拔的程序与标准，但可以从安南使节的诗文集中略见端倪，如陶公正的《贺伴送高要县二张诗》①《贺伴送把总诗》②，丁儒完的《答伴蒋伴送赠扇并香》③，阮宗窒的《到南宁赠文官伴送刘鼎基》④《赠武官伴送张文贵》⑤，等等。从这些诗文中可以看出，第一，地方伴送官存在文职和武职之分。文职伴送官主要负责按清朝礼仪与程序接待外国使节，一般要求熟悉清朝礼仪，具有较高文学素养。因此，安南使节在咏唱时，多着重于文官的"内涵"，如"外肃威仪兼貌伟，内充养义养心灵"⑥（《贺伴送高要县二张诗》）；"此人此德知谁似，百尺巍巍雪里松"⑦（《答伴蒋伴送赠扇并香》）；"奋身翰墨竟多年，王事今朝任独贤。……穷经我未诗三百，远使君偕路九千"⑧（《到南宁赠文官伴送刘鼎基》）。武职伴送官，主要负责外国使团的安全与贡品运输，要求具有相当的武艺。故而安南使节更多颂扬其威武的一面，如"赳赳武夫殊德象，桓桓劲气振威声"⑨（《贺伴送把总诗》）；"会上笑谈知雅量，途中警荣见威风。序经冬夏寒暄共，贡达江淮久远同"⑩（《赠武官伴送张文贵》）。第二，伴送官的官秩级

---

① ［越］陶公正等：《北使诗集》，葛兆光、郑克孟主编《越南汉文燕行文献集成》第1册，复旦大学出版社2010年影印本，第237页。
② 同上。
③ ［越］丁儒完：《默翁使集》，葛兆光、郑克孟主编《越南汉文燕行文献集成》第1册，第314页。
④ ［越］阮宗窒：《使华丛咏集》，葛兆光、郑克孟主编《越南汉文燕行文献集成》第2册，第347页。
⑤ 同上书，第348页。
⑥ ［越］陶公正等：《北使诗集》，葛兆光、郑克孟主编《越南汉文燕行文献集成》第1册，第237页。
⑦ ［越］丁儒完：《默翁使集》，葛兆光、郑克孟主编《越南汉文燕行文献集成》第1册，第314页。
⑧ ［越］阮宗窒：《使华丛咏集》，葛兆光、郑克孟主编《越南汉文燕行文献集成》第2册，第347页。
⑨ ［越］陶公正等：《北使诗集》，葛兆光、郑克孟主编《越南汉文燕行文献集成》第1册，第237页。
⑩ ［越］阮宗窒：《使华丛咏集》，葛兆光、郑克孟主编《越南汉文燕行文献集成》第2册，第348页。

别并不高，文职伴送官多为知县，武职伴送官则多为把总。①

朝廷伴送官则由礼部从行人司选拔，主要职责是，加入地方护送队伍，从京城至边境，全程陪护，以示朝廷的优渥。据现有史料来看，较早派遣朝廷伴送官是在康熙七年，当时安南使节回国，朝廷加派一名司宾序班陪送。司宾序班的选拔较为烦琐复杂，"凡有世业子弟通晓译语者，准其札馆肄业，俟司宾序班员缺时，挨次顶补，学习三年满日，精通译语者支米，又三年满日，题授冠带，又三年满日，咨吏部具题，实授司宾序班"②，从中可以看出，司宾序班的培养过程至少需要10年时间，并且都是精通译语③之人，其整体素质自然较高。康熙朝曾以翰林出身礼部郎中郑壁为朝廷伴送官，理由是其"诗情和雅，更能恪恭将事"④。可见，选拔朝廷伴送官时，学识是一项十分重要的条件。

为了完善伴送制度，乾隆三十六年改革伴送制度，提升长送官的级别，规定长送官须由五品的同知、通判充任，而短送官则仍由七品知县负责。至乾隆四十一年（1776），规定"嗣后伴送外国贡使，务选派谙练人员，不得以甫经出仕到任未久者，檄委伴送"⑤。要求以熟悉伴送业务的官员出任，不得以新上任的官员担任此职，进一步提高伴送官的选拔标准。

清朝皇帝对于伴送官的选拔与任命并不直接干预，但会事后考察。据《钦定大清会典事例》载：

> 向来护送外国贡使来京之文武官员，皆由该部带领引见，应递折请训者，于述旨后再行请训，因思文职知府以上、武职总兵来京者，例准递折请训。嗣后此项护送官，除文职同知以下、武

---

① 清前中期的陆军军职，正七品官职。
② 《大清会典》（康熙朝）卷73《礼部·主客清吏司·选补序班》，《近代中国史料丛刊》三编，第720册，第3773—3774页。
③ 越南国使用汉文书写，在选择伴送的司宾序班时自然不过多考虑此种事情。
④ ［越］阮宗窒：《使华丛咏集》，葛兆光、郑克孟主编《越南汉文燕行文献集成》第2册，第138页。
⑤ 《钦定大清会典事例》（光绪朝）卷510《礼部·朝贡·迎送》，《续修四库全书》第806册，第126页。

职副将以下，仍由该部带领引见外，其文职知府以上及武职总兵，俱令于事竣时自行递折请训，不必先行引见，以省繁文；其道府内有升补后未经引见者，仍照例由该部带领引见。①

从这些规定中可知，清帝对于伴送官的充任主要发挥其监督作用。长伴送官入京后必须面圣，接受备询，清帝对于玩忽职守的地方官员及时提出纠正，对于胜任者给予奖励。乾隆五十八年（1790），礼部引见暹罗、安南等伴送人员，发现"广东永宁通判蔡枝华，看其人甚平常。所奏履历亦不清晰。伴送贡使，自应遴派明干大员，方足以资照料而兼弹压。广西所派知州陆澍，职分已觉略小，而广东止派通判伴送，且蔡枝华人又平常，岂不为外藩所轻，殊属非是。郭世勋著传旨申饬"②。随即，清朝政府作出规定"传谕与外藩交界各省督抚，嗣后遇有各国贡使进京，务须遴派明干大员，如再似此并不留心派委，或致为外藩所轻，必将该督从重治罪"③，进一步要求各省重视伴送官的选拔，否则给予重罚。

尽管朝廷再三强调伴送官选拔的重要性，但督抚逶迤之事时有发生。嘉庆元年，礼部引见越南伴送官广西泗城府知府朱礼，"人甚颓惫"，询问伴送事宜，"一切情形奏对全不明晰"④，查看地方督抚的考语多为中下，没能胜任伴送职责，故令朱礼原品休致。广西巡抚成林因委任平庸无能的伴送官，有失国体，"传旨严行申饬仍交部议处"⑤。通过此一事件，嘉庆皇帝再次传谕地方督抚"至各省督抚遇有派委护送外藩之事，往往漫不经心，率以庸材充数，宁不思伴送使臣乃外藩观瞻所系，岂容率意滥委？此后各督抚如不慎加遴选，再经朕召见看出，惟各督抚是问"⑥，进一步重申伴送职责任务之关键，要求地方督抚审慎伴送。道光十七年，礼部引见越南伴送广西署梧州

---

① 《钦定大清会典事例》（光绪朝）卷510《礼部·朝贡·迎送》，《续修四库全书》第806册，第127页。
② 《清高宗纯皇帝实录》卷1421"乾隆五十八年正月下丙辰"，第27册，第19页。
③ 同上。
④ 《清仁宗睿皇帝实录》卷1"嘉庆元年正月甲戌"，第28册，第79页。
⑤ 同上。
⑥ 同上。

协副将新太协副将那龄阿,道光帝见其年过七旬,精力衰退,故以"伴送贡使,沿途照料,亦应派委精明强干之员,何得以衰迈庸员充选"①为由,命那龄阿原品休致,两广负责此事宜的督抚进行申饬。这两次事件一是因才能平庸,二是因年老衰迈,均属于广西地方选人不当之列,是伴送官选拔衰庸无能之人的例子,这说明从乾隆时期至道光时期,存在选人不当,以衰迈平庸之人充当伴送官的现象。道光三十年,内阁御史长秀在《外藩入贡请肃体制而重怀柔一折》中提出伴送官遴选的问题,再次强调"所有派员伴送,节经奉旨不准以衰庸之员充数,著各该督抚懔遵圣训,慎加遴选,不得以衰迈庸员率行派委"②。尽管清朝政府将伴送事宜提升到事关"国体"的高度,但仍时常遭受地方官的漠视,状况频发,其吏治不彰,可见一斑。

三 伴送官之职责

从上述论述可以看出,总体而言,清朝伴送官的职责大体分为三个方面:一是负责使团在华行程的安全,二是安排使团住宿,三是维护天朝大国的尊严。但是,伴送官又分有长送与短送之分,事实上,他们的职责也存在一定的区别。

长送官犹似时下旅行团之全陪,主要负责使团在沿途的政治交流活动与行程的总体安排,确保使团成员的行为符合相关的规范。

首先,合理安排好行程,按时将使团送抵京城,这是长送官最基本的职责,也是最为重要的职责。按清朝的相关规定,在朝贡年,外国使团须在当年十二月十二日前入京。"传谕闽浙、两广、云贵各总督,嗣后如遇外藩遣使进贡入关后,即饬该使臣赶紧启程,并饬伴送官沿途照料,妥速行走,务于十二月二十日以前到京,以符定制,毋稍迟误。"③清朝作出这样规定的原因,何新华认为主要有两个方面:一是京官于每年十二月二十日前后"封印"放假,贡使须在"封印"

---

① 《清宣宗成皇帝实录》卷300"道光十七年八月辛未",第37册,第673页。
② 《清文宗显皇帝实录》卷6"道光三十年三月下庚申",第40册,第127页。
③ 《清宣宗成皇帝实录》卷203"道光十一年十二月乙巳",第35册,第1196页。

前至京，以便手续交接；二是贡使年底前至京，可以提前安排参加新年朝贺大典，以取得瞻仰皇帝圣容的机会。① 这主要是针对朝贡年而言，但如果贡使兼顾当年朝廷各种庆典活动（如新皇登基、寿诞等），或特殊事件，时程会作出适当的调整。长送官依照礼部指示，根据各处行程的易难程度与交通工具情况，进行周密布置，及时将行程向朝廷汇报，听从安排。乾隆四十九年，乾隆皇帝于江宁接见安南使团。姚成烈奏报安南行程："安南国使臣于二月初旬可出楚省之蕲州境，复自江西安徽等省，从容前进，务令于三月杪闰三月初间行抵江宁。"② 礼部要求伴送官"途次缓程行走，于闰三月初五、六间行抵江宁省城祗候瞻觐，更觉从容"③。由此可见，使团的行程有时也会根据不同的情况进行适当的调整，因此，在行进的过程中，长送官时刻要与礼部保持沟通与联系，及时汇报路程的情况。

其次，使团能否顺利入京，与长送官、短送官的密切配合大有干系，因此，长送官要做好布置，使省界交接顺利。"伴送请预领土宜，打发吏房，领取兵牌勘合"④，勘合为沿途地方进行日常供应的凭据，长送则负责勘合的换给交接。伴送跨省交接之时，务必提前做好相关的准备工作，以便顺利交接。并且监督地方短送官依照相关规定，为使团提供住宿、饮食、交通工具以及搬运的民夫等。

再次，护送使团和贡物。安南使团的贡物作为敬献给皇帝的礼物自然要安全送达京城。为了保护使团和贡物的安全，广西地方会安排武伴送进行保护，同时沿途亦派兵进行保护，"凡驻泊之处，护送官兵罗布幕，排列岸上，鸣锣击鼓，更候甚严"⑤。康熙十二年（1673），发生了安南贡物焚毁事件，礼部主要追责长送官。当年正月十一日晚，装运贡物的船只失火，安南使团的贡物全被烧毁。对于失火原因，总督麻勒吉奏称，武伴送千总郭玉德的家丁因烘烤袜子致

---

① 何新华：《最后的天朝：清代朝贡制度研究》，人民出版社2012年版，第262页。
② 《清高宗纯皇帝实录》卷1197"乾隆四十九年正月下己酉"，第24册，第12页。
③ 同上。
④ ［越］黎贵惇：《北使通录》卷4，葛兆光、郑克孟主编《越南汉文燕行文献集成》第4册，第268页。
⑤ ［越］武希苏：《华程学步集》，葛兆光、郑克孟主编《越南汉文燕行文献集成》第9册，第197页。

船失火,但家丁李印供称"我没有烘袜子,那晚间因寒冷火盆内放了几块炭,稍烤片时,我就睡了,后就火起"。贡使到京后,礼部对安南贡使陈光华、广西护贡全州州同王全昌、千总郭玉德,千总郭玉德的家丁李印,进行查问。在对千总郭玉德进行盘问之时,问道:"既然你是护送贡物来的官,你们夜间曾否坐更巡逻?"答称:"遇沿途险要之处,我带领兵丁坐更巡逻,到了江南省城,因江南拨兵坐更巡逻,我们就不巡逻,睡了。"经过一番调查,礼部将家丁李印交于刑部处治,将伴送官以疏忽之罪送于礼部,"州同王全昌、千总郭玉德伊身系端差护送贡物之官,理应谨守,不行谨守,俱难辞疏忽之咎。全州州同王全昌系文官,应交于吏部议处;左江镇左营千总郭玉德系武职,应交与兵部议处"①。由此事件处理的情况可见,虽然使团每进入一省界,常规性的保护由当地短伴送官负责,但一旦发生意外,长伴送官仍要负主要的责任。

最后,伴送官对使团成员的行为规范有监督之责。清朝对于贡使有许多禁例,如禁止购买铁骑、硫磺、历史典籍等,②因此安南使团在华进行购物之时,为保证所购之物合法,需要伴送出具甘结以作担保。如黎贵惇在《北使通录》中有这样的记载:"午时苏、李二人来船递上司所批收书籍一纸,并钤印记,令使臣行人计开各部几本,银价若干,即刻各计词递纳,伊往取伴送甘结及令取贡使甘结,仍写六道,交与伴送转纳。"③也就是说,伴送官对使团成员的买卖活动进行监督,使之符合规范,以确保其不从事违例活动。

在长途跋涉的过程中,长送官与安南使节经常会进行笔谈论诗,以解乏生趣,通过文学交流,增强感情,培植友谊。所谓"一路干旋知鼎力,两幕往返见谦劳"(《赠文伴送王步曾》)④,"九千梅驿寒暄

---

① 台北"中研院"历史语言研究所编:《明清史料》(庚编),中华书局1987年影印本,第13页。
② 《钦定大清会典则例》卷94《礼部·禁令》,影印文津阁《四库全书》第207册,第110页。
③ [越]黎贵惇:《北使通录》卷4,葛兆光、郑克孟主编《越南汉文燕行文献集成》第4册,第270页。
④ [越]武辉珽:《华程诗》,葛兆光、郑克孟主编《越南汉文燕行文献集成》第5册,第362页。

共"(《赠武长送朱老爷》)①,"万里开山共险夷"(《饯长送张老爷》)②等诗句是对伴送与使团共度艰险的描写。由于长途陪伴自然建立了深厚的感情,"两年使节闻中过,四海交情分外亲(《长送泗城知府刘铭之》)"③一句正是这种友谊的真实写照。

长送职掌繁多、责任重大,除了以上的内容之外,还有料理使团的意外事件,如使节死亡得病,可以说沿途使团一切事宜都是由长送来负责,不仅要妥善安排行程,保证使团和贡物的安全,还要照顾好使团的衣食生活,处理贡使意外事件。因此,长送至京后,会由礼部进行引见,根据伴送完成情况进行赏罚。其实地方督抚选择伴送官即有提携重用之意,因此长送至京,经礼部引见,多能升职并加赏。入京后对于伴送官的奖赏多为绸缎,例如康熙八年阮福映初次入贡,"赏广西伴送官,各大缎二"④。此次为重赏,一般而言伴送赏缎袍一件。有赏即有罚,对于不称职的伴送官,则会令其告老还乡,并对广西督抚进行追责。

相对于长送官,短送官的职责较为具体与琐碎,以配合长送为主,主要有以下几个方面:第一,照顾使团成员的日常起居饮食;第二,备妥交通工具,如车马、轿夫之属;第三,安排兵丁与挑夫,保障使团成员安全与护送贡物;第四,依照使节的要求,准备祭品,吊祭当地的山川百神、圣贤祠庙与陵墓;等等。

短送官犹如旅行团之地陪,为乾隆三十六年伴送制度改革之时设立,按照规则,广西地方官接到安南使团后,即应"知照经过各省,预定添派妥员护送趱行,按省更替,庶不致委员逾省呼应不灵"⑤。由于长送官多为广西地方官员,对沿途省份行政、官员、风俗与人文

---

① [越]佚名:《使程诗集》,葛兆光、郑克孟主编《越南汉文燕行文献集成》第8册,第72页。
② 同上书,第70页。
③ [越]范之香:《郿川使程诗集》,葛兆光、郑克孟主编《越南汉文燕行文献集成》第15册,第204—205页。
④ 《钦定大清会典事例》(嘉庆朝)卷397《礼部·朝贡·赐予二》,《近代中国史料丛刊》三编,第667册,第7998页。
⑤ (清)梁廷柟:《海国四说·粤道贡国说》卷1《暹罗一》,中华书局1993年版,第167—168页。

地理均为生疏,这极需地方官员的配合,因此设立短送。

短送官的服务范围是使团进入省界最近的府治,至下一省份的首个府治。① 据安南使节杨恩寿载,"越裳修岁贡,取道楚北恩寿,承乏接伴使臣,迎至巴陵送至信阳,循旧章也"②。使团所走路线,一般多为官道,沿途均设有驿站或塘汛,"每船过一塘,塘兵鸣锣发贺锣发贺炮,以快船送过汛而止"③。安南使节对此颇为好奇,"问之,则例官船到然,非为专使部设"④。各省因路途长短不一、险易不同,其耗时各有不同,多者近月,少者半月,所谓"梅驿三旬劳与同"(《赠武短送毛克礼》)⑤,"半月风尘共路程"(《赠文短送萧崇阿》)⑥,"两旬跋涉勤劳共"(《赠武短送薛爷》)⑦,正反映安南使节对短送官山川跋涉、辛劳与共的感激之情。

四 伴送官之行为规范

伴送官的行为,事关"国体",因此,除常规性照护贡使外,对其个人行为,朝廷也会作出相应限制。

第一,伴送官及其家丁随从人员不得在沿途夹私货以及闲杂人等,违规贸易。清顺治元年即规定:"贡使归国,差司宾序班一人给勘合,由驿递伴送沿途防护促行,不得停留骚扰及交易违禁货物,交明该督抚即还,该督抚照例送出边境。"⑧ 乾隆时,规定"伴送夹带

---

① [越]黎光院:《华程偶笔录》,葛兆光、郑克孟主编《越南汉文燕行文献集成》第12册,第326页。
② [越]杨恩寿、裴文禩:《雉舟酬唱集》,葛兆光、郑克孟主编《越南汉文燕行文献集成》第22册,第198页。
③ [越]阮思僴:《燕轺诗文集》,葛兆光、郑克孟主编《越南汉文燕行文献集成》第20册,第29页。
④ 同上。
⑤ [越]佚名:《使程诗集》,葛兆光、郑克孟主编《越南汉文燕行文献集成》第8册,第33页。
⑥ 同上。
⑦ 同上书,第73页。
⑧ 《钦定大清会典则例》卷94《礼部·主客清吏司·朝贡下》,影印文津阁《四库全书》第207册,第108页。

人，送官治罪"①。道光时，给事中陈功奏称，越南贡使入关，经过广西等省，每站用人夫四五千名，并有搭差搭贡等的弊端，经查并无此等弊端，"惟文武委员，均有随从家丁人等，难保无藉差滋扰情事"②。鉴于此等事件屡有发生，道光十七年越南入贡，清廷要求"倘护送文武官员并该家丁人等，仍有私带货物及闲杂人等随途附搭等事，即著梁章巨严参惩办，其经过各省督抚，亦著一体认真稽查，照例办理，以肃驿政而杜弊端"③。

第二，沿途除按规定供给外，不得借端需索，骚扰地方。雍正七年六月初八日规定："朝贡驿使并伴送人员所用夫马廪膳，应遵定例支给，若额外需索，滥应与受，均有应得之罪。"④

第三，保守秘密，不得与贡使私通往来。"在京在外军民人等与朝贡外国人私通往来，投托拨置害人，因而透漏事情者，俱问发边卫充军，军职调边卫，带俸差操。通事并伴送人等，系军职者，从军职例；系文职者，革职为民。"⑤

第四，伴送官有对贡使监督的义务。贡使在境内活动，清律有一定的限制，不许交易违物品，如特定金属器物、特定典籍。⑥如果发现贡使违例交易，一经查明，伴送官"依律问罪"⑦。

虽然清律有禁，但事实上伴送官的违例事件仍时有发生。在照护安南使团的过程中，伴送官违例交易、藉骚扰地方，较典型事件发生在乾隆二十六年，据越南贡使黎贵惇在《北使通录》一书记载：

（乾隆二十六年六月）二十六日二十七日仍驻。风顺，由舟

---

① 《钦定大清会典则例》卷50《户部·杂赋下》，影印文津阁《四库全书》第206册，第529页。
② 《清宣宗成皇帝实录》卷295"道光十七年三月癸巳"，第37册，第578页。
③ 同上。
④ 《世宗宪皇帝朱批谕旨》卷16，台北商务印书馆1986年影印本，第500页。
⑤ 《大清会典》（康熙朝）卷117《刑部·律例八·军政》，《近代中国史料丛刊》三编，第725册，第5811页。
⑥ 《钦定大清会典则例》卷94《礼部·主客清吏司·朝贡下》，影印文津阁《四库全书》第207册，第110页。
⑦ 《清朝文献通考》卷33《市籴考二》，浙江古籍出版社2000年影印本，第5153页。

人贩盐不行,遣通事请钦差官开船,犹许舟人商卖,托以风少未可行为辞。①

（乾隆二十六年七月）十五日辰时,行八十里。未刻半至繁昌前县驻。风方顺,舟人卖盐,遣请进行,彼答明早。②

十七日巳时,行十里至铜陵县城外控油港驻。使臣令言于钦差官,乞进行,二伴送又亲诣。伊待其家人领站,要地方官送礼物,托辞以管船,言前途风势未顺。罗伴送呼官船,骂其欺诳。使臣又递帖,略言：前期每自江南省至湖口县并以县城多去江岸远,遣人先行领取廪粮,请照遵旧例,免致等待耽搁。乘此风力（赶）路,且钦差册使将出京一月可到武昌,而使船迟其行,将何以先回复命。伊复帖云：已差家人前至铜陵,非待领站。到长江一路安危所系,不得不问之船户,耕问奴,织问婢,乃所当然,非是故为迟滞。至于船途经过地方拜客,天朝自有定例,亦不得省简也。使臣再具帖言：捧接来教,殊深踧踖,仆等敢仰谓故为迟滞,只以大人一向宽慈,管船得以任情说（辞）耳。……惟是东风顺便,有目者见日色犹高,尚可走路,是以渎请。今以三贡使、二委官与诸船户合辞共言而不能胜一号管船之说,仆等从此不敢言矣。如据伊所言,敢乞半刻鸣锣,或差集船先进,情伪可知。风势可惜,日力尤可惜,不得已再三上呈,惟海量是恕。答今天已晚,明早就行。③

（七月三十日）风方顺,钦差等待县官来拜访,不行。④

（八月初四日）午时,风色顺,舟人卖盐不行,遣言于钦差官。……管家与舟人贩盐,到处商卖,只支辞强说以应我。⑤

（八月）初八日、初九日仍驻,由钦差管家陈魁前站船卖私盐,为驿上巡司察出,捉船户二人,盐百斤,余送县,县官欲动

---

① ［越］黎贵惇：《北使通录》卷4,葛兆光、郑克孟主编《越南汉文燕行文献集成》第4册,第191页。
② 同上书,第195页。
③ 同上书,第196—198页。
④ 同上书,第200页。
⑤ 同上书,第202页。

文申详钦差,尚使解说,以是未行。①

上述所言"钦差官"乃安南使回国时,清政府加派之朝廷伴送官,因经皇帝钦点而谓之。此钦差官明显违例事件有二:一是放纵船主与家丁沿途贩卖私盐,二是索要地方县官礼物。这些行为既骚扰地方,又耽搁使团行程。或因钦差官从中干预,事情未曾败露。可幸安南使节勤于笔录,将事一一记录,后人得以知悉伴送官之劣迹。

综上所述,中国古代贡使伴送制度,到了清朝,已经日趋完善与规范。伴送制度的实施,主要是为了确保藩属国使团在华境内的活动有序进行,并在衣、食、住、行方面得到保障,这不仅仅体现天朝大国"字小以仁"的邦交理念,在一定程度上,也是向藩属国展现软实力的机会。因此对长、短伴送官的素质、行为等,均提出了较为严格的要求。

(与江振刚联合署名,原载刘正刚主编《历史文献与传统文化》第21辑,暨南大学出版社2016年版)

---

① [越]黎贵惇:《北使通录》卷4,葛兆光、郑克孟主编《越南汉文燕行文献集成》第4册,第205页。

下 编

闽商与澳门早期社会

澳门开埠已经460余年，回归也有15年了，但是，关于澳门开埠原因及其早期社会状态，至今尚无清晰而权威的陈述。就目前的研究成果而言，可以从两个方面来进行分析，首先，在国际上，中国商人、葡国商人，谁是澳门开埠的主导者？其次，在国内，福建商人、广东商人，谁在澳门开埠及其早期社会发展中扮演主要角色？弄清这些问题，对于真切理解澳门早期社会的发展，将大有裨益。在此谨就福建商人在明代澳门社会发展的相关活动进行粗略的分析，以就正大家。

一

目前关于澳门开埠的原因，学界主要有三种观点，即"驱盗说""协议说""受贿说"等，这些论点均从中葡关系的角度对澳门开埠进行探讨，尽管相互间的歧义较大，但有一点是相似的，即给人的印象，葡商是澳门的"拓荒者"，这些历史的认知与史实本身却存在较大的差异。

澳门首先是一个贸易市场，对于市场形成的主要因素——商人的素质必须进行认真的分析。葡商东来之初，对海路、语言以及明朝的贸易政策，均不甚了了，由其主导在东南沿海的市场，显然不切实际。而中国商人，早在葡商到来之前，已经形成了一个相当成熟的环南中国海贸易网络，熟悉南海海道，清楚明朝对外贸易的政策，有广泛的官商人脉关系，具备选择市场所需的商业视野与运作手段。从现有的文献资料显示，葡商从马六甲前来珠江口，而后辗转到闽浙海域，都由中国商人所引导。①

明正德八年（1513）葡属印度总督阿方索·德·阿尔布克尔克（Afonso de Albuquerque）手下的一位船长诺热·阿尔瓦雷斯（Jorge Álvares）乘坐一艘中国商船抵达达芒（Tamao）海湾，②中国商人首次将葡商招引至东南沿海，并试图牵引葡商与明朝政府建立正常的贸易关系。西草湾之战后，广东海防严密，中国商人不顾明朝的海禁政策，将葡商引至闽浙海域。据西方文献《中国事务及其特点详论》的记载："在费尔南德·安德拉德滋事之后，这些流寓国外、与葡人为伍回国的华人开始引导葡人到双屿（Liampoo）做生意，因为那一带没有城墙的城镇，沿海皆是贫苦人家的村落，他们乐于与葡萄牙人交往，因为可以卖给他们给养，从中获益。与葡人结伴航行而来的中国商人是这些村里人，因为他们在当地有人熟悉，因此对葡人也优待。通过这些商人，约定由当地商人带货来卖给葡萄牙人。在葡萄牙人与当地商人的买卖里，与葡人同来的华人做中间人，所以这些人收益巨大。沿海小官们也从中大获其利，因为他们允许双方贸易，买卖货物，从中收受巨额贿赂。"③正是由于中国商人在闽浙沿海地区有广泛的官商人脉，"福人导之改泊海沧、月港，浙人也导之改泊双屿"④。当时朱纨也认为，活跃在闽浙的葡人"非籍漳泉之民，虽不禁之，而亦不来也"⑤。当时，与葡商密切合作的主要海商，如邓

---

① 陈文源：《中国商人在澳门开埠过程中的作用》，第三届澳门学国际学术研讨会论文，2012年。

② ［葡］白乐嘉（J. M. Braga）：《葡萄牙俘虏笔下的达芒》，Tipografia Salesiana，1939年版。达芒（Tamao），即珠江口之屯门。周景濂编著：《中葡外交史》称：葡萄牙商人最早来中国者，始于一五一四年……此等商人之来中国，大概即附乘中国商人赴麻剌甲之戎克船（即平底帆船，俗名沙船）而来，且系私人性质，并非葡政府所遣派者（商务印书馆1991年版，第8页）。

③ 金国平编译：《西方澳门史料选萃（15—16世纪）》，广东人民出版社2005年版，第197页。

④ （明）胡宗宪：《筹海图编》卷12下《经略四·开互市》，中华书局2007年版，第853页。

⑤ （明）朱纨：《朱中丞甓余集》卷1《阅视海防事》，载（明）陈子龙选辑《明经世文编》卷205，中华书局1962年影印本，第2158页。

獠、① 李光头、许氏兄弟等，② 均为福建籍商人。

然而，中葡商人在闽浙的商业活动并非合法，走私活动所带来的负面影响日趋严重，对闽浙沿海社会秩序造成严重的困扰，威胁到明朝的海防安全。1548年，朱纨奉命清剿那些盘踞在闽浙沿海的走私窝点，使葡商势力遭受重创。但不久后，葡商却又回到广东上川，继而东进，到达浪白，最终踞居于澳门，贸易据点一步步逼近广州。这些变化，如果仅靠言语不通的葡商，或者势力单薄的通事居中交涉，均难以实现。据荷兰殖民档案馆所藏《葡萄牙17世纪文献》记载："直至1553年，葡萄牙人与华人在上川岛进行交易。华人于1555年将他们由此移往浪白滘。"③ 平托在《远游记》中更直接写道："直至1557年，广东官员在当地商人的要求下，将澳门港划给了我们做生意。"④

从葡商在华贸易活动的经历来看，他们的贸易路线、据点的选择，无不听命于中国商人的指引，澳门开埠也是在"当地商人"的请求下，征得广东官员的许可而实现。中国商人成为澳门开埠的实际主导者。当然，这些"当地商人"是闽商，还是粤商？史籍并没有清晰的说明。

二

在澳门社会发展过程中，一直潜伏着闽、粤之争，这种竞争甚至影响到当今的学术研究。闽、粤商人，到底谁在澳门开埠与发展中发挥了更大的作用？从现有的研究成果来看，观点对立相当明显，徐晓望把妈阁庙创建与澳门开埠联系在一起，认为"福建人是澳门的最早

---

① （明）郑舜功：《日本一鉴·穷河话海》卷6《流通》，1939年排印本。
② Hsü Yün-ch'iao, Pei-ta-nien shih, p. 107, 转引自［美］施坚雅《泰国华人社会：历史的分析》，许华译，厦门大学出版社2010年版，第8页。
③ 金国平编译：《西方澳门史料选萃（15—16世纪）》，第235页。
④ ［葡］费尔南·门德斯·平托（Fernao Mendes Pinto）：《远游记》（下），金国平译注，澳门纪念葡萄牙发现事业澳门地区委员会、澳门基金会、澳门文化司署及东方葡萄牙学会1999年版，第698页。

开拓者"①。徐氏通过对妈阁庙的创建时间与创始人考察，认为妈阁庙创建于天顺二年，当时有漳州籍海商严启盛来到香山外海进行贸易，而妈阁庙应为严启盛及其部下所建。② 随后对此论点进行多次的推演，如2006年在《严启盛与澳门史事考》一文中，详细考察了正统至天顺年间，漳州人严启盛在广东沿海的活动，认为他曾在"香山沙尾外洋"的驻扎。③ 2013年再发表《关于澳门开港与妈阁庙起源的再认识》，给"香山沙尾外洋"的地理位置作出更加清晰的解释，称：就其地理形势来看，应是指澳门港附近的海域。④

徐晓望将妈阁庙始建时间上推至明代中叶，其关键在于"不承认葡萄牙人是澳门的开港者，将澳门的开港与福建人联系起来，认为早在葡萄牙人到达澳门的百余年前，福建人已经在当地活动了"⑤。徐晓望的论点在学界也取得一定的支持，如石奕龙在《澳门妈祖信仰形成问题的辨识》一文中也认同严启盛为澳门开港者的说法。⑥ 当然，也应该注意到，"严启盛时代"的澳门港，与"葡人入踞"后的澳门港，两者的历史传承关系如何？徐晓望等人并没有作出任何解释。基于历史线性的断裂与缺乏文物的支持，徐晓望的观点遭受部分学者的质疑。

谭世宝在《澳门妈祖阁的历史考古研究新发现》一文中，通过对妈阁庙神山第一亭中发现的碑铭"钦差总督广东珠池市舶税务兼盐法太监李凤建"，与亭门石梁上的文字"万历乙巳年德字街众商建"，进行历史考察与分析，认为妈祖阁由广东人始建于明万历三十三年（1605），并指出妈祖阁创建于明中叶的说法，是"现今最流行而实

---

① 徐晓望、陈衍德：《澳门妈祖文化研究》，澳门基金会1998年版，第28页。
② 徐晓望：《福建人与澳门妈祖文化的渊源——兼与谭世宝先生商榷》，《学术研究》1997年第7期。
③ 徐晓望：《严启盛与澳门史事考》，《文化杂志》总第58期，2003年。其主要依据是《香山县乡土志》的一段记载：天顺二年（1458）七月，海贼严启盛来犯。先是，启盛坐死，囚漳州府。越狱聚徒，下海为盗，敌杀官军。至广东招引蕃舶，驾至邑沙尾外洋。
④ 徐晓望：《关于澳门开港与妈阁庙起源的再认识》，《澳门研究》总第69期，2013年。
⑤ 同上。
⑥ 石奕龙：《澳门妈祖信仰形成问题的辨识》，《文化杂志》总第49期，2006年。

际是贻误甚大的一种误说"。谭氏否定闽商创建妈阁庙的观点，意在说明粤商在澳门早期社会发展中主导作用。他认为："在明末清初澳门街众店铺的商人，主要是广东商人和外国人，而非福建人。"①

三

澳门开埠后，葡国商人与中国商人一起利用澳门的特殊地位，从事贸易活动，使澳门成为远东地区最繁忙的港口城市。许多史料显示，福建商人在澳门早期的社会发展中具有特殊的贡献。

葡国学者阿尔维斯（Jorge Manuel dos Santos Alves）曾依据早期档案史料，对澳门早期社会组织结构进行研究，他发现，澳门开埠初期，葡国在澳门并没有权威的官方机构，居澳葡商主要由民选的执政官管理。在16世纪60年代，葡商头目是迪奥戈·佩雷拉（Diogo Pereira），在他们执政期间，得到了两个澳门华人团体的支持：一是以林宏仲（Lin Hongzhong）为首的华商团体，二是由华人翻译（通事）组成的团体。这两个团体成为迪奥戈·佩雷拉对中国交往的喉舌与耳目，由一位名叫托梅·佩雷拉（Tomé Pereira）的人领导。② 而弄清这两个华人团体的族群关系，对了解居澳华人族群势力将大有助益。

据史料记载，1548年，"柯乔访得长屿等处惯通番国林恭、林干才、林三田、林弘仲……各号为喇哒、总管、柁工、水梢等项名色"③。林宏仲正是众多"惯通番国"的海商之一，当时葡商在闽浙沿海活动相当活跃，相信他与葡商曾经有着良好的合作关系。另有史料显示，在此期间，迪奥戈·佩雷拉也在闽浙一带活动，1549年初，为避朱纨所领导的明朝水军追剿，率领部分葡船返回马六甲。④ 从这

---

① 谭世宝：《澳门妈阁庙的历史考古新发现》，《文化杂志》总第29期，1996年。
② ［葡］阿尔维斯（Jorge Manuel dos Santos Alves）：《澳门开埠后葡中外交关系的最初十年》，《文化杂志》总第19期，1994年。
③（明）朱纨：《甓余杂集》卷5《申论议处夷贼以明典事以消祸患事》，《四库全书存目丛书》集部第78册，齐鲁书社1997年版，第141页。
④ 吴志良、汤开建、金国平主编：《澳门编年史》（1），广东人民出版社2010年版，第87页。

一时空点上来看，林宏仲与迪奥戈·佩雷拉极有可能在福建时即已展开合作，随后将这种合作维持到澳门开港之后，成为澳门早期社会秩序的维护者。

1564年，潮州柘林寨水兵哗变，直捣珠江沿岸。总兵俞大猷请求澳商协助平定叛乱，林宏仲积极组织船队，配合由迪奥戈·佩雷拉所率领的葡商武装，参与了这次军事行动。① 1568年7月26日，海盗曾一本残部行劫于香山唐家湾九洲口一带，威胁到澳门的海域，澳商整合2000多人，向广东政府请求参与剿灭行动。② 在这次清剿行动中，林宏仲率领武装船队，"生擒贼徒二十五名，斩获贼级四十八颗"③。从这两次军事行动中可以看出，林宏仲与澳葡当局有着密切的合作关系，同时也获得了广东地方官高度信任。

林宏仲只是福建商人中的佼佼者之一，其背后有着强大的闽商集团作为支撑。1634年（崇祯七年）胡平运奏疏称："而大蠹则在闽商，其聚会于粤，以澳为利者，亦不下数万人。"④ 在澳门开埠早期，大量闽商以澳门为据点，开展中外贸易活动。

至于托梅·佩雷拉（Tomé Pereira）其人，据葡国学者罗理路（Rui Manuel Loureiro）的研究表明，托梅·佩雷拉是一个中国人，会葡语，信天主教，成为兵头迪奥戈·佩雷拉得力助手，并在迪奥戈·

---

① （明）俞大猷《正气堂全集》卷15《集兵船以攻叛兵书》称："叛兵事决为攻剿之图，亦须旬日后，乃可齐整香山澳船，猷取其旧熟，用林宏仲者数船。"（福建人民出版社2007年版，第369页）曾在1563年葡国访华使团担任文书的若昂德埃斯科巴在《关于至高至强之塞巴斯蒂昂国王派往中国的使节团的评述》中称："一位名叫 Ni Lao 的中国人，此人十五来一直同葡萄牙人打交道，自有两三艘帆船，他也是自愿同葡萄牙人一起参加援兵出征的。"（[葡]罗理路：《澳门寻根》，陈用仪译，澳门海事博物馆1997年版，第116页）根据林宏仲的经历以及其与葡商的合作关系，此 Ni Lao 可能就是林宏仲。

② （明）张瀚《台省疏稿》卷5《查参失事将官疏》："据总兵官俞大猷揭帖，开称香山澳商自请欲助兵灭贼，及查见造并未完大福船共有一十九只，加以冬仔及近刷横江船，整理亦颇有势。福兵已点选二千三百名，澳商亦集二千名。"（《四库全书存目丛书》史部第62册，第108页。）

③ （明）张瀚：《台省疏稿》卷6《海上擒获捷音疏》，《四库全书存目丛书》史部第62册，第109页。

④ 中国第一历史档案馆、澳门基金会、暨南大学古籍研究所合编：《明清时期澳门问题档案文献汇编》（1），人民出版社1999年版，第17页。

佩雷拉等人与广东官府的多次交涉过程中充任译员。① 托梅·佩雷拉可能负责协调居澳华人通事与葡商的关系,深得葡商地方执政官迪奥戈·佩雷拉的信赖。这里无法确定托梅·佩雷拉的中国名字以及籍贯,但可以肯定的是,在他所领导的通事团体中,福建人是相当活跃的。庞尚鹏在奏疏中称:"其通事多漳、泉、宁、绍及东莞、新会人为之。椎髻环耳,效番衣服声音。"② 在明朝官员的眼中,福建籍的通事在澳门占据着重要的地位。其实,这并不难理解。从历史上来说,西草湾之役后,福建人将葡商引导至闽浙地区经商,至澳门开埠时,已有二十多年的时间。在这段时间里,通过贸易实践,培养了众多熟悉葡语的翻译人才。葡商入踞澳门后,习惯地使用原有的通事帮助其从事贸易活动,这是很自然的事。从现实来说,福建商人在澳门的势力强盛,尤其像林宏仲等,掌握了与葡商合作的主导权,出于同乡情感,信任与聘用同乡作为贸易中介,也居情理之中。

作为澳葡当局的合作者,闽商与闽籍通事"藏身于澳夷之市,画策于夷人之幕者更多焉"③,他们在支配澳门的贸易资源、维护贸易秩序以及沟通粤澳关系方面,均发挥了不可忽视的作用。

四

揽头乃明代商业活动中的一个特殊群体,首先,对官府而言,兼具官牙职能,评估市价,代纳饷税,甚至代行官方法令。天启年间,居澳葡人"擅筑城垣,着揽头叶植余等,责令督拆"④。其次,在中葡贸易中,充当承包商,垄断市利。屈大均说:"澳人多富,西洋国岁遣官更治之,诸舶输珍异而至,云帆踔风,万里倏忽,唐有司不得

---

① 参见黄庆华《对明代中葡关系研究中几个问题的考察》,《故宫博物院院刊》2005年第6期。
② (明)庞尚鹏:《百可亭摘稿》卷1《陈末议以保海隅万世治安疏》,《四库全书存目丛书》集部第129册,第130页。
③ (明)郭尚宾:《郭给谏疏稿》卷1《防澳防黎疏》,上海商务印书馆1936年版,第12页。
④ (明)颜俊彦:《盟水斋存牍·谳略一卷》,中国政法大学出版社2002年点校本,第47页。

稽也。每舶载白金巨万，闽人为揽头者分领之，散于百工，作为服食器用诸淫巧以易瑰货，岁得益饶。"①这些福建揽头承接订单、来料加工等业务，在澳门地区形成了一个完整的贸易、产业、服务的商业链条，尤其是开启了澳门地区加工业的发展。据《巴达维亚城日志》记载，1640年，因澳门贸易异常不振，郑芝龙从澳门召引织工150家回到安海城外，使就所业。②这从一个侧面反映，明朝末年，闽商在澳门地区的贸易与手工业发展相当发达。

福建人在早期澳门贸易活动中扮演着重要的角色，"其商侩、传译、卖办诸色人多闽产，若工匠、若贩夫、店户则多粤人，赁夷屋以居，烟火簇簇成聚落"③。这些闽籍商人、通事、揽头占据澳门贸易的主导权，他们游走于官府与商界之间，左右逢源，形成一股盘根错节的强大势力，足以抗衡广东本地的商业团体，甚至对广东政府的管理也提出了严峻的挑战。在审理闽揽余腾苍、谢玉宇一案中，兵巡道尤发出"访者闽人也，证者亦闽人也，谁使正之"的感慨。④

在《盟水斋存牍》中记载多起涉及福建商人的案件，广东官府之措词显得相当不同寻常。如商人郭玉兴、高廷芳、陈仰昆、包徐良等四船，"满载番货，排列刀铳，聚集千人，突入省地，通国惊惶"⑤。他们"籍闽引以通番，贩番货以闯粤，此走死如鹜之臣奸也"⑥。至于余腾苍、谢玉宇一案，兵巡道批语曰："腾苍等以闽人而久充粤中揽头，因公科赃，独擅利权。"⑦这些"积年包揽"的闽商，长期垄断市场，做出了"冒领库银""运私货，灭国饷"，甚至"沾官剥商""拨置夷人往来构斗"的罪行。更有甚者，认为"以闽棍通夷，为粤

---

① （清）屈大均：《广东新语》卷2《地语·澳门》，中华书局1985年版，第38页。
② 郑成功研究学术讨论会学术组编：《台湾郑成功研究论文选》，福建人民出版社1982年版，第311页。
③ （清）印光任、张汝霖撰，赵春晨校注：《澳门记略》卷上《形势篇》，澳门文化司署1992年版，第24页。
④ （明）颜俊彦：《盟水斋存牍·谳略一卷》，第75页。
⑤ 同上书，第78页。
⑥ 同上书，第80页。
⑦ 同上书，第47页。

东之祸"①。闽商成为广东地区社会秩序的"乱源",必须立法刑罚与驱逐。②

闽商的诸多不法,招至广东政府的打压,但其在澳门的势力以及与葡商的紧密合作,却让澳葡当局另眼相看。1587年2月,葡萄牙国王腓力一世在马德里发布命令,其中第30段要求他的澳门判事官即首席法官,"不要干涉此地中国官员对中国人和福建人的管辖权"③。这种将"福建人"与其他"中国人"并列的提法,在外国文书中确实少见,从一个侧面也足以印证,福建人在澳门商业社会中具有独特的地位。

闽商的势力随着澳门贸易衰落、社会转型以及时代变革而日益消沉,尤其在近代,以何连旺、卢九等为代表的广东商人的崛起,粤商逐渐取代闽商,成为澳门经济命脉的执牛耳者。

五

澳门开埠后,大批华人迁居于此,与葡商一起形成"华葡杂处"的社会生态,而聚居于此的华人则以闽、粤商人居多。这些华人新移民因缺乏宗族(祠堂)的关怀,一般依靠神缘性组织来维护其松散的社会秩序。从现有史料来看,澳门开埠之初,最著名的华人神社是妈阁庙,它不仅是广东政府赴澳宣达圣谕、协调粤澳政府关系的场所,也是居澳华人集议商事之地。如第一节所述,学界关于妈阁庙的隶属存在较大的分歧,徐晓望等认为是福建人所建,谭世宝认为是广东人所建,但徐氏仅依据一些并不十分确切的史料进行推理,而谭氏单凭两块碑文来分析,无视此前葡文史料中关于妈祖信仰的描述,因此,两者均难以令人折服。

---

① (明)颜俊彦:《盟水斋存牍·谳略一卷》,第76页。
② (明)颜俊彦:《盟水斋存牍·公移三卷》,第334—334页。
③ [瑞]龙思泰(Anders Ljungstedt):《早期澳门史》,吴义雄等译,东方出版社1997年版,第96页。章文钦专门为"福建人"作校注,称:"原文作Chinehews,应为Chinchews,它起源于Chinchew一词,指当时居住于澳门的福建人。此条承澳门大学葡文学院历史学教师弗洛雷斯(Jorge Flores)老师惠告。"

由于文物与文献的不足，妈阁庙始建时间确实难以考证，幸而这不是本文的关注点所在。本文的关注点在于：首先，澳门开埠初期是否存在妈阁庙？其次，在此时期，维护与主导妈阁庙事务者是福建人还是广东人？

第一个问题，金国平在《澳门与妈祖信仰早期在西方世界的传播》一文中已作了考证，① 有外文史料显示，1564年广东总兵官汤克宽派人到庙与葡人商讨合作平定柘林水兵叛乱事宜；1582年利玛窦抵达澳门时，曾看见"那里敬奉一座庙宇（pagoda），叫Ama"②。金国平不认同妈阁庙建于明中叶或1605年的说法，但肯定在嘉靖三十二年至三十六年（1553—1557）葡人入居澳门以前，妈阁庙已经存在。

第二个问题相对较为复杂。之前，有学者曾利用庙中所发现的两块碑文，探讨妈阁庙的修建情况，一是横刻在石龛正面横梁上的"钦差总督广东珠池市舶税务兼管盐法太监李凤建"，二是刻在石殿门口的石横梁下面"明万历乙巳年德字街众商建、崇祯己巳年怀德二街重修、大清道光八年岁次戊子仲夏重修"，以此证明：第一，妈阁庙始建于万历乙巳年，即1605年。第二，妈阁庙乃官主商助的产物，最先由德字街商人捐建，后经怀字街、德字街商人合作重修。第三，说明华商势力日益壮大，从德字街逐渐浸透到怀字街。

但在2004年，陈树荣发现另一块碑文："四街重修"，上款"万历乙巳岁"，下款"仲夏吉日立"。这块碑文年代久远，更为可信，尤其在内容上对道光年间的碑文进行了较大的修正，意义非凡：首先，1605年华商对妈阁庙只是"重修"，不是"建"，说明妈阁庙于此前已经存在；其次，此次"重修"不只是"德字街"，而且是畏、威、怀、德"四街"商众共同参与。

陈树荣认为"四街"的商人可能多是闽南海商，并据此推论

---

① 金国平、吴志良：《澳门与妈祖信仰早期在西方世界的传播》，《早期澳门史论》，广东人民出版社2007年版，第321—353页。
② 同上书，第326页。

1605年"重修"妈阁庙石殿乃是他们所为。① 这一说法,有欠周全之处。据史籍载:"其商侩、传译、卖办诸色人多闽产,若工匠、若贩夫、店户则多粤人,赁夷屋以居,烟火簇簇成聚落。"② 这说明旅居澳门的华人以福建、广东为主,他们只是从事的职业各有不同而已。学界大多认为,澳门开埠初期,妈阁庙是居澳华人重要的祭祀场所,且具有官方色彩,官府宣布圣谕、颁布法规、沟通粤澳关系以及华人集议商事,多在此庙举行,而将此庙的修建完全归属于闽商,是为不妥。

诚然,根据前一节的分析,在澳门这样一个高度商业化的社会里,贸易的各个主要角色,如大商贾、揽头、通事,福建人均占居多数,他们几乎垄断了与官府沟通以及贸易资源分配的话语权,相对而言,广东人大多充当工匠、贩夫、店户的次要角色,这样,无论是财力还是社会身份,福建人均较广东人明显占优。从情理上推究,在涉及华人公众事务的处理方面,如关于妈阁庙的修建,由福建商人主导,四街各方众商共襄斯举,应该没有疑问的。

综上所述,福建商人在澳门开埠前即与葡商进行密切的贸易合作,澳门开埠后,他们延续传统,维系了与居澳葡商的紧密关系,充当揽头、通事等关键角色,几乎垄断了与官府沟通以及贸易资源分配的话语权,成为早期澳门华人社会发展的中坚力量。

(原载《澳门研究》2010年第2期)

---

① 陈树荣:《澳门妈祖文化的形成及发展——从妈阁庙石殿神龛"万历乙巳四街重修"碑记谈起》,《妈祖文化研究》,澳门中华妈祖基金会2005年版,第37页。
② (清)印光任、张汝霖撰,赵春晨校注:《澳门记略》卷上《形势篇》,第24页。

16世纪末澳门葡商共同体的成立与运作

澳门开埠初期，居澳葡商虽然名义上有代表王室的甲比丹管理，但实际上，甲比丹每年驻澳的时间至多只有三个月，对居澳葡商的管理松散而无实效，而且与居澳葡商之间存在较大的利益冲突。为了维护自身的利益，居澳葡商自发组织阿尔玛萨公会。此公会成立后，对平衡居澳葡商与甲比丹以及个体葡商之间的利益关系，维护澳门的贸易秩序与社会稳定均起了积极的作用。现在学术界有关澳门对外贸易的航线、物品、价格以及在国际贸易地位之演变，论著十分丰富，但澳门葡商活动的内部机制，尤其是如何组织，它的规模与作用又是如何，却少有论及，至今未见专文介绍。本文谨从零星史料中勾勒其大概，以就正于方家。

一 澳门阿尔玛萨公会成立的背景

地理大发现后，罗马教廷为平衡当时欧洲两大强国西班牙与葡萄牙的关系，规定了两国的活动范围。1455年1月8日，教宗尼古拉斯五世（Nicolaus V）发布大敕书（Romamus Pontifex），将非洲Bojador至Nao，Cabo-Guine全境以及向南直至大陆南端的所有陆地，划归为葡萄牙王国的征服之地，并许以颁行法规、刑罚、禁令、制定租税、于该领域独占除军需品之外与异教徒贸易的各种权力。[1] 1456年3月13日，教宗卡利克斯三世（Calixtus Ⅲ）再次发布大敕书（inter cae-

---

[1] 《关于非洲、亚洲、埃塞俄比亚教会的葡萄牙国王的保护权的敕书集》，里斯本，1868年，转引自戚印平《远东耶稣会史研究》，中华书局2007年版，第468页。

tera），将葡属领地的边界延伸至印度等远东地区，他不仅将该区域中所有岛屿的精神裁治权授予葡萄牙基督骑士团，而且还赋予他们授受圣职禄的权力。① 通过这两道教宗敕书，葡萄牙王国实际上已经拥有非洲以东至远东地区的征服权。按照教宗敕书的规定，葡萄牙国王可以行使在上述区域的垄断性航海贸易以及传播基督教的特权。

依据罗马教宗的敕令，葡萄牙国王多次派遣冒险舰队前往东方了解那里的风俗与物产情况。当得知远东地区物产丰富，贸易大为有利可图时，1520年葡萄牙国王颁布了著名的"印度敕令"，对远东的贸易实行国王垄断。为了达到这一目标，葡萄牙国王拟采取三个步骤：将马六甲置于葡萄牙统治之下，加强其作为东南亚香料和药品贸易重要中心的作用；在苏门答腊北部建立一个葡萄牙军事势力范围，并在该地区主要的胡椒港口帕塞姆（Pacem）兴建一座炮台和商站；在中国南方沿海建立商站和炮台。② 为了落实这些行动，葡萄牙国王实行了甲比丹·穆尔制度，由葡萄牙王室组织船队、自备资金，派遣可信的贵族出任船队首领，又称甲比丹·穆尔。统领船队的甲比丹·穆尔不仅享有特定航线贸易独占权，身兼贸易总监、舰队司令及外交代表等多种使命，而且还可以以国王或葡属印度总督的名义，在沿途各港口出任临时性的最高行政长官，相机处理各种事务，故又被称为"海上巡抚"或"移动总督"③。

16世纪40年代之后，随着葡萄牙贵族在远东活动日渐活跃与个体商人的强大，葡萄牙王室逐步停止了由王室充当商人角色的垄断贸易，开始将贸易特权以赏赐、租用的方式授予某位贵族或对王室有贡献者，如1563年葡王赐予门多萨（João de Mendoça）一次华日航行甲比丹·穆尔，其敕书曰："朕颁布如下特许：鉴于至今仍在印度的我王室贵族门多萨在那里立下的功劳，特赐他一次从印度，经满剌加

---

① ［日］高濑弘一郎：《基督教时代研究》，（东京）岩波书店1977年版，第8—10页。转引自戚印平《远东耶稣会史研究》，第469页。

② ［葡］奥利维拉（Fernando Correia de Oliveira）：《葡中接触五百年》，杨立民、王燕平译，澳门东方基金会1999年版，第29—30页。

③ 戚印平：《早期澳日贸易》，金国平、吴志良、汤开建主编《澳门史新编》（2），澳门基金会2008年版，第410页。

至中国初航的甲比丹末职权。该甲比丹末使用其自己的大船或海舶，一切费用自理。航行所至，行使甲比丹末的职权，任何葡萄牙船只或在上述港口居住或逗留的葡萄牙人悉听其辖制。澳门港、中国港口或任何通日本的港口亦在此例。他可亲自乘海船或中国式帆船携带货物前往日本港口，并在那里行使甲比丹末的职权。如果在上述中国港口遇到有我札谕而行使甲比丹末职权的人，如前所述，在拥有本特许之前的札谕的人空缺或无论任何理由的空缺情况下，上述门多萨可继续航行。因此，朕会通告目前和将来的印度的副国王与总督，以及王室财政官，让门多萨行使甲比丹末职权，允许他驾驶他的大船或海船以上方法航行，不得为难他，因为是我的恩赐。首先，他要宣誓真正好好行使职权，并将授权与誓言背书于本特许状的反面。如果上述门多萨需要某些航行的东西，现金及任何库存物，朕将命令副王与总督尽量提供一切。所提供物品将按照朕财政院价格计算。他必须为一切借贷具保，保证回航后立即归还。若遇到海难，上帝保佑不要发生，他的保人必须支付一切借贷的价值。"①

当时主要有三种特许方式：最常见的是被授予特许权的人必须自筹资金装备一艘船只，起初还得到王室3000克鲁扎多的补助，其航行方式与王室财政以前的航行方法类似；第二种方式是租用，即将一次航行的特许权租让给别人，以换取事先商定的使用金，这种方法施行十分成功，但最终由于掌握航行指挥权的贵族反对而未能推广；第三种方式是前两种方式的折中方法，授权人为王室财政运输一部分产品。这种特许权，实际上将王室权力所控制的利益转让予贵族。②葡萄牙历史学家徐萨斯说："远东与欧洲的贸易为葡萄牙王室所垄断。一支王家船队每年从里斯本起航，通常满载着羊毛织品、大红布料、水晶和玻璃制品，英国造的时钟、佛兰得造的产品，还有葡萄牙出产的酒。船队用这些产品在各个停靠的港口换取其他产品，船队由果阿

---

① ［葡］利瓦拉（J. H. da Cunha Rivara）:《葡萄牙—东方档案》(Archivo Portuguez-Oriental)，第5分册，第2部分，第464号档，新果阿，1865年，转引自金国平编译《西方澳门史料选萃（15—16世纪）》，广东人民出版社2005年版，第243—244页。

② ［葡］罗利路（RuiLourido）:《16—18世纪的澳门贸易与社会》，金国平、吴志良、汤开建主编《澳门史新编》(2)，第395页。

去科钦，以便购买香料和宝石，再从那里驶向满剌加，购买其他品种的香料，再从巽他群岛购买檀香木。然后，船队在澳门将货物卖掉，买进丝绸，再将这些连同剩余的货物一起在日本卖掉，换取金银锭。这是一种能使所投资成两倍或三倍增长的投机买卖。船队在澳门逗留数月后，从澳门带着金、丝绸、麝香、珍珠、象牙和木雕艺术品、漆器、瓷品回国。葡萄牙国王为自己保留了东方贸易中最大的特权。他给予有功的大臣的最大实惠就是准许他们用一两艘大帆船运来东方商品，卖给里斯本的商人，以获巨大的利润。"①

16世纪60年代前后的相当长的一个时期，果阿—澳门—日本航线成为葡萄牙在远东获利最丰的贸易线。1584年耶稣会士弗朗西斯科·卡布拉尔致西葡联合国王菲利普二世函称：日本航线的收益如下，第一，每年陛下可使你王国中一贵族获得七或八万克鲁扎多的收入；第二，以此航行每年可支付一贵族10年或15年的服务报酬。本地人每年可有2千克、3千克或4千克鲁扎多的收入，在葡属印度亦可有同等收入。② 正由于此，此航线之甲比丹·穆尔成为远东葡萄牙贵族人人觊觎的职位。在亚洲的一些葡萄牙上层贵族都想尽办法让国王授予这一航线的航行权。

远东贸易航线本来是葡国商人和冒险家们在中国禁海时期建立起来的，葡国王室对此航线实行垄断性经营后，掌握贸易首领的任命权，获得任命的甲比丹·穆尔携带葡萄牙王室的护照及国王的指令，对在远东地区居住的葡萄牙人执法（事实上，他的执法效果有限）。在这一体制下，远东的葡国个体商人在贸易过程中经常受到不公平的待遇，利益受到侵蚀，权力受到抑制。首先，甲比丹·穆尔拥有合法的外衣，可以对散商的活动设置限制，李玛诺（Dias Manuel）神父作于1610年的《关于澳门居民将生丝送往日本时的耶稣会契约以及Armacão的报告》称：葡萄牙人携带中国商品前往日本的初期，没有国王给予的许可书，任何人都不得进行这种贸易。葡萄牙国王一直确

---

① ［葡］徐萨斯（Montalto de Jesus）：《历史上的澳门》，黄鸿钊、李保平译，澳门基金会2000年版，第40页。

② 金国平：《耶稣会对华传教政策演变基因初探》，《西力东渐：中葡早期接触追昔》，澳门基金会2000年版，第120—157页。

保他规定的这一权限。这一敕令使许多贵族竭力服务于国王。这是国王在印度施行的恰当措施之一。[①] 其次，甲比丹·穆尔有王国的支持，资金雄厚，贸易规模较大，为了打击对手，可以随时控制物价的涨跌。上述报告又称：如果在国王的定期船之外，有其他船只装运中国生丝及其他商品前往日本，定期船运送商品的价值将大幅下降。[②] 这是两败俱伤的措施。此外，居澳葡人长期个体经营，经常出现恶性竞争。出于生存的压力，澳门葡商必须采取措施以捍卫自己的利益，而其中最为重要的行动，就是1570年建立的阿尔玛萨（Armacão）公会，由它代表全体澳门商人，与甲比丹·穆尔订立商务契约，以维护澳门市民在贸易中的基本利益与维持远东贸易的正常秩序。

二 阿尔玛萨与甲比丹的合作关系

甲比丹·穆尔乃葡国王室在远东地区的代表，阿尔玛萨则是居澳葡商自发形成的公会组织，在某种意义上，双方既相互依存又相互竞争。甲比丹·穆尔的特权，一方面可以对远东海上葡商们混乱无序的行为制定一些规则；另一方面可以以王室的名义同各国政府打交道，利于争取更多的贸易机会。而个体葡商的优势在于他们长期在远东地区活动，对这一地区的风俗习惯较为了解，培养了相当的政商人脉关系，无论在中国或日本，他们积累了与政府或商人打交道的经验。由此可见，双方互补性相当强。

阿尔玛萨与甲比丹·穆尔如何形成合作协议无从稽考，现只能从一些零星史料勾勒其合作之大概。根据《关于澳门居民将生丝送往日本时的耶稣会契约以及阿尔玛萨的报告》与《关于本会会员在中国与日本之间进行贸易的报告》，可以大致了解双方协议的内容。甲比丹·穆尔的责任主要体现为以下几方面。

第一，以贸易特许权组织贸易船队，负责果阿—澳门—日本航线

---

① José Alvarez-Taladriz：《1610年关于澳门、长崎间贸易船Armação契约的资料》，[日]野间一正译，《基督教研究》第12辑，（日本）吉川弘文馆1967年版，第358—359页。

② 同上书，第360—361页。

的货物运输。"加比丹必须履行义务，满足本市的要求，用自备的定期航船和其他船只运送一定数量的生丝，但不能多运。无论动机善恶，他都不得介入生丝买卖。"①如在日本航线上，根据日本市场的需要，早期每次要求运载2000担，后来改作1600担。

第二，负责监督此航线专营实施情况。一份1581年的葡萄牙文献称：在澳门，没有一位常驻的兵头，只有果阿至日本巡航首领每年至此，当他抵达这座城镇时，充当地方兵头，当他走了，另一位巡航首领来。巡航首领在澳门驻留期间，就充当葡人居留地的行政长官，拥有民事和刑事司法权，同时也是停泊在那里所有葡萄牙船只的船队长。除了巡航首领的船以外，其他任何船只不得从该港开往日本。因此，澳门居民及从事对日贸易的商人都将自己的货物装进巡航首领的船，付给他高额的往返运费。这种运费数额很大，构成对日航行的主要收入。②《关于澳门居民将生丝送往日本时的耶稣会契约以及阿尔玛萨的报告》亦称："（澳门）城市选出的代表和代理人与利益一致的定期船加比丹·穆尔们加以协作，严密监视，不准在定期船之外将中国商品送往日本。因此，无论多大的小船也不准装运商品。当前往日本的其他船只通过附近时，船长应禁止其进入港口。如已入港，应命令其离开。此外船长本人或派遣士兵监视其他船只不得接受商品。"③

而阿尔玛萨的责任主要是负责中国与日本市场的商品的收购与分销。有学者认为，阿尔玛萨是澳门葡萄牙商人为对日生丝贸易而于1570年建立的商业机构，他们通过此机构合资购入生丝，共同运往长崎，然后按比例将赢利分配给投资人。这并不完全正确。事实上，阿尔玛萨基本垄断了澳门的所有商务活动，它不仅垄断中日间的贸

---

① 《关于本会会员在中国与日本之间进行贸易的报告》，[日]高瀬弘一郎编注《耶稣会与日本》，（日本）岩波书店1981年版，第508—527页，转引自戚印平《远东耶稣会史研究》，第335—347页。

② Francisco Paulo Mendez da Luz, *Liveros das Cidades e Fortalezsa da Índia*（1580），pp. 106, 128。转引自吴志良、汤开建、金国平主编《澳门编年史》（1），广东人民出版社2009年版，第112页。

③ José Alvarez-Taladriz：《1610年关于澳门、长崎间贸易船 Armação 契约的资料》，[日]野间一正译，《基督教研究》第12辑，第360—361页。

易,对从果阿、马六甲与澳门间的贸易也负责协助分销与采购。据《利玛窦中国札记》载:"葡萄牙商人已经奠定了一年举行两次集市的习惯。一次是在一月,展销从印度来的船只所携来的货物,另一次是在六月末,销售从日本运来的商品。这些集市不再像从前那样在澳门港或在岛上举行,而是在省城之内举行。"① 意大利商人弗郎切斯科·卡莱蒂(Francesco Carletti)《旅行记》载:"船长在每年的四月至五月用大船装载毛织物,绯色的布、水晶以及玻璃制品,比利时的钟表,葡萄牙制作的葡萄酒,印度的棉纱、棉布、平纹坯布,从果阿出发后,通常会在马六甲停泊,用部分货物交换香料、白檀及其香水、泰国产的鲨鱼皮、鹿皮,然后前往澳门,再在那里逗留6—12个月。由于必须在一月和六月两度召开于广州的定期市场上购买销往日本的商品,到达澳门是在六月至八月之间。"②

瑞典人龙思泰在《早期澳门史》载:"葡萄牙人从1578年开始,常去广州。受议事会委托处理该城市商贸事务的商人,晋谒有关管理本地事务的官员,带上4000两作为见面礼。当船只满载起航时,还要奉上两倍于此的数目。这一类的来客受到了关注。开始时市场每年开放一次,但从1580年起,根据两次不同的季候风,每年开放两次。贸易的经理人,从一月份起采购运往印度和其他地方的货物;六月份起采购运往日本的货物。"③

从这些较为原始的史料可以看出,澳门葡商对澳门外贸的实际控制情况。其控制的手段有两种情形:一是澳门与日本间的贸易,阿尔玛萨完全垄断了所有交易,包括整个购销的过程,甲比丹·穆尔船队只是担当运输公司的角色,不得从事或参与任何商品交易活动。二是澳门与果阿、马六甲之间的贸易,阿尔玛萨协助甲比丹·穆尔分销其从果阿、马六甲带来的商品,并为其采购运回印度的中国商品。

---

① [意]利玛窦(Matteo Ricci)、[法]金尼阁(N. Trigault):《利玛窦中国札记》,何高济等译,中华书局1983年版,第144页。
② [日]榎一雄:《东西交涉史Ⅱ》,《榎一雄著作集》(5),(日本)汲古书院1994年版,第270页,转引自戚印平《早期澳日贸易》,金国平、吴志良、汤开建主编《澳门史新编》(2),第416页注13。
③ [瑞]龙思泰(Andre Ljungstedt):《早期澳门史》,吴义雄等译,东方出版社1997年版,第108页。

在协议中，阿尔玛萨必须支付甲比丹·穆尔10%的运输报酬、3%澳门市政税率。阿尔玛萨代表掌握着生丝在日本有利售价数量的相关情报，与装运货物的定期船的船长缔结契约，即2000担或公担的契约，并按若干条件支付1/10的运费。这些条件之一是甲比丹·穆尔不可也不能用自己的船运送超过2000担以上的生丝。如若违反，将受到某些惩罚。除2000担的运费之外，假如装运一切如愿，还要支付3000两（白银）或者克鲁扎多，作为预计利润的奖赏。其次，如果澳门居民的生丝存货达不到2000担时，也必须支付与运送2000担时相同的运费。① 关于支付给甲比丹的奖赏，1588年11月20日澳门议事会向国王请求，不再赐予这笔"赢益钱"（dinheiro ao ganho），1591年1月15日，菲利普二世批准了这项申请。②

三　阿尔玛萨的组织与职能

在阿尔玛萨公会成立之前，澳门葡商主要由自发推选的首领管理。文德泉神父认为，澳门早期从未有过地方兵头被委任。最初这个拥有900名葡萄牙人的商站殖民地需要一个首领，那就是迪奥戈·佩雷拉，他是一位富有的商人。1562年，他被居民选为驻地首领，并由两位有影响力的杰出居民协助管治。这样，形成了三人执政小组。③ 但这三人小组并没有得到葡萄牙国王，甚至得不到葡属印度当局的认可，不具有任何法定权限。1570年，阿尔玛萨公会成立，主要由三名经选举产生的代表组织管理。《关于澳门居民将生丝送往日本时的耶稣会契约以及阿尔玛萨的报告》称："治理该市的市政委员按时召集大多数市民，在此时选举三名代表，让他们作为居民代表，与航海的加比丹穆尔缔结契约，并负责与此契约有关其他事务。这些代表为

---

① José Alvarez-Taladriz：《1610年关于澳门、长崎间贸易船Armação契约的资料》，[日]野间一正译，《基督教研究》第12辑，第360—361页。

② ［葡］施白蒂（Beatriz Basto da Silva）：《澳门编年史（16—18世纪）》，小雨译，澳门基金会，1995年版，第26页。

③ Manuel Teixeira, *Primórdios de Macau*, Instituto Cultural de Macau, 1990, p.12，转引自汤开建、吴志良、金国平主编《澳门编年史》（1），第124页。

居民的利益负责上述契约的各项事务,有时市政委员本人出任此职。"① 由于阿尔玛萨与甲比丹互为缔约,从法律的角度审视,阿尔玛萨得到了甲比丹的部分授权,负责澳门商贸管理,较此前的三人执政小组更具权威。阿尔玛萨三名代表的主要职责:

第一,根据贸易情形,确定与甲比丹的契约细则。根据章程,"该契约由统治本市的三位市参事会员或替代他们的三位最年长、最有教养的重要人物逐年加以更新。他们或在该契约中加入新的条款,或撤销、变更老的条款,然后与进行航海的加比丹订立契约"②。

第二,负责与广东政府官员、商人联系。据《耶稣会会士在亚洲》载:"1571或1572年阿尔玛萨的代表前往广州参加交易会时,广东官员按照惯例身着红袍,出大城门来收葡萄牙人带来的税金。通事佩得罗·贡萨尔维斯(Pedro Gonçalves)对海道说我们也带来了澳城的500两租银。因当着其他官员的面,海道只得说这是澳城交的地租,要给皇帝的司库。从那时起,澳城每年纳地租,纳入朝廷金库。"③ 由此可见,澳门葡商的税金与地租银均由阿尔玛萨代表向广东政府交纳,在广东官员的眼中,阿尔玛萨代表居澳葡商的利益,并乐于与其交涉。

第三,分配贸易份额与利润。阿尔玛萨与甲比丹的合约规定:"不问大商人或小商人,人人限量装运。三名代表向居住该市(澳门)的全体葡萄牙人以及中国等若干他国人,分配这2000担生丝。按照各家各户的财产及生活水平将适当份额分配给各人。"④ 耶稣会在其一份报告中亦称:"三位市参事会中即被选举人将按照不同的家族及其功绩,向本市市民分派数量不等的生丝份额。但无论功绩多大,也没有哪个人的份额超过12担。……为帮助全体市民,最贫穷

---

① José Alvarez-Taladriz:《1610年关于澳门、长崎间贸易船Armação契约的资料》,[日]野间一正译,《基督教研究》第12辑,第360—361页。
② 《关于本会会员在中国与日本之间进行贸易的报告》,转引自戚印平《远东耶稣会史研究》,第338页。
③ 金国平编译:《西方澳门史料选萃(15—16世纪)》,第276—277页。
④ José Alvarez-Taladriz:《1610年关于澳门、长崎间贸易船Armação契约的资料》,[日]野间一正译,《基督教研究》第12辑,第360—361页。

的人也有一定份额。"① 1584年4月18日，葡西国王为了照顾耶稣会的处境，在果阿颁布敕令，同意耶稣会应该占有一定的份额，敕令称："我作出这一决定是因为除此之外，没有维持日本基督教徒的其他办法，而且澳门的任何夫妇或居民都可以通过阿尔玛萨运送15、20或30担的生丝，因此，神父们的各个住院、神学院以及神学校也应与他们一样，为获得其维持费用，以及维持教堂管理和所有基督徒而在可能的范围内运送一定数量的生丝。即使送去90担，各住院也只有5担。这一份额远比在中国的任何单身者或夫妇所得的份额都少。"②

也许因为年代不同，上述所载个人分配的份额存在差异，但已经足够说明阿尔玛萨在分配对日贸易份额所持之规则：1. 所有愿意出资参与贸易者均应占有一定的份额，即使穷人也不例外；2. 视参与贸易者的财力来确定所占份额的多少；3. 贸易所得之利润，按所占份额之多少进行分配。

第四，负责集中采购与销售。在对中国的贸易中，无论是推销从日本、印度运来的商品，或是采购运往日本、印度的商品，均由阿尔玛萨负责组织实施。据罗曼（Juan Bautista Román）《中国风物志》载：1578年，葡萄牙人驾驶着200—600吨甚至800吨的货船前往广州。这些大船运来欧洲的毛织品、印度的龙涎香、珊瑚和象牙，东印度群岛的檀香木、白银、香料等，尤其是他们经常运来的大量胡椒。然后，又从广州运出5300箱丝绸、2000—2500根金条（每根10两）、800多磅麝香。③ 这些中国的丝绸不仅销往日本，还大量运往印度。据1585年马尔丁·依纳爵·德·罗耀拉（Fr. Martín Ignácio de Loyola）的《自西班牙至中华帝国的旅程及风物简志》载，每年从广

---

① 《关于本会会员在中国与日本之间进行贸易的报告》，转引自戚印平《远东耶稣会史研究》，第338页。
② ［日］高濑弘一郎：《关于日本耶稣会的生丝贸易》，《基督教研究》第13辑，（日本）吉川弘文馆1970年版，第162—167页。
③ ［西］罗曼（Juan Bautista Roman）：《中国风物志》，［葡］罗理路（R. M. Loureiro）编《16和17世纪伊比利亚文学视野里的中国景况》，范维信等译，大象出版社2003年版，第121—128页。

州城输往葡属印度的丝绸多达3000公担（1公担合59公斤）。①

阿尔玛萨在整个贸易活动中，建立了自己的信息网络，随时依照信息的变化，确定购销的数量、价格、品种、规格等。意大利商人弗郎切斯科·卡莱蒂《周游世界评说》载："为了满足我的愿望，当葡萄牙人去购买发往印度的货物，广州（Canton）交易会（fiera）或集市（mercato）的时间来临时，我把我的现金交给了代表们。从澳门市民中选出四五人，任命他们以大家的名义去购货，以便货物价格不出现变化。代表们乘中国人的船被送往广州，携带着想花或可以动用的钱。一般是相当于250000至300000埃斯库多的雷阿尔或来自日本及印度的银锭。……葡萄牙人不得离开这些船只。只有白天允许他们上岸行走，入广州城商讨价格，观看货物，商定价格。定价称作'拍板'。之后，可以这一价格购买各人欲购的货物，但在商人代表订立合同前，任何人不得采购。入夜后，所有人返回龙头划船上进食休息。一边购货一边根据葡人的需要将其以龙头划船运至来自印度的大舶或澳门。"② 阿尔玛萨有组织、有计划的统一行动，使居澳葡商具备相当强的竞争力，在当时基本操控了东方贸易。1629年荷兰驻台湾第三任长官讷茨（Nuyts）在给其国王的一份报告书中说："（在澳门的葡萄牙人）每年两次到广州（那边每年举行两次盛大的市集）去买货……这使他们所得的货品、质量比别人好，品种比别人多；他们有机会按照他们的特殊需要定制货品，规定出丝绸的宽度、长度、花样、重量，以适合日本、东印度和葡萄牙市场的需要。"③

阿尔玛萨的代表们在运作过程中，所有的决策体现其公平与公开的原则。不管是分配份额，还是商议货品价格，均有神职人员参与其中，如范礼安、陆若汉均因参与太深而遭受非议，1583年卡布拉尔于澳门写给耶稣会总会长的信中指责范礼安过多参与澳门的贸易事

---

① ［葡］罗理路（R. M. Loureiro）编：《16和17世纪伊比利亚文学视野里的中国景况》，范维信等译，第154页。

② ［葡］卡莱蒂（Francesco Carletti）:《周游世界评说》，第181—182页，转引自金国平编译《西方澳门史料选萃（15—16世纪）》，第272—273页。

③ 厦门大学郑成功历史调查研究组编：《郑成功收复台湾史料选编》（增订本），福建人民出版社1982年版，第115页。

务,"他还与中国居民交涉并决定价格"①。1603年3月23日,日本教区主教塞尔凯拉神父(Dom Luis Cerquira)在长崎写给总会长的信中,指名道姓地批评陆若汉说:"(他每年)都要参与公议价格的决定以及生丝的分配……在神学院中,商人们为决定公议价格频繁地举行商议,并在神学院中进行了生丝的分配。"② 当然,在贸易的细节上,除贸易代表外,任何人不得进行干预,即使拥有份额的人也不例外。

结　语

澳门开埠初期,居澳葡人在无政府组织状态下生存,他们自发组织起阿尔玛萨公会,对澳门的稳定与发展起到了积极的作用。第一,阿尔玛萨公会有效地平衡了葡国王室与居澳葡人的利益;第二,解决了居澳葡商各自为利的混乱局面,使澳门贸易有序、稳定地发展;第三,便于与广东政府交涉,为居澳葡商谋取更多的贸易机会;第四,有利于葡商团结,以应付外来的威胁,尤其是,在1580年西班牙合并葡萄牙后,为维护居澳葡人的利益,阿尔玛萨公会与驻澳耶稣会神职人员推动澳门议事会成立,对抗西班牙商人可能的入侵,其作用更是不可估量。但随着葡萄牙王国的特许权制度的变化,阿尔玛萨公会也面临着危机。1629年11月16日,根据王室敕令的原则,葡印政府财政委员会制定了新的航行条例,决定将航行特许权向私商出售。财政委员会认为,按这种制度出售航行比由王室出资来进行航行更为有利。该项制度规定,每次出售的期限可以是一年,也可以是三年,在批准的期限内必须完成一定的航行船数。契约内还包含有其他责任:每次航行必须为王室从日本运回1200担铜;必须预先向果阿的金库交50000色勒芬现金,担保人承担全部责任;必须向原来航行资格持

---

① [日] 高濑弘一郎:《关于日本耶稣会的生丝贸易》,《基督教研究》第13辑,第185页。
② [日] 高濑弘一郎:《耶稣会与日本》(上),第253—255页,转引自戚印平《早期澳日贸易》,金国平、吴志良、汤开建主编《澳门史新编》(2),第423页,注24。

有者支付 30000 帕塔卡的赔偿金，商船登记簿和账册须呈送会计长等。[①] 在当年 11 月 28 日，葡萄牙财政部以 306000 色勒芬的价格向卡瓦略（Rob de Carvalho）出售了澳门至马尼拉和澳门至日本的三次航海贸易权。合同规定：卡瓦略承诺每年派三艘商船赴马尼拉、日本，或三年内必须派九艘船去马尼拉、日本；以被指派人身份或者以其继承人身份确立对航海贸易的垄断，在合同期内，没有卡瓦略的允许，任何人不得向日本和马尼拉派遣船只。[②] 葡国王室将远东贸易特许权出售给私商，使原来拥有王室代表身份的甲比丹随之不复存在，澳门的贸易格局也随之发生变化，阿尔玛萨体制也失去了存在的环境。

（原载《中国经济史研究》2010 年第 1 期）

[①] 葡萄牙国家档案馆《季风书》（*Livro das Moncoes*）第 38 薄，第 349—355 页，转引自汤开建、吴志良、金国平主编《澳门编年史》（1），第 421—422 页。

[②] 葡萄牙国家档案馆《季风书》（*Livro das Moncoes*）第 38 薄，第 349—351 页，转引自汤开建、吴志良、金国平主编《澳门编年史》（1），第 422 页。

16世纪末居澳葡人议事机构成立的背景分析

一 问题之缘起

16世纪80年代,澳门葡人成立议事会,处理居澳葡人内部事务,这是澳门历史上具有划时代意义的事件。此后二百余年间,居澳葡人事务基本上由议事会主导治理,因此,澳门史学家称之为"议事会时期"。然而,有关澳门议事会成立的原因,学界大多认为与两广总督陈瑞召见居澳葡人首领与主教有关,认为陈瑞的召见,结束了默认葡人居澳非正常状态,使葡人在澳得以有限自治,从而促使澳门议事会成立。

此论之源,大致可上溯20世纪30年代,张天泽在评述陈瑞的召见事件时曾说:"他们(中国官员)给予了澳门的葡萄牙殖民地以合法地位。不过,澳门与中国之间是藩镇与宗主国的关系却得以牢固地建立起来。"[1] 至90年代,谭志强则说:"陈瑞这种做法对中国人而言是可耻的,然而葡萄牙人却从这次危机中把它变成转机,向中国官府为其自治机构争取到合法地位。"[2] 黄启臣继承了这一说法,认为陈瑞召见目的是"诘责葡萄牙人自由行使法权的不法行径",最终在葡人的厚礼甘词下"默许葡萄牙人的自治组织"[3]。可以说,在20世纪,中国学者关于陈瑞与澳门议事会之关系的认识还显得有些模糊。

---

[1] 张天泽:《中葡早期通商史》,姚楠、钱江译,香港中华书局1988年版,第115页。
[2] 谭志强:《澳门主权问题始末(1553—1993)》,台北永业出版社1994年版,第122页。
[3] 黄启臣:《澳门通史》,广东教育出版社1999年版,第92页。

至21世纪初，学界把陈瑞召见事件与澳门议事会成立密切联系起来。万明认为，陈瑞在居澳葡人答应"服从中国官吏的管辖"的前提下，对其居澳予以承认。"这是葡萄牙人入居澳门后首次得到明朝广东地方行政最高长官的正式承认，可以视作明朝对澳政策最终确定的标志"，又说："与此同时，居澳葡人立即作出了反应，加紧筹建自治组织。"① 之后，旅居葡国的华人学者、著名澳门史研究专家金国平从明朝的边防策略、对异族的管理经验以及陈瑞与张居正的关系等方面，对此观点进行更深入的推论，他认为，"陈瑞召见澳门葡人及耶稣会首领有皇帝的钦命，而且事后有汇报"。并指出，陈瑞乃当时掌权者张居正的亲信，出任两广总督就是张居正的提拔，因此"陈瑞解决澳门问题的初衷是执行首辅的'钦命'"②。最终，他认为："由于澳门有了与最高当局直接沟通的渠道，这直接导致了1583年自治议事会的诞生。"③

上述论点在国内学界得到相当的认同，许多澳门史研究新著也做出了相似的演绎，娄胜华认为：两广总督陈瑞召见居澳葡人代表，同意葡人居住澳门，"由此，葡人租住澳门的合法地位得到中国官方的肯定，从而减少居澳葡人建立自治机构可能受到中国官府阻挠或限制的顾虑"④。何志辉认为："1582年（万历十年），新任两广总督陈瑞奉旨加强对澳门的管辖，但在葡人代表的甘词厚礼下改变态度，最终宣布澳葡可以继续居留，结束了默许葡人居澳的非正常状态。由于此举系中国官员首次代表朝廷允准葡人居澳，对澳门葡人自治而言尤其重大。"又说："在明政府允准澳葡居留而确立对澳政策后，澳葡立即作出反应，加紧筹建自治组织，在1583年选举产生澳门议事会，

---

① 万明：《中葡早期关系史》，社会科学文献出版社2001年版，第102、107页。按：在同书的第118页，作者认为葡人急于建立自治组织的另一原因是西班牙合并了葡萄牙，葡人"惟恐西班牙国王过多干涉澳门这一居留地"。
② 金国平、吴志良：《早期澳门史论》，广东人民出版社2007年版，第158、171页。
③ 同上书，第165页。
④ 娄胜华：《混合、多元与自治：早期澳门的行政》，吴志良、金国平、汤开建主编《澳门史新编》（1），澳门基金会2008年版，第144页。

16世纪末居澳葡人议事机构成立的背景分析

随后相关举措也紧锣密鼓地出台。"①

国内学界解读陈瑞召见事件时，得出了非同寻常的历史意义：首先，陈瑞代表明朝承认葡人居澳的合法化；其次，此事为澳门议事会成立创造条件。翻阅早期西方文献的记载，我们对上述的解读不禁产生疑窦。1582年3月14日，西班牙耶稣会士桑切斯（Alonso Sanchez）奉命前往澳门，一是宣布葡西合并的消息，欲说服居澳葡人效忠菲利普二世，二是了解中国的情况。但桑切斯在福建沿海遭风停泊当地港口，后被当地守备拘获，押解至广东。两广总督陈瑞在召见桑切斯前，先向一位葡商通事询问有关情况，通事"出于捍卫葡萄牙人的利益，说这些人是西班牙强盗，是来窥探中国港口"，还说"他们所到之处侵占别人的王国，杀死当国的国王"②。为此，陈瑞要求居澳葡人首领与主教进城觐见并汇报更详尽的情况。由此可见，陈瑞召见葡人的主要原因是要了解西班牙人桑切斯的身份与入华动机，以及调查西班牙人私闯入境的情况，③但学界却解读为代表明朝廷宣告葡人居澳合法化，结束广东政府的默认状态。如此重要的对外关系政策在不经意中宣布，且没有任何中文文献记载，这多少令人感到太突然，也太令人难以理解。

上述观点的主要依据是利玛窦的回忆录。利玛窦在描述陈瑞召见葡人代表罗明坚与本涅拉（Malias Panela）时说："两个代表受到很隆重的军礼，目的是为吓唬他们，而非为欢迎他们，然而，当他看到带来的礼物，他庄严的态度，立刻改为和善，他含笑告诉他们，殖民地的一切均可照旧，但是要属中国官员管辖，这只是习惯性及形式性

---

① 何志辉：《澳门法文化的历史考察——论明清澳门的华洋共处与分治》，博士学位论文，澳门科技大学，2007年，第84页。

② [葡]普加（Rogério Miguel Puga）：《桑切斯澳门及中国沿海之行（1582—1584）》，吴志良、金国平、汤开建主编《澳门史新编》（1），第36页。按：有学者称，陈瑞"一直在调查葡人凭何权利居住澳门"，笔者以为这只是一种臆测。陈瑞1569年前后任广东按察使，是海道副使的上司，又于召见事件前批准罗明坚等人在广州活动，他对澳门的情况不可能不了解。

③ 金国平、吴志良：《陈瑞召见澳门葡人的原委》，《东西望洋》，澳门成人教育学会2002年版，第168—171页。

179

的声明。"① 其中所谓"殖民地的一切均可照旧，但是要属中国官员管辖"一语，成为上述论点的最直接、最有力的证据。利玛窦这一记载有着强烈的主观意识，金国平在分析这些表述时，认为利玛窦的主观意图是"企图论证澳葡居澳、治澳的合法性，进而保护澳门"②。

反观当时受召见的罗明坚与桑切斯的记载，罗明坚称："由于看到我们十分镇定，毫不畏惧，并向他解释说我们在那个港口如何对中国人以兄弟相待，不曾作奸犯科。于是总督态度转为缓和，开始对我们恩惠有加，赐筵、赠送银钱、绸缎与汉籍，因为他从手下那里听说我会读他们的书。在向皇帝汇报时，向着我们，对我们的报告甚佳。"③ 桑切斯神父回忆说："两人磕过头后，对都堂说，葡萄牙人从来是中国国王的臣民及忠实仆人，将都堂大人奉为主人及庇护人。听了这话，都堂的态度缓和了下来，怒容烟消云散，还说想将葡萄牙人收作子民。他对两人大加恩施，给了他们几块银牌。我看见了他给罗明坚神甫的两三块这样的牌子。这是宽过于长的半块银板，如同盾牌。上面写着持有人有出入中国的特权，可晋见都堂，任何人不得加以阻拦。"④ 从当事者的记录中，笔者无法认知两广总督陈瑞曾就葡人居澳的问题作出任何特别的裁示。即使利玛窦的回忆中有所谓"殖民地的一切均可照旧"的词句，也被视为"习惯性及形式性的声明"。这些记载或者也可以作这样的解释：陈瑞的前任也曾作过类似的表达。因此，学者由此而演绎陈瑞召见葡人事件的重大历史意义，很值得怀疑。学界对陈瑞在澳门地位上的评介明显拔高了。要确切了

---

① [意]利玛窦（Matteo Ricci）：《利玛窦全集》第1卷，刘俊余、王玉川译，台北光启出版社、辅仁大学出版社1986年版，第118页。

② 金国平、吴志良：《陈瑞召见澳门葡人的原委》，《东西望洋》，第161页。按：澳门开埠既非协议，也不是葡人协助驱盗而赠予，而是嘉靖朝为香料而实行有限度的贸易开放政策，宣布可以在广东沿海湾澳进行合法的贸易。在这种形势下，中葡商人遂以澳门为中心，形成了稳定的贸易据点，逐渐筑室而居。明朝朝野对此分歧颇大，长期存在弃保之争议。

③ [意]王都立（Pietro Tacchi Venturi）：《利玛窦神甫历史著作集》第2卷，马塞拉塔，1913年，第414页，转引自金国平、吴志良《早期澳门史论》，第158页。

④ [西]桑切斯（Alonso Sanchez）：《耶稣会桑切斯神甫受菲律宾总督佩尼亚罗沙、主教及其他陛下的官员之命从吕宋岛马尼拉城使华简志》，转引自金国平、吴志良《早期澳门史论》，第163页。

解澳门议事会成立的前因后果，最好是首先弄清议事会成立前澳门的社会管理状况以及议事会成立的直接诱因。

二 议事会成立前澳门的管理状况

1557年，葡人入居澳门后，原来在广东其他舶口贸易的葡人也纷纷迁入澳门，并筑室建屋定居下来。1564年，广东监察御史庞尚鹏上《抚处濠镜澳夷疏》，报道了葡人入居澳门后澳门城市迅速发展情况："近数年来，始入蠔镜澳筑室，以便交易。不逾年，多至数百区。今殆千区以上。日与华人相接济，岁规厚利，所获不赀，故举国而来，负老携幼，更相接踵。今筑室又不知几许，而夷众殆万人矣。"[1] 时任两广总督吴桂芳亦言：澳门"非我族类，不下万人"[2]。也就是说，澳门在开埠后数年间，已经迅速发展成为一个近万人的商贸城镇。

澳门崛起的同时，明朝士大夫一直也存在弃与保的争论，使得澳门的地位相对不稳定，然而，在争论过程中，对澳门的管理模式却逐渐明晰。据西方文献记载，1557年，葡人正式入踞澳门，中国国王的执法官（Magistrados）迁往澳门。[3] 有学者认为迁入澳门的中国执法官就是提调、备倭、巡缉。提调，又称提调澳官，或守澳官，由明朝中下级武官充任，全面负责澳门的管理工作，集澳门行政、司法及外事诸权于一身。备倭，又称备倭指挥，原专设为防御倭寇一事，无倭警时，亦主管沿海各地外商贸易之事，主要负责澳门海上巡讯。巡缉，则应是负责澳门地区陆上治安的职官。[4]

根据明朝中后期的官僚体制，广东海道副使直接掌管海防与市舶

---

[1] （明）庞尚鹏：《百可亭摘稿》卷1《抚处濠镜澳夷疏》，《四库全书存目丛书》集部第129册，第130—131页。

[2] （明）陈子龙辑：《明经世文编》卷342《议阻澳夷进贡疏》，中华书局1962年影印本，第3669页。

[3] 荷兰殖民地档案馆藏《葡萄牙17世纪文献》第12—13页，引自吴志良、汤开建、金国平主编《澳门编年史》（1），广东人民出版社2009年版，第113页。

[4] 汤开建：《明朝在澳门设立的有关职官考证》，《澳门开埠初期史研究》，中华书局1999年版，第174—182页。

181

抽分事务。海道副使，全称为"提刑按察司巡视海道副使"。广东海道副使原驻广州，后移驻南头。《皇明驭倭录》载："广东旧设海道副使驻扎省城，兼理市舶，会倭乱，海道专备惠潮，以市舶委之府县。"① 但委之府县的时间并不长，海道副使又重理市舶抽分事宜。庞尚鹏在《抚处濠镜澳夷疏》称："番商私赍货物至者，守澳官验实，申海道闻于抚按衙门，始放入澳，候委官封籍，抽其十之二。"② 嘉靖四十三年（1564），两广总督吴桂芳对海道副使的职责进行调整，"建议海道副使辖东莞以西至琼州，领番夷市舶，更设海防佥事，巡东莞以东至惠潮，专御倭寇"③。为了分担海道副使的海防责任，同年在东莞南头增设海防参将一员，领兵3000，内固省城，外援诸郡，近杜里海奸贼，远防澳门番夷，及弹压香山濠镜澳等处夷船并巡缉接济私通船只。④ 海道副使成为专责包括澳门在内的外国商贾之对华贸易，实际上就是当时广东地方政府主管澳门的重要官员。

1571年（隆庆五年）8月13日，原广西巡抚殷正茂（字石汀）出任两广总督，南海人霍与瑕作《处濠镜澳议》，提出了管理澳门的方略："建城设官而县治之。"⑤ 霍氏的构想虽然没有马上得到落实，但此后对澳门的管理基本上沿着这一思路进行。1572年（隆庆六年），广东政府设广州府海防同知，驻扎雍陌，"以本官专驻其地，会同钦总官训练军兵，严加讥察。水路则核酒米之载运，稽番舶之往来，不许夹带一倭；陆路则谨塘基环一线之关，每月只许开放二次。"⑥ 广

---

① （明）王士骐：《皇明驭倭录》卷8"嘉靖四十三年"，《续修四库全书》第428册，上海古籍出版社2002年影印本，第451页。
② （明）庞尚鹏：《百可亭摘稿》卷1《抚处濠镜澳夷疏》，《四库全书存目丛书》集部第129册，第130页。
③ 《明史》卷223《吴桂芳传》，中华书局1974年标点本，第5874页。
④ （明）应槚、刘尧诲：《苍梧总督军门志》卷24《请设海防参将疏》，屈万里主编《明代史籍汇刊》第23，台北学生书局1970年影印本，第1120—1121页。
⑤ （明）霍与瑕：《霍勉斋集》卷19《处濠镜澳议》，《广州大典》集部别集类第11册，广州出版社2015年影印本，第373页。
⑥ （明）田金生：《按粤疏稿》卷3《条陈海防疏》，中国第一历史档案馆、澳门基金会、暨南大学古籍研究所合编《明清时期澳门问题档案文献汇编》(5)，人民出版社1999年版，第309页。《明穆宗实录》卷68载：(隆庆六年三月)癸巳，增设广州府南头广海海防同知一员，从提督两广都御史殷正茂奏也（台北"中研院"历史语言研究所1962年影印本，第1629页）。

州府海防同知除负责澳门防务与治安外，还协理市舶事宜。郭棐《广东通志》卷69载："隆庆间始议抽银，檄委海防同知、市舶提举及香山正官三面往同丈量估验。"① 至此，海防同知"对澳门的管治逐渐取代了其上司海道副使。"② 但广东政府仍然要求海道副使"每岁巡历濠境一次，使彼恬然顾化"③。为了更好地管理往来澳门与内地的人员，广东政府于1574年设置关闸。《崇德堂稿》载："澳之南与东若西通海洋，惟北行陆路五里许，有关闸为界。其势雄踞沙堤，翼以蚝墙，横亘约百许丈。界断海岸。前明著令，每月中六启闭，设海防同知、市舶提举各一员，盘诘稽查，夷人出，汉人入，皆不得擅行。"④ 由此可见，关闸之设，"委官守之"，而所委之官即是海防同知与市舶提举。

龙思泰认为：澳门从建立居民点开始，即具有"自治"的意味。在葡萄牙人谦卑的态度和礼物面前，中国下层的地方官员对澳门不断增长的人口，政府的设置，传教士的大量涌入以及他们将异教徒授洗入教的努力，均视而不见。高级地方官员则很少注意澳门正在发生的事情，达25年之久。⑤ 这种说法并不完全符合历史事实。由上所知，至隆庆末与万历初，广东当局对澳门管理已经形成了以海道副使为主导，外守内治的管理格局。在澳外有海防同知、市舶提举、东莞参将等确保澳门葡人不为中国之患与维护朝廷贸易税，在澳内有提调、备倭、巡缉维持澳门内部社会秩序的稳定。加之，自1571年起，有明确史料记载，澳门葡人向广东缴交地租，并纳入朝

---

① （明）郭棐：《广东通志》卷69《番夷》，《广东历代方志集成》影印万历三十年刻本，岭南美术出版社2006年版，第1552页。

② 汤开建：《明朝在澳门设立的有关职官考证》，《澳门开埠初期史研究》，中华书局1999年版，第174—182页。

③ （明）田金生：《按粤疏稿》卷3《条陈海防疏》，中国第一历史档案馆、澳门基金会、暨南大学古籍研究所合编《明清时期澳门问题档案文献汇编》(5)，第309页。

④ （清）王植：《崇德堂稿》卷2《香山险要说——复抚都堂王》，谭其骧主编《清人文集地理类汇编》第2册，浙江人民出版社1990年版，第214页。

⑤ ［瑞］龙思泰（Anders Ljungstedt）：《早期澳门史》，吴义雄等译，东方出版社1997年版，第95页。

廷财政收入之中。① 这些均可说明，明朝广东政府对澳门的管理格局已基本形成，葡人在澳门的租居地位也基本确立。

由于澳门开埠既非军事侵占，也非和约获得，而是葡商、华商与广东政府达成某种默契，让葡商得以聚集贸易，因此，澳门开埠之初，葡国政府对澳门的定位并不明确，在管理上明显滞后，主要依赖民间团体与宗教组织。当时葡人在澳门的管理大致可分为三个层次。

一是远东贸易舰队首领。葡国远东贸易舰队首领随季风而来，随季风而去，一般于五月、六月驶抵澳门，九月前往日本，十一月、十二月返回印度，每年驻留澳门也只有三四个月。虽然贸易舰队首领有王室授命，有权管治在远东地区贸易的葡商，但是，贸易舰队首领为利而来，与居澳葡商存在贸易利益之争，而且不熟悉与中国政府交涉之道，他们对居澳葡人事务既不热心，也无能为力，因此其管理功能相当有限。

二是依靠宗教力量的调节。早期葡国对新发现的土地，一般首先交由基督教会管理。② 澳门也不例外。澳门开埠早期，葡人族群缺乏权威管理，社会秩序混乱，耶稣会在其中扮演着重要的调解人角色，他们不仅对葡商提供宗教慰藉，还对商贸纠纷进行调解。平托神父于1564年11月30日致函印度耶稣会士说："由于这些地方远离司法……而人们又是如此放荡不羁，自以为是，更令其妄自尊大，为恩怨情仇大开方便之门。"一旦有了纠纷，耶稣会士便出来调解。"不久前，我们当中的一位神父还令人向一位本地商人还钱……而且（华

---

① 阿儒达宫图书馆《耶稣会会士在亚洲》载："1571或1572年阿尔马萨的代表前往广州参加交易会时，广东官员按照惯例身着红袍，出大城门来收葡萄牙人带来的税金。通事佩得罗·贡萨尔维斯（Pedro Gonçalves）对海道说我们也带来了澳城的500两租银。因当着其他官员的面，海道只得说这是澳城交的地租，要给皇帝的司库。从那时起，澳城每年纳地租，纳入朝廷金库。"[参见金国平编译《西方澳门史料选萃（15—16世纪）》，第276—277页] 按：阿尔马萨代表通过由缴海道贿金向正式交纳地租的转化，并纳入朝廷财政收入，也证明葡人寓居澳门已获得明朝政府的认可，并取得寓居澳门的合法权利。

② [葡] 叶士朋（António Manuel Hespanha）：《澳门法制史概论》，周艳平、张永春译，澳门基金会1996年版，第4页。

商）每当向葡人索取一份重要的誓词,便要求由神父或在教堂开具。"① 由此可见,在没有法律调解或官方干预的情况下,教会对维系社会的稳定与安宁起了相当大的作用。正如 Luís Filipe Barreto 所言:"耶稣会还是脆弱而短暂的印度官方权力与强大的居澳商人权力的调停人。他们缓解服务于王室的中高层贵族、商业低层贵族和居住在澳门的核心葡商的紧张关系,协助其寻找共同点和聚合处。"② 吴志良也认为:在早期社会生活中,宗法礼仪和宗教戒律成为调和矛盾、缓解冲突、凝聚人心、稳定社会的道德力量。③

三是葡商的自发组织。澳门开埠之初,居澳葡商面临多方面的困境:1. 这些葡国散商与中日航线首领(代表国王)利益的冲突。2. 各散商之间利益的冲突。3. 葡商在远东贸易的安全保障问题。4. 中国一直存在澳门的弃与保之争,与广东政府沟通(包括有组织贿赂)必不可少。为了解决这些矛盾,需要一个协调的组织,于是,居澳葡人逐步实行自我管理,自行处理事关其生存发展之要务。关于居澳葡商的自治组织,现有两种说法:第一,"1560 年,居澳葡人选出一委员会,由驻地首领(Capitão de Terra)、法官和 4 位较具威望的商人组成,对澳门进行管理,处理社区内部事务"④。第二,文德泉认为,澳门早期从未有过地方兵头被委任。最初这个拥有 900 名葡萄牙人的商站殖民地需要一个首领,那就是迪奥戈·佩雷拉,他是一位富有的商人。1562 年,他被居民选为驻地首领,并由两位有影响力的杰出居民协助管治。这样,形成了三人执政小组。⑤ 由于史料缺乏,我们

---

① Rui Manuel, Em Busca das Origens de Macau (《澳门源考》),转引自吴志良《明代澳门政治社会》,吴志良、金国平、汤开建主编《澳门史新编》(1),澳门基金会 2008 年版,第 119 页。

② Luís Filipe Barreto, Macau: Poder e Saber-Séculos XVI e XVII (《16 和 17 世纪澳门的权力和知识》),转引自吴志良《明代澳门政治社会》,吴志良、金国平、汤开建主编《澳门史新编》(1),第 119 页。

③ 吴志良:《明代澳门政治社会》,吴志良、金国平、汤开建主编《澳门史新编》(1),第 120 页。

④ Austin Coates, A macau Narrative,转引自吴志良《生存之道:论澳门政治制度与政治发展》,第 49 页。

⑤ Manuel Teixeira, Primórdios de Macau, p. 12,转引自吴志良、汤开建、金国平主编《澳门编年史》(1),第 124 页。

已无法考证何种说法更为确切，但可以肯定，这个自治组织主要成员为居澳的著名葡商。1570年，葡商更成立一个名为阿尔马萨（Armacão）的同业行会，由它代表澳门葡商，一是与加比丹·穆尔订立商务契约；二是规范中、日之间的贸易活动（如商品定价、贸易量的控制、交易方式等）；三是按照一定的规章为驻澳葡人分配贸易资源与利益；四是肩负着与广东政府的沟通，包括筹措地租银。因此，阿尔马萨也成为稳定澳门葡人社会的重要机构。[①]

在澳门开埠后的二十多年里，对澳门的管理是粗放式的，广东政府采取了半军事化的管理，主要确保海疆的安全与贸易税收，对社区的日常事务并没有作进一步的规范，尤其是居澳葡人事务，多处无政府的状态，因此，他们主要依赖耶稣会与葡商组织进行调停。

三 澳门议事会成立的直接诱因

1578年，葡萄牙国王塞巴斯蒂昂（D. Sebastião）发动对北非穆斯林的圣战，但此次圣战失利，塞巴斯蒂昂被俘后遭处决。由于塞巴斯蒂昂无嗣，葡萄牙出现王位继承危机。先是由已成为红衣主教的王叔祖殷利基（Cardial de Henrique）还俗继承王位，然而遭受教宗格列高利十三世反对，最后于1580年亦无嗣而亡，继而由另一位侄子安东尼奥暂继王位。但安东尼奥同样得不到教宗支持，教宗反而倾向由殷利基的外甥，在血缘关系上对葡萄牙王位有最优先权利的西班牙国王菲利浦继承葡萄牙王位。同年11月，菲利浦派艾尔巴（Elba）公爵带领军队攻陷里斯本，安东尼奥被迫流亡国外。1581年，葡萄牙枢议会迫于军事和教宗的压力，在托马尔（Tomar）召开会议，有条件地承认菲利浦继承葡萄牙王位，成为葡萄牙国王菲利浦一世（Filipe I）。菲利浦的承诺共有二十五款，包括维持相对独立的议会、政府，"保证一切旧的地方固有法权、自由、法律不受侵犯"，实行葡人治葡，保证"他无论在哪里，经常都要有一个由六名葡萄牙人所组

[①] 陈文源：《16世纪末澳门葡商共同体的成立与运作》，《中国经济史研究》2010年第1期。

成的参议会来帮助他处理葡萄牙的事务"①。

在葡西合并前，西班牙已在马尼拉成立了殖民政府，对此，澳门耶稣会与葡商一直感到压力。早在1579年6月19日，西班牙方济各会士阿尔法罗（Pedro de Álfaro）、巴埃萨（Sebastian de Baeza）、托尔德西拉斯（Agustin de Tordesillas）、帕多（Juan Diaz Pardo）、杜拉斯（Francisco de Duenas），意大利方济各会士巴沙路（Juan Baptista Lucareli de Pisarro）及墨西哥方济各会士墨尔罗尔（Pedro de Villarel）一行7人经过1个月的海上航行进入珠江。阿尔法罗等人为了能顺利地进入广州，曾特意写信给澳门主教贾尼劳和澳葡当局，希望得到他们的协助，但澳门葡人除了礼貌上的应允外，最终并没有提供任何实质性的帮助。相反，当时的澳门兵头布里图（Leonel de Brito）则向广东当局递交了一封密函，指责他们是吕宋派来的间谍，还说马上有一支西班牙舰队要来占领中国的某个城市，以扰乱他们的贸易，希望将西班牙人驱逐出境。经过一番迂回，阿尔法罗、巴沙路和墨尔罗尔等人无法在广州居留，于11月15日抵达澳门。② 澳门主教和兵头等人一方面热情而友好地接待他们，另一方面则设法劝说他们前往交趾支那传教。因为他们得知交趾支那受葡萄牙人的影响很大，属于葡萄牙的控制区，均不愿前往。③ 11月20日，阿尔法罗致托尔德西拉斯（Augustín de Tordesillas）神父的信称：澳门的葡萄牙人比吕宋的西班牙人多三四倍。所有的葡萄牙人都很担心，西班牙人的舰队会来进攻他们，会虐待他们，会抢走他们的生意。④ 1582年桑切斯原本是前往澳门通告西葡合并事宜，但因海难辗转押往广东，新任两广总督陈瑞在审查其身份时，有人"出于捍卫葡萄牙人的利益"而说了一些西

---

① ［葡］查·爱·诺埃尔（Charles E. Nowell）：《葡萄牙史》，南京师范学院教育系翻译组译，商务印书馆香港分馆1979年版，第229—230页。
② Sinca Franciscana Vol. II , Augustinus de Tordesillas, *Relación del Viage que Hizimos em China*，参见崔维孝《明清之际西班牙方济会在华传教研究（1579—1732）》，中华书局2005年版，第64—77页。
③ Manuel Teixeira, *Macau e a Sua Diocese*, Vol. 3, p. 414，转引自吴志良、汤开建、金国平主编《澳门编年史》（1），第178页。
④ Manuel Teixeira, *Macau e a Sua Diocese*, Vol. 3, p. 406，转引自吴志良、汤开建、金国平主编《澳门编年史》（1），第178—179页。

班牙人的坏话,陈瑞因此召见居澳葡人协助调查。① 由此可见澳门葡人对西班牙人的提防与抗拒之心。

西葡合并后,作为既得利益者,居澳耶稣会与葡商对西班牙人的戒备心更重。1605 年 1 月 18 日范礼安在澳门致信耶稣会总会长助理,其所反映的情况,证明居澳葡人的担心不无道理。他说:托钵修士们和马尼拉的西班牙人将一切视为己物,其中包括日本航海权,如果有可能,还想将澳门市从我们手中夺去,将中国与日本的主教从果阿大主教职上分离,置于马尼拉大主教属下。他们还想使日本与中国的修道院、住院、诸修会也从属于马尼拉各修道会高位圣职者们。甚至将这一地区贸易从葡萄牙人手中夺去,成为马尼拉的囊中之物。众所周知,以此为目的的计划自古以来就有了。② 罗德里格斯在《主教传》亦称:摩洛加群岛和日本列岛,还有中国王国及其周边地区,根据现在仍有效力的这一协定(即萨拉哥萨条约),迄今为止,葡萄牙拥有权力已经超过了 82 年,它们在属于葡萄牙王室的境界之内。但尽管如此,一般的西班牙人,尤其是属于西班牙王室的托钵修道会的修士们,或是不知道上述协定,或是出于其他意图,强烈希望将日本列岛、中国及其周边的其他地区划入属于西班牙王室的境界之中,圣多明我会、圣方济各会和圣奥斯丁会这三个托钵修道会的修士,煞费苦心地想将中国主教区和日本的主教区纳入马尼拉教会的管理之下。③ 因此,澳门耶稣会"一直以各种借口,阻止其他修会染指其在澳门、日本以及中国等远东地区的传教特权"。出于自身利益的需要,居澳葡商"不仅竭力防范并抵御西班牙人染指此地的野心,甚至不愿听命于果阿官员的管理"④。事实上,此时澳门耶稣会与居澳葡商已经结成命运共同体。

为了自身的既得利益,澳门耶稣会与葡商对西班牙人采取两面手

---

① [葡]普加(Rogério Miguel Puga):《桑切斯澳门及中国沿海之行(1582—1584)》,吴志良、金国平、汤开建主编《澳门史新编》(1),第 36 页。
② [日]高濑泓一郎:《イエズス会と日本》(上),转引自戚印平《远东耶稣会史研究》,中华书局 2007 年版,第 519 页。
③ [日]ジョアン・ロドリーゲス:《日本教会史》,转引自戚印平《远东耶稣会史研究》,第 519 页。
④ 戚印平:《远东耶稣会史研究》,第 431 页。

16世纪末居澳葡人议事机构成立的背景分析

法，一方面迅速宣布效忠新国王菲利浦一世，以确保葡西合并协议能在澳门落实。1582年5月，桑切斯抵达澳门后，澳门主教与驻地兵头先后承认西班牙菲利浦二世（Filipe Ⅱ）为君主。但是，他们在称赞西班牙人与葡萄牙人"已经在全世界结为兄弟"的同时，特别强调葡萄牙人在澳门的权益，希望根据西葡合并的约定，葡萄牙人对澳门的管理依旧，仍然悬挂葡萄牙国旗，原有贸易照常进行。至于菲律宾与中国的贸易，必须由澳门充当中介，并要求不让中国人知道澳门统治权的变更。[①] 在桑切斯返回马尼拉前，居澳葡人要求侨居菲律宾的西班牙人不要再派任何人到澳门来，包括"教士修士或俗人"[②]。另一方面则是整合居澳葡人的力量，成立自治机构，以应对来自西班牙人的潜在威胁。桑切斯于1583年2月13日起程返回马尼拉。4月，在萨主教（D. Leonardo de Sá）的倡议和主持下，居澳葡人自发选举成立议事会。[③]

关于澳门议事会成立的原因，葡国学者普遍认为与防范西班牙人有关，徐萨斯（Montalto de Jesus）直截了当地指出，议事会的成立是"有着强烈爱国心的人在设法使殖民地摆脱西班牙的控制"[④]。费尔南多·科雷亚·德·奥利维拉（Fernando Correia de Oliveira）认为，当得知葡西合并的消息后，"澳门商人最希望的是设法摆脱当时驻在菲律宾的西班牙统治者和商人的竞争。为此，他们成立了一个自治政府——议事会——使澳门与其他葡萄牙城市一样。"[⑤] 叶士朋认为：

---

① 吴志良、汤开建、金国平主编：《澳门编年史》（1），第195页。

② ［法］裴化行（H. Bernard）：《天主教十六世纪在华传教志》，萧睿华译，上海商务印书馆1936年版，第226页。

③ 《市政厅古文献》第91本第8—9页称：1583年4月，澳门市政厅作为市政当局首次由居民选举产生，转引自［葡］潘日明（Benjamin Videira Pires）《殊途同归：澳门的文化交融》，澳门文化司署1992年版，第95页。［葡］徐萨斯（Montalto de Jesus）称："1583年，在卡内罗主教倡议，殖民地人集会讨论在新形势下采取什么样的政府最合适。会议决定，应像旧时葡萄牙由国王特许的几个城市一样，由社区选出一个市政行政机构。"（《历史上的澳门》，黄鸿钊、李保平译，澳门基金会2000年版，第27页）

④ ［葡］徐萨斯（Montalto de Jesus）：《历史上的澳门》，黄鸿钊、李保平译，第27页。

⑤ ［葡］费尔南多·科雷亚·德·奥利维拉（Fernando Correia de Oliveira）：《葡中接触五百年》，杨立民、王燕平译，东方基金会1999年版，第47页。

下 编

"十六世纪末（1582—1583年）的澳门市政是在已扎根当地的葡国商人阶层的自治愿望驱使之下建立的。"又说："澳门市政组织不仅只是将该城在政治上纳入葡国王室在远东的政治体系中的保证，而首先是城市寡头统治团结自治意图的支柱。"① 中国著名澳门学研究专家吴志良认同了上述观点，说："触发议事会成立的直接原因，是团结一致，共同防范已兼并葡萄牙的西班牙人前来分享对华贸易的利润。"②

澳门议事会成立后，其活动主要目标之一就是努力防范西班牙人。一方面努力争取得到王室的认可，在议事会成员的斡旋下，1584年，葡印总督梅内塞斯（D. Duarte Meneses）扩大了议事会在行政、司法管理方面的权力。虽然远东舰队首领（加比丹·穆尔）依然拥有传统的军事指挥权，但特别重大事务则须由市民大会（Conselho Geral）表决。1586年4月10日，葡印总督梅内塞斯（D. Duarte Meneses）沿袭中世纪葡萄牙市政组织模式，并报请葡西联合王国国王菲利浦二世批准，恩赐澳门称城特权，命其为"天主圣名之城"（Cidade do Nome de Deus na China），给予其基督十字盾形城徽。1596年4月18日，西葡联合国王颁令予以确认，澳门获得"法令特许状"，享有埃武特市同等的自由、荣誉和显赫。③ 从而确立了澳门议事会在西葡联合王国的统治体系中的独特地位。另一方面，一直谋求王室立法保护居澳葡人的贸易与传教权益，1586年4月12日，葡印总督梅内塞斯在果阿下达命令，除耶稣会教士之外，其他任何传教士不准进入中国。④ 1587年1月，菲利浦二世给葡印总督梅内塞斯下令，要他阻止西班牙人与中国和摩鹿加群岛贸易。⑤ 1590年5月9日，菲利浦二世给葡印总督的密令，除非能出示王室的特别许可证，禁止所有船

---

① ［葡］叶士朋（António Manuel Hespanha）：《澳门法制史概论》，周艳平、张永春译，澳门基金会1996年版，第16页。
② 吴志良：《东西交汇看澳门》，澳门基金会1996年版，第29页。
③ *Arquivos de Macau 4a série*, Vol. 8, pp. 36－37，转引自金国平编译《西方澳门史料选萃（15—16世纪）》，广东人民出版社2005年版，第255—256页。
④ Manuel Teixeira, *Macau e a Sua Diocese*, Vol. 3, p. 429, 转引自吴志良、汤开建、金国平主编《澳门编年史》（1），第220页。
⑤ 吴志良、汤开建、金国平主编：《澳门编年史》（1），第224页。

只的负责人运送西班牙宗教人士至澳门。① 澳门议事会成立后，频繁与王室交涉，希望立法保护葡人在澳门贸易与传教的独特地位，既得利益免受西班牙人的侵蚀，证明议事会成立之根本原因是阻遏西班牙人对澳门的企图。

结　语

陈瑞召见葡人代表的事件，按照现时国内学界的解读，这是澳门历史上的重大事件，它使居澳葡人的租居地位从广东地方政府的默认转化为明朝廷公开承认，使澳门历史的"模糊性"变得清晰起来，尤其是，此事件促进了议事会的成立，议事会成为明朝廷官僚体制外的"衍生机构"，居澳葡人的活动完全置于明朝廷的控制之下。这种推论颇满足了中国人的某种情绪。然而，利玛窦的一句回忆，"殖民地的一切均可照旧，但是要属中国官员管辖"成为这一推论的唯一关联点，孤证令人生疑，更何况那句话还属于"习惯性及形式性的声明"。

从上述关于澳门议事会成立的前后历史分析可见，明朝关于澳门管治的思路、政策在隆庆末万历初已经基本形成，在海防安全、对外贸易利益得以保障的前提下，广东政府对居澳葡人社群的内部自治并不干预。而西班牙占领马尼拉，尤其是葡西合并后，居澳葡商与耶稣教会深感西班牙人的潜在威胁，迫切需要一个可以团结居澳葡人的组织，以维护澳门葡商与宗教团体的既得利益，于是自发成立了统一的议事机构——议事会。而两广总督陈瑞召见居澳葡人代表，其客观效果是，让葡人意识到新总督上任并不会改变广东政府既有的对澳政策。

（原载《暨南学报》2014年第5期）

---

① 吴志良、汤开建、金国平主编：《澳门编年史》（1），第237页。

明朝澳门关税制度考辨

关于明朝澳门关税的税项，学界多认为分货税与船税两种。较早提出这一说法的是19世纪初瑞典学者龙思泰（Anders Ljungstedt），他在《早期澳门史》称："1557—1578年，中国商人在澳门进行贸易，主要是以丝绸换取外国货物，承担进口货和中国出口货的货税。"[①] 又说："尽管中国地方官员一再规劝那些走私者，因为他们既不缴纳船钞，也不缴纳进出口货税。"[②] 进入20世纪后，中国学者承袭此说。张天泽在《中葡早期通商史》称："（明代）中国人在澳门设立一个市舶司，以征收进出口商税和泊税。"[③] 黄启臣在解释隆庆年间税制改革时说："丈抽收银制即饷税制，有丈和抽两种收税方法：丈是对船舶大小的丈量，所征之税称之为船税、舶饷，外国人称'固定吨位税'；抽是对船舶所载货物征收从量或从价税。"又说："在征收进出口关税中，明政府对租居澳门的葡萄牙商人实行优惠政策。在进口丈抽制中，减收葡萄牙商船税三分。"[④] 黄鸿钊在论述明朝对澳门税务管理时指出，《明史》所称澳门"岁课二万金"，是中国政府向来华贸易的葡人商船和到澳门贸易的华商所征收的总和，"向葡人

---

① ［瑞］龙思泰（Anders Ljungstedt）:《早期澳门史》，吴义雄等译，东方出版社1997年版，第78页。
② 同上书，第100页。
③ 张天泽:《中葡早期通商史》，姚楠、钱江译，香港中华书局1998年版，第117页。
④ 黄启臣:《明清时期中国政府对澳门海关的管理》，载《中国海关史论文集》，香港中文大学崇基学院1997年版。在其《澳门通史》（广东人民出版社1999年版，第87—89页）沿用这一说法。

征收的是船税，向华商征收的是货税"①。李庆新在《明代海外贸易制度》一书中称："万历六年葡萄牙人被允许准到广州贸易，照例缴纳船税与货物进出口税，此外还有包饷。"② 又说："葡萄牙人在澳门与中国商人交易，只需向明朝缴纳船税，所有进出口货物税全部由下澳中国商人负担，结果反而对葡萄牙人有利，而不利于中国商人。"③

从这些颇具代表性的论述中，可以归纳明代澳门关税的两个主要内容：第一，明代澳门关税包括货税与船税两大类；第二，船钞由葡商上缴，货税由华商缴纳。以上观点在现今的澳门史论著中得到了广泛的接受与引用。本文认为以上论述与史实存在较大的出入，颇有商榷的空间。为了更清晰地说明明朝澳门关税情况，有必要对明朝广东政府在澳门征收税饷进行阶段性的探讨。

一　澳门开埠初期的抽分制

隆庆五年（1571）前，广东政府对进出口贸易实行抽分制。庞尚鹏《题为陈末议以保海隅万世治安事》说："（濠镜澳）乃番夷市舶交易之所。往年夷人入贡，附至货物，照例抽盘。其余番商私赍货物至者，守澳官验实申海道，闻于抚按衙门，始放入澳，候委官封籍，抽其十之二，乃听贸易焉。"④ 万历《广东通志》也有相似记载，称隆庆以前"番商舟至水次，往时报至督抚，属海道委官封籍之，抽其十二，还贮布政司库，变卖或备折俸之用，余听贸易"⑤。西方文献

---

①　黄鸿钊：《明清政府管治澳门的若干问题》，《濠镜集》，澳门历史文化研究会2004年版，第58页。
②　李庆新：《明代海外贸易制度》，社会科学文献出版社2007年版，第419—420页。
③　同上书，第348页。
④　（明）陈子龙：《明经世文编》卷357，中华书局1962年影印本，第3835页。按：十分抽二的税率定于正德十二年，据黄佐嘉靖《广东通志》卷66载：正德十二年，巡抚两广御史陈金、会勘副使吴廷举奏：欲或仿宋朝十分抽二；或依近日事便十分抽三。责细解京，粗重变卖，收备军饷。题议，只许十分抽二［（明）黄佐：嘉靖《广东通志》卷66《外志·番夷》，《广东历代方志集成》影印嘉靖间刻本，岭南美术出版社2006年版，第1750页］。
⑤　（明）郭棐：《广东通志》卷69《外志·番夷》，《广东历代方志集成》影印万历三十年刻本，岭南美术出版社2006年版，第1552页。

《东方志》则称:"靠近南头陆地处有些为各国规定的澳口,如东涌等,只要平底帆船一停靠,南头的老爷便向广州禀告,然后派商人来估量货物,收取税项。"①考察中外史料可知,在澳门开埠前及早期,广东政府对外贸易收税的主要特征有三个方面:一是税率,按货物量征收十分之二;二是征税内容,所征乃实物货税;三是征税方式,由广东官府委派代理商负责估算货物量、商定税额,并代为征收。而且,明朝广东政府采取了先征税后交易的程序:"凡番夷市易,皆趋广州,番船到岸,非经抽分不得发卖,而抽分经抚巡海道行移委官。"②从历史发展来考察,受当时贸易条件影响,葡商与华商主要交易方式是以货易货、以船对船的贸易。为方便管理,广东政府的抽分官常常委托官属之代理商(客纲客纪)代征进口货税,然后统一运往布政司库,因此,从表面上看,葡商没有直接向官库缴税,一切税项由华商上缴,学者因此误以为所征乃铺商之税。1564年,发生的葡商抗税事件,即可说明葡商之税由葡商缴纳,并非华商之税。③

二 隆庆五年后的丈抽银制

从隆庆年间起,广东政府因应白银货币化的社会现实,改革了澳门关税征收制度。万历《广东通志》载:"隆庆间始议抽银,檄委海防同知、市舶提举及香山正官,三面往同丈量估验。每一舶从首尾两艕丈过,阔若干,长若干,验其舶中积载,出水若干,谓之'水号',实时命工将艕刻,定估其舶中载货重若干,计货若干,该纳银若干,验估已定,即封籍其数,上海道,转闻督抚,待报征收;如刻

---

① 金国平、吴志良:《从西方航海技术考Tumou之名实》,载《东西望洋》,澳门成人教育学会2002年版,第270—272页。
② (明)霍与瑕:《霍勉斋集》卷11《上潘大巡广州事宜》,广西师范大学出版社2014年影印光绪十二年石头书院刻本,第632页。
③ 1564年初,广东东部沿海发生了"柘林水师兵变",广东政府允诺"免抽分一年"[(明)陈吾德:《谢山存稿》卷1《条陈东粤疏》,《广州大典》集部别集类第11册,广州出版社2015年版,第457页]为条件,请求居澳葡商组织武装协助平定叛乱。事后广东政府没能兑现诺言,葡商遂"拥货不肯输税"[(明)叶权:《贤博编》附《游岭南记》,中华书局1987年版,第44页]。

记后,水号微有不同,即为走匿,仍再勘验船号,出水分寸又若干,定估走匿货物若干,赔补若干,补征税银,仍治以罪。号估税完后,贸易听其便。计每年税银约四万余两备饷。"① 当时西方文献也有相似的记载,称:"在此情况下,由官员或澳门总管来丈量,即量取船的长宽并据此计算关税多少。"②

这次税制改革的关键点就是以税银代替税实物。其征收的程序为:贸易船只进泊港口,即派官员登船丈量体积,计算货物重量、价值,在此基础上,议定应收税银数量,然后经由海道副使上报督抚,并派员前往征收。根据颜俊彦《盟水斋存牍》记载,当时海防同知、市舶司、香山知县三方有明确的分工,海防同知负责派员弁查验是否存在违禁货物,并颁发出入港口许可证;香山知县负责丈量、盘验货物,"凡船艇出入于香山者,香山令必亲访船,所应抽应盘,实实查复,除夹带违禁货物解赃问罪外,其应纳税报饷者,照常记数填注印册,缴报海道,并移市舶司照薄查收"。市舶司之设"所司止衡量物价贵贱多少报税足饷报告而已"③。1601年十月,南京员外郎王临亨奉命前往广东审核在押囚犯,曾记录了葡商在华交易的见闻:"西洋之人……三四月间入中国市杂物,转市日本诸国以觅利,满载皆阿堵物也。余驻省时,见有三舟至,舟各赍白金三十万投税司纳税,听其入城与百姓交易。"④ 由此可见,这次税制改革后,对居澳葡商所征之税仍然是货税,并无船税之名目,而且征收的对象仍然是葡商。

三 万历年间的定额税制

澳门开埠半个世纪后,中葡贸易弊端也日渐凸显,偷漏关税的情况十分严重,时人周玄暐称:"报官纳税者不过十之二三而已。"⑤ 产

---

① (明)郭棐:《广东通志》卷69《外志·番夷》,第1552—1553页。
② 参见汤开建《委黎多〈报效始末疏〉笺正》,广东人民出版社2004年版,第44页。
③ (明)颜俊彦:《盟水斋存牍》卷1《公移·澳夷接济议》,中国政法大学出版社2002年点校本,第319页。
④ (明)王临亨:《粤剑篇》卷3《志外夷》,中华书局1987年标点本,第91页。
⑤ (明)周玄暐:《泾林续记》,中华书局1985年版,第34页。

生这种弊端的原因，主要有三个方面：第一，中葡商人联合走私偷漏货税。中葡贸易商"先将重价者私相交易，或去一半，或去六、七，而后牙人以货报官"①。第二，官商勾结，损公肥私。1635年，葡萄牙人安东尼奥·博卡罗（António Bocaro）在《要塞图册》手稿中称："不过丈量船只的时候可以向丈量者行贿，使他高抬贵手，这样（中国）国王的收入就会少很多，因为丈量员们关心自己的收入甚于关心他们国王的收益；另外，他们并不注意船上载运什么货物。"②反映了广东海关官吏接受葡商的贿赂后，并没有按规章办事，或少算商船的体积，或对货物查验马虎其事，使得朝廷进出口贸易税大量流失。第三，制度的缺失与官员的渎职。霍与瑕称："凡番夷市易，皆趋广州。番船到岸，非经抽分，不得发卖。而抽分经抚巡海道行移委官，动逾两月，番人若必俟抽分乃得易货，则饿死久矣。广东（州）隔海不五里而近乡名游鱼洲，其民专驾多橹船只，接济番货。每番船一到，则通同濠畔街外省富商搬瓷器、丝绵、私钱、火药违禁等物，满载而去，满载而还。比抽分官到，则番舶中番货无几矣。"③又说："凡番舶抵澳，必一二月，官乃为盘验抽分。番奴坐困，不得以货易粟，每厚贿执事，以救饥饿，利归积猾，而夷人怨苦矣。"④为消除这些弊端，保障朝廷的贸易税收，1598年，广东政府依照历年进出口税的情况，编定了征缴澳门贸易税指标，定额为每年26000两。⑤

广东政府所实施的定额税制，究其内容为何，学界至今仍无清晰、统一的解释。美国人马士（Hosea Ballou Morse）认为：中国官员拥有葡萄牙人所居住的澳门的严密控制权，每年征收葡萄牙人贸易特

---

① （明）严从简撰，余思黎点校：《殊域周咨录》卷8《暹罗》，中华书局1993年版，第284页。
② ［葡］罗理路（R. M. Loureiro）编：《16和17世纪伊比利亚文学视野里的中国景况》，范维信等译，大象出版社2003年版，第224页。
③ （明）霍与瑕：《霍勉斋集》卷12《上潘大巡广州事宜》，第632—633页。
④ （明）霍与瑕：《霍勉斋集》卷11《贺香山涂父母太夫人荣封序》，第551—552页。
⑤ 乾隆《广州府志》卷53《艺文五》，《广东历代方志集成》影印乾隆二十四年刻本，岭南美术出版社2007年版，第1168页。

权费3万元。① 梁方仲把定额税制理解为"包饷制"②。李庆新主张：葡萄牙人获准前往广州贸易，照例缴纳船税与货物进出口税，此外还有包饷。他认为马士所指的贸易特权费即是包饷。③ 黄启臣认为，广东政府规定澳门葡商的船舶、货物进口税以定额方式交纳。④ 这些论述并没有清晰解释定额税制的性质与内涵，在一定程度上让人产生误解。为了厘清定额税制内涵，以下分三点予以探讨。

首先，定额税不是包饷。明人李侍问说："饷之足与不足，在乎番船商货之大小多寡而盈缩焉。虽有定额，实无定规，不如田亩之赋，可按籍而问之者……察自崇正元年以迄于今，多不足额。矧今东洋绝市，西洋罕至，商货停阻，司是饷者，日孜孜以求足额为念，第舶饷之盈亏，总在彝船之多寡。或东西两洋日后和好，依旧互市，岁额庶可充足。若以今日之事势计之，旧额且不能敷，安得尚有盈余而侵匿之乎？"⑤ 定额税制实施后，每年征税所得并不一致，如1611年（万历三十九年）则仅仅收得九千余两。⑥ 可知居澳葡商所缴纳的进出口税完全依照贸易量来决定，况且，并没有史料证明当时存在承包税收的机构。广东政府所规定的税额并不具有强制性，因此，定额税不是包饷，定额税制的政策意义大于实质意义。

其次，定额税的征缴对象不仅是葡商，还包括与葡商交易的华商。李侍问说："虽有定额，原无定征，皆取诸丈抽彝船与夫彝商、唐商之互市，一一按例征抽。"又说："该本道看得香山澳税初定二万六千，后征不足，议去四千，见在岁额二万二千。察所抽者，皆于到澳之番舶、贸易之彝商并唐商之下澳者。丈量尺寸，盘秤觔两，各

---

① ［美］马士（Hosea Ballou Morse）：《东印度公司对华贸易编年史》，区宗华等译，中山大学出版社1991年版，第8页。

② 梁方仲：《明代国际贸易与银的输出入》，《梁方仲经济史论文集》，中华书局1989年版，第164页。

③ 李庆新：《明代海外贸易制度》，第419—420页。

④ 黄启臣：《黄启臣文集——明清经济及中外关系》，香港天马图书有限公司2003年版，第392页。

⑤ （明）李侍问：《罢采珠池盐铁澳税疏》，乾隆《广州府志》卷53《艺文五》，《广东历代方志集成》影印乾隆二十四年刻本，岭南美术出版社2007年版，第1168—1169页。

⑥ （明）王以宁：《东粤疏草》卷7《条陈海防疏》，《广州大典》（182）影印明万历间刻本，广州出版社2015年版，第576页。

有定例，按而抽之，莫能高下其手。"① 这说明定额税所涵盖的内容包括三个部分：一是葡商货船入口时丈抽所得。二是葡商在广州采购货物后出口时征收所得。1635年，葡人安东尼奥·博卡罗在《要塞图册》一书中记载，葡商"运出货物的税在广州缴纳"②。1638年，曾德昭《大中国志》也记载称："广州市场的关税百分之六或七，价值约4万或5万克朗。"③ 三是华商载货下澳时征收所得。换言之，凡是与葡商交易相关税项均算入定额税之中。

再次，定额税制的征收内容、程序与旧例一致。1631年9月1日，广东督抚上疏反映澳门关税征收弊端时称："查澳关之设，所以禁其内入，惟互市之船经香山县，原立有抽盘科，凡省城米船之下澳与澳中香料船之到省，岁有常额，必该县官亲验抽盘，不许夹带盐铁硝黄等项私货。立法之始，为虑良周。"④ 李侍问记载崇祯年间澳门关税征收程序时说："船之去来呈报则有澳官，饷之多寡抽征则有市舶司，本县于其丈量抽征之间而稽核之。"⑤ 完成于万历四十八年的《广东赋役全书》亦载："每年洋船到澳，该管澳官具报香山县，通详布政司并海道俱批。市舶司会同香山县诣船丈抽，照例算饷，详报司和道批回，该司照征饷银，各夷办纳饷银。驾船来省，经香山县盘明造册，报导及开报该司，照数收完饷银存库。"⑥ 由此可见，广东政府实施定额税政策后，其进出口贸易关税的征收程序、内容并没有实质的改变。

---

① （明）李侍问：《罢采珠池盐铁澳税疏》，乾隆《广州府志》卷53《艺文五》，第1168页。
② ［葡］罗理路（R. M. Loureiro）编：《16和17世纪伊比利亚文学视野里的中国景况》，范维信等译，第224页。
③ ［葡］曾德昭（Alvaro Semedo）：《大中国志》，何高济译，上海古籍出版社1998年版，第210页。
④ 中国第一历史档案馆、澳门基金会、暨南大学古籍研究所合编：《明清时期澳门问题档案文献汇编》（1），人民出版社1999年版，第12页。
⑤ （明）李侍问：《罢采珠池盐铁澳税疏》，乾隆《广州府志》卷53《艺文五》，第1168页。
⑥ 佚名：《广东赋役全书》之《澳门税银》，《广州大典》（311）影印清顺治间刻本，广州出版社2015年版，第171页。

四　关于"船税"问题之考辨

关于广东政府对居澳葡商所征收的税项，史籍记载并不明晰，学界对此看法却相当清晰，如前言所述，大多数学者认为，明代广东政府对居澳葡商除征收货税外，还有船税。这一观点很值得商榷。

第一，船税（又称船钞）始征于宋元时期，其主要发生于有码头或河道管理的内河。入明以后，东南沿海倭患、海盗严重，福建最先对在近海航行的商船进行护航，为了补充兵饷，开始向出海商船征收船钞。据《东西洋考》记载，当时福建海防同知沈植建议加强进出口贸易商船的管理，改革海商税收制度，制定了三个税项，即水饷、陆饷、加增饷，规定："水饷者以船广狭为准，其饷出于船商；陆饷者以货多寡计值征输，其饷出于铺商。"① 在这里，有船主之税与商人之税的区分。福建征收船税的条件：一是商船在官府有注册领牌备案；二是得到官府兵船的保护免遭倭盗行劫。但是，此时的船税征收具有较大的弹性，为了鼓励合法贸易，保障税收，有官员甚至建议："沿海泛泊船处所，多设市舶司，有货税货，无货税船。船出，地方给以票证。"② 说明在福建，征收船税也不是统一、强制的，具有一定的弹性。而且，福建这一税收规则仅适用于在福建注册的商船，没有史料显示，其适用于外商。汤开建认为："将明隆庆年间福建海澄的征税制度挪用到澳门来的事例在很多学者的著作中都存在，文中大谈万历三年（1575）澳门征税有水饷、陆饷及加增饷三种。查张燮《东西洋考》卷7《饷税考》，此三饷是漳州海澄对外贸易的征税制度，而不是澳门。澳门从来没有实行过什么水饷、陆饷及增加饷制度，这一点决不能任意混淆。"③ 明朝各地关税规则存在较大的差异，用《东西洋考》所载福建事例来说明澳门税制，这不能不说是一种

---

① （明）张燮：《东西洋考》卷7《饷税考》，中华书局1981年标点本，第132页。
② （明）章潢：《图书编》卷50《御倭问答》，影印文渊阁《四库全书》第970册，第211页。
③ 汤开建：《委黎多〈报效始末疏〉笺正》，广东人民出版社2004年版，第43页注1。

误导。

第二，在早期西方史料中频繁出现"船税""泊费"等词，如完成于1622年的一份葡语文献称："大约在104年前，葡萄牙人开始与华人贸易，这于1518年左右起初的47年，部分时间在上川，部分时间在其他港口，一直缴纳常规的船税。此后在浪白滘交易。1555年，被获准前往参加广州的交易会贸易和纳税。时至今日，已经67年。1557年，中国国王的执法官（Magistrados）前往澳门港口。65年来，（中国国王）给了他们（葡萄牙人）地方居住。从此，葡萄牙人每年两次前往广州缴纳船税和为印度与日本的贸易参加交易会，并向中国国王缴纳本城每年的500两地租银。"① 又如《耶稣会会士在亚洲》载："从将此港及半岛交给我们葡萄牙人的那时起，除了关税或泊费外，还支付一定数量白银的地租。"② 这里的"船税""泊费"，是指传统的货税，还是商船停泊税，其中含义并不明晰。同时，西方文献在描述葡商缴税时，常常有"以船之大小为率"收税的说法，③ 这就容易让人以为广东政府对葡商征收的船税即是停泊税。

考"以船之大小为率"规则的形成，如上述所言，隆庆五年，广东政府改革外贸税制，实施丈抽银制，其基础即是通过丈量商船大小，计算货物重量与价值，然后估算应征税款。而后，随着中葡贸易的发展，明末之朝政腐败也蔓延至海外贸易管理，香山县与市舶司在征税过程中，衍生许多弊端。1631年9月1日，两广总督王业浩会同广东巡按高钦舜上疏，控诉葡商进入广州贸易带来的危害，并指出地方官吏征税时的弊端，言："今甲科县官，往往避膻，不欲与身其间，而一以事权委之市舶，市舶相沿陋规，每船出入，以船之大小为率，有免盘常例，视所报正税不啻倍蓰。其海道衙门使费称是，而船中任

---

① 荷兰殖民档案馆所藏《葡萄牙17世纪文献》第40—41页，转引自金国平编译《西方澳门史料选萃（15—16世纪）》，广东人民出版社2005年版，第273页。
② 阿儒达宫图书馆《耶稣会会士在亚洲》，转引自金国平编译《西方澳门史料选萃（15—16世纪）》，第276页。
③ [葡] 罗理路（R. M. Loureiro）编：《十六和十七世纪伊比利亚文学视野里的中国景观》，范维信等译，大象出版社2003年版，第224页。

其携带违禁货物，累累不可算数。更有冒名饷船，私自出入游奕。"①至使"额外隐漏，所得不赀，其报官纳税者不过十之二三而已。继而三十六行领银，提举悉十而取一，盖安坐而得，无簿书刑杖之劳"②。梁嘉彬认为："万历后，广东有三十六行者出，主持外舶贸易，市舶提举悉十取一，安坐而得，无簿书刑杖之劳。"③又说："三十六行，代市舶提举至澳盘验船只及抽收税饷，由是独揽外国贸易之权。"④由此可见，在万历年间，香山县与市舶司在征税过程中，由于官场腐败，并没有严格按照法定的程序办理，主要表现在四个方面：一是县官与市舶司官员不按程序亲自前往丈抽；二是省略"盘验"程序，形成了"免盘"陋规；三是计税方式简化，不再计算货量与货价，一律"以船之大小为率"征税；四是市舶司将征银之事委托给牙商，牙商仅以十分之一的税率上缴。

然而，"以船之大小为率"所征之税到底是船税还是货税，文献虽然没有清楚说明，但考之史实可以证明，明朝所征仍是货税。

首先，在17世纪30年代，广东政府在检讨外贸税收弊端时，广东督抚认为香山知县与市舶司因渎职所形成的"免盘之陋规"必须纠正，为此向朝廷提出了严格规范香山知县负责计税与市舶司负责收税的职能，规定"其岁额酒米船、香料船各若干，必香山县官逐一亲自抽盘，毋容吏书上下其手，一面单报督按司道存案，一面移单市司查对报税。市司止许照货登薄收税解饷，不许更立帮饷，使用种种名目，以恣需索，延捱生事。如是，则革免盘之陋规，可溢数倍之饷额"⑤。广东政府强调革除"免盘之陋规"，即是要求加强对货物的盘验，不仅查察是否存在违禁品，同时也确保征税程序的完整，保障国家相关税收，使税收"可溢数倍之饷额"。值得注意的是，广东督抚

---

① 中国第一历史档案馆、澳门基金会、暨南大学古籍研究所合编：《明清时期澳门问题档案文献汇编》（1），第11页。
② （明）周玄暐：《泾林续记》，第34页。
③ 梁嘉彬：《广东十三行考》，广东人民出版社1999年版，第436页。
④ 梁嘉彬：《明史佛郎机传考证》，《中山大学文史学研究所月刊》1934年第2卷第3、4期合刊。
⑤ 中国第一历史档案馆、澳门基金会、暨南大学古籍研究所合编：《明清时期澳门问题档案文献汇编》（1），第14页。

明令禁止"更立帮饷",从一个侧面说明当时广东实行单一货税,并没有其他税种。其次,据1646年曾经到过澳门的多明我会修士多明戈·费尔南德斯·纳瓦雷特(Fr. Domingo Fernández Navarrete)在《中国王朝历史、政治、伦理和宗教论》中追述明朝澳门与内地的关系时说:"澳门一直向中国人缴纳房屋和教堂租金,以及停泊船只的费用。船只到达澳门港口时,从广州来的一位官员进行估价,按照他计算的货物量和他认为合适的标准收税。船离开时,他再来估价征收一次。他们每年定一个新标准。"①从这一材料来看,当时所征收"停泊船只的费用",是根据货物量来计算,明显就是货税。

从上述考察可知,尽管中西文献有"船税""泊费"之名,有"以船之大小为率"的说法,但明朝对居澳葡商所征之税仍是货税,并不存在现代意义的船税或停泊费。

五 明朝政府优惠葡商关税辩讹

大多数澳门史论著,在谈及明朝政府对澳门管理时,均认为当时广东政府对居澳葡商实行优惠关税,其史源也都是引自葡萄牙学者徐萨斯的《历史上的澳门》,其书载:"譬如,一艘葡籍商船第一次被估为约200吨,将交付1800两银子作为吨税,以后每次仅需交纳此数目的三分之一。……同样吨位的船只若是悬挂其他任何一国的旗帜,要交付5400两银子的吨税,而且以后每次要交付同样数目的税金。葡萄牙人在广州购买的所有商品交纳的税金比其他国家商少三分之二。"②

据徐萨斯在《历史上的澳门》的注释称,这一史料来自1784年葡萄牙殖民大臣马蒂尼奥·德·梅洛·伊·卡斯特罗(Martinho de Mello e Castro)的一份备忘录。20世纪上半叶,张天泽在《中葡早期

---

① [葡]罗理路(R. M. Loureiro)编:《16和17世纪伊比利亚文学视野里的中国景况》,范维信等译,第260页。
② [葡]徐萨斯(Montalto de Jesus):《历史上的澳门》,黄鸿钊、李保平译,澳门基金会2000年版,第39页。

通商史》一书论述相关问题时，首次转引了徐氏的观点与史料。① 之后，许多澳门史学者在涉及此问题时，普遍采纳了这一观点与史料。笔者以为，徐氏引述卡斯特罗的备忘录来说明居澳葡人在明朝时享有此类贸易优惠，其准确性很值得怀疑，理由如下。

第一，从历史场景来看，明朝中叶以后，中国的贸易格局逐渐从朝贡贸易体系向世界贸易体系转变，这一转变的契机是葡人入居澳门，使澳门成为中国与世界贸易的连接点。但同时也不得不注意，在整个明朝，中国只向葡商开放贸易，换言之，葡商在明中后期基本上垄断了中国的对外贸易。西班牙、荷兰等国虽然数次欲突破中国的贸易防线，但始终无法如愿。从这一角度来说，上述史料通过葡国商船与其他任何国家的商船进行比较，证明葡人所获得的优惠待遇，是不成立的。

第二，从明朝澳门的贸易运作与管理来看，首先，当时葡萄牙王室拥有对远东贸易的垄断经营权，这种垄断性经营权，最早由王室组织运作，后来逐渐演变为通过赏赐、招标的方式授予王室贵族、军功人员或富商经营，每位获得专营权的人自行组织船队进行经营，也就是说，葡国每年来华贸易的船只不一定相同。其次，明朝广东政府对前来贸易的葡萄牙商船，主要负责丈抽贸易税、检查是否携带违禁货品，并没有对船只的情况进行登记注册，因此，不可能判断船只是否是首次前来贸易。有鉴于此，上述所谓"一艘葡籍商船第一次被估为约200吨，将交付1800两银子作为吨税，以后每次仅需交纳此数目的三分之一"，是不成立的。

综合以上两点，引用以上史料论证明朝葡人在澳门的贸易优惠，无疑是错误的。通过考究广东政府对葡商贸易管理制度的演变，可以看出，以上史料反映了清朝政府对居澳葡商的优渥。

首先，清朝收复台湾以后，对外贸易政策进行了大幅的调整，1685年（康熙二十四年），清政府宣布开放江南之松江、浙江之宁波、福建之泉州、广东之广州为对外贸易港口。为加强对这些开放港口的管理，同年又分别设立江海关、浙海关、闽海关和粤海关。后因

---

① 张天泽：《中葡早期通商史》，第118页。

故关闭江海关、浙海关和闽海关，使广东独占海上贸易之利。当时，清朝不仅对葡萄牙人开放，同时也对英、法、荷等西方国家开放。为了广州的安全以及便于集中管理，广东政府多次提出将所有海上贸易集中于澳门进行，但遭居澳葡人拒绝，如1686年，澳门的理事官向粤海关监督宜尔格图申诉，称："澳门原设与西洋人居住，从无别类外国洋船入内混泊。"① 并派人到省城及宫廷进行贿赂公关，要求禁止外国商船入泊澳门。最终，清政府批准了他们的请求。1733年1月23日，在北京与南京四位葡籍天主教主教的影响下，议事会再次拒绝了两广总督提出在澳门集中贸易的建议。② 正是由于澳葡政府的不配合，广东政府不得不向英、法、荷等国开放黄埔港，使广州对外贸易形成新的格局，出现了两个供外商停泊交易的港口——黄埔与澳门。英、法、荷等外国商船只要在澳门关部行台领取"红牌"后，即可直驶黄埔港，在那里接受粤海关查验，缴纳税饷，投行交易。粤海关关于黄埔与澳门两个港口所实行的税收政策有较大的差异，这从清代中文文献中也可以找到相印证的史料。据清人张甄陶《制驭澳夷论》载："凡关部之例，各番船俱由东莞虎门入口，实时赴关上税，每番舶一只，上税二三万金不等。惟澳夷之舶，则由十字门入口，收泊澳门，并不向关上税。先将货搬入澳，自行抽收，以充番官番兵俸饷，又有羡余，则解回本国。至十三行商人赴澳承买，然后赴关上税，是所科乃商人之税，与澳夷无与，又则例甚轻，每舶不过收税三四千金不等。"③ 这条史料可以说明在清朝时期澳门贸易额船相较于其他国家商船，在船钞方面享有较大优惠。

其次，清朝广东政府对澳门贸易实施了规范化的管理，其中最主要的一点就是实行"贸易额船制度"④，限定澳门贸易商船为25艘，并实施了严格的牌照登记："将现在船只分地方官编列字号，刊刻印

---

① （清）王之春撰，赵春晨点校：《清朝柔远记》，中华书局1989年版，第85页。
② ［葡］施白蒂（Beatriz Basto da Silva）：《澳门编年史》，小雨译，澳门基金会1995年版，第120页。
③ （清）张甄陶《制驭澳夷论》，（清）王锡祺辑《小方壶斋舆地丛钞》，第9帙，杭州古籍书店1985年影印本，第330—331页。
④ 陈文源：《清中叶澳门贸易额船问题》，《中国经济史研究》2003年第3期。

烙，各给验票一张，将船户、舵工、水手及商贩夷人、该管头目姓名，俱逐一填注票内，出口之时于沿海该管营汛验明挂号，申报督抚存案。"① 制度规定：额船无论是出口还是进口，均应上呈报单与甘结备案。在额船的船钞征收方面，存在新旧船之分，旧船享有一定的特权与优惠。"查澳船定例，以丈尺之长短分等第，以船牌之有无分新旧，且有旧牌，仍须丈尺相符，方准以旧船论。"② 换言之，所谓旧船，指出口时持牌上报备案之船只。虽持有牌照，但经补造、改造之船首次进口，仍以新船论，顶额之船只亦以新船论。如"唨哎哆哂呀哩，原船既经趁洋遭风打碎，在哥斯达另行置船，载货回澳，自应照新船输钞"③。又如"其顶补第六号知古列地额缺小吕宋船一只，并顶补第十四号马诺哥斯达额缺小吕宋船一只，均应按新船例输钞"④。因为实施了贸易额船制度，才有可能判断葡国商船是首次进口还是再次进口，并在税收上加以区分，澳门贸易额船的优惠待遇才不至于遭受滥用。

由上可见，马蒂尼奥·德·梅洛·伊·卡斯特罗在备忘录中所反映的情况显然是清朝事例，而不是发生在明朝。由于备忘录原件已无法追寻，难以判定是卡斯特罗记述错误，还是徐萨斯解读错误。

结　语

经过对明朝澳门关税的历史沿革考察，以及关于"船税"问题、关税问题的辨析，本文以为，学界关于明朝澳门关税的论述缺乏深入细致的考察，主要表现在以下三个方面：一是没有弄清明朝关税的地区差异性，以福建事例解读澳门的关税制度；二是没有深入分析西方

---

① （清）印光任、张汝霖撰，赵春晨校注：《澳门记略·官守篇》，澳门文化司署1992年版，第73页。
② 刘芳辑，章文钦校：《葡萄牙东波塔档案馆藏清代澳门中文档案汇编》，第386件，澳门基金会1999年版，第212—213页。
③ 刘芳辑，章文钦校：《葡萄牙东波塔档案馆藏清代澳门中文档案汇编》，第379件，第208页。
④ 刘芳辑，章文钦校：《葡萄牙东波塔档案馆藏清代澳门中文档案汇编》，第398件，第219页。

史料的实质内容以至于望文生义；三是以静态思维考察明清时期澳门的关税制度，将清代澳门的税制反证明代的制度。事实上，明朝广东政府对居澳葡商所征收的关税只有货税，并不存在船税的项目；其征收的方式由税实物转为税银；其征收的对象是葡商而不是华商。

（与林晓蕾联合署名，原载《澳门研究》2017年第1期）

清中期澳门贸易额船问题

关于明清时期澳门的贸易问题，此前学术界多着力于明代白银、丝绸贸易，清初海禁对澳门贸易的影响，鸦片战争前后的鸦片贸易、猪仔问题等，且成果丰硕、水平较高。但对清中期澳门贸易研究较弱，比如1725年（雍正三年）清政府立例限定澳门贸易额船为25只，并进行严格的管理，这一措施延续至鸦片战争后，历百余年不变，其间贸易额船的兴衰变化，客观上反映了澳门经济情态的转变。如此重要措施，此前从无专文论及，为此，本文拟以《清代澳门中文档案汇编》（原藏于葡萄牙东波塔档案馆）与《明清时期澳门问题档案文献汇编》等档案史料为基础，参考个别外文译著，通过对1725年至1849年澳门贸易额船由盛到衰、由自主贸易到租赁贸易的转变及其原因进行剖析，试图勾勒清中期澳门贸易的主线，反映此时期澳门贸易的发展状态。

一 限额贸易船只的缘由

1683年（康熙二十二年），郑克塽归顺，清一统天下，解除海禁被提上议事日程。1684年5月，内阁学士席柱先后巡视闽粤沿海。事后，席学士建议暂缓开禁，而康熙帝了解东南沿海情形后，却以为开禁时机已经成熟，主张解除禁令。《清实录》载：

（康熙二十三年七月乙亥）席柱奏曰："海上贸易，自明季以来，原未曾开，故议不准行。"上曰："先因海寇，故海禁不开为是。今海氛廓清，更何所待？"席柱奏曰："据彼处总督、巡抚云：台湾、金门、厦门等处，虽设官兵防守，但系新得之处，应俟一二年后相其机宜，然后再开。"上曰："边疆大臣当以国计民生为念，向虽严海禁，其私自贸易者何尝断绝。凡议海上贸易不行者，皆总督、巡抚自图射利故也。"①

秉承康熙帝的旨意，1685年（康熙二十四年），清政府宣布开放江南之松江、浙江之宁波、福建之泉州、广东之广州为对外贸易港口。为加强对这些开放港口的管理，同年又分别设立江海关、浙海关、闽海关和粤海关。

澳门作为广州唯一外港，外国来粤贸易船只多湾泊其中，使澳门成为夷人聚集重地，"稽查进澳夷船往回贸易，盘诘奸宄出没"②，显得尤为重要。1688年（康熙二十七年），清政府在澳门设立粤海关监督行廨，即澳门关部行台，以稽查进出澳门的洋船。

开放澳门本是振兴澳门贸易的良机，但是澳葡当局一心想独占广州外贸市场，因此，在1686年，澳门的王室法官向粤海关监督宜尔格图申诉，称："澳门原设与西洋人居住，从无别类外国洋船入内混泊。"③ 并派人到省城及宫廷进行贿赂公关，要求禁止外国商船入泊澳门。最终，清政府批准了他们的请求。但是，出其所料，在1689年，英国"护卫"号商船获准驶往黄埔港贸易。随后，英国商船"忠实商人"号和法国商船"安绯得里底"号先后驶抵黄埔交易，使广州对外贸易形成新的格局，出现了两个供外商停泊交易的港口——黄埔与澳门。英、法、荷等外国商船只要在澳门关部行台领取"红牌"后，即可直驶黄埔港，在那里接受粤海关查验，缴纳船饷，投行交易。这种结局，使葡人虽可保持独占澳门市场，同时也使澳门失去作为广州唯一外贸港的独特地位。

清政府开放海上贸易及准许外国商船赴黄埔港贸易，对澳门葡人

---

① 《清圣祖实录》卷116"康熙二十三年七月乙亥"，中华书局1985年影印本，第5册，第205页。

② （清）梁廷枏等编纂，袁钟仁校点：《粤海关志》卷7《设官》，广东人民出版社2002年版，第116页。

③ （清）王之春撰，赵春晨点校：《清朝柔远记》，中华书店1989年版，第85页。

来说，无疑是双重打击，一是中国海商势力迅速恢复，抢占了原本属于葡人的马尼拉、帝汶、巴达维亚等东南亚市场，二是英、法、荷等强大贸易对手获准进入黄埔港贸易，打破了葡人在广州贸易的优势，在这种双重压迫下，澳门葡人仅能勉强支撑。

进入18世纪，清政府再次调整对外贸易政策，为澳门贸易发展创造有利机会。自开海以后，大量内地百姓出海贸易，更有不少人久住不归。为防商民聚集海上闹事，1717年（康熙五十六年），清政府下令禁止商民前往南洋贸易：

> 凡商船照旧东洋贸易外，其南洋吕宋、噶罗吧等处，不许商船前往贸易，于南澳等地方截住，令广东、福建沿海一带水师各营巡查，违禁者严拿治罪。其外国夹板船，照旧准来贸易，令地方文武官严加防范。嗣后洋船初造时，报明海关监督，地方官亲验烙印，取船户甘结，并将船只丈尺、客商姓名、货物往某处贸易，填给船单。……如将船卖与外国者，造船与卖船之人皆立斩。所去之人，留在外国，将知情同去之人枷号三月。该督行文外国，将留下之人，令其解回立斩。沿海文武官，如遇私卖船只、多带米粮、偷越禁地等事，隐匿不报，从重治罪。并行文山东、江南、浙江将军督、抚、提、镇，各严行禁止。[①]

澳门作为"天朝地界"，居澳葡人亦在禁例之内。同年，广东官府传令澳门议事会，规定"澳门船只可以在帝国五省和东部海域航行及贸易，但禁止其在南部海域航行"[②]。面对这突如其来的禁令，居澳葡人极为恐慌，立即派出代表前往广州游说，要求格外开恩，准许前往南洋贸易。另外还敦请耶稣会士李若瑟（Joseph Pemim）协助活动，最终说服了两广总督杨琳。1718年（康熙五十七年），杨琳奏请准允葡人前往南洋贸易，兵部议覆，"应如所请"，但同时规定："如有澳门夷人夹

---

① 《清圣祖实录》卷271"康熙五十六年正月庚辰"，第6册，第658页。
② ［葡］施白蒂（Beatriz Basto da Silva）：《澳门编年史（16—18世纪）》，小雨译，澳门基金会1995年版，第92页。

带中国之人并内地商人偷往别国贸易者，查出照例治罪"①。

这一外交上的成功，使澳门葡人在缺少中国商人竞争的情况下，重新夺回南洋贸易的优势。接着，于次年葡萄牙国王若奥五世又授予澳门葡人在五年内每年派两艘船经果阿前往里斯本和巴西贸易的特权。② 同一年，果阿高等法院也确认澳门商船可以轮流去各个商埠贸易。在这些利好消息的推动下，澳门的对外贸易迅速兴旺起来。据史书载：

> 在1718年，澳门航海贸易呈现繁荣景象，澳门议事局税收增多。……这一年有许多商船从东南亚的其他港口返回。澳门还清了它的大部分债务（其中包括仁慈堂的10000两，暹罗王国的3000两等）。于是，将1719年的粗货、细货和银子的税率分别降至8%、4%和2%。③

龙思泰《早期澳门史》亦载：因为康熙帝（在1718年）慷慨地允许澳门的居民在一般的禁令之下可以享有例外，这一年所征的关税达到20000两。1720年，中国与巴达维亚之间的贸易需要七艘大船和两只单桅帆船。④ 施白蒂《澳门编年史》同样说道：1718年，澳门议事会对巴达维亚的海上贸易的征税达三万两白银。⑤

由于海上贸易繁荣，利润大幅增加，澳门葡人添置大量船只，至1721年，澳门船队由两年前的8艘猛增至21艘。⑥ 这样的增长趋势，令广东地方官员颇为担心。雍正二年（1724），两广总督孔毓珣在一年内连上三份奏疏，称："惟是康熙五十六年定例禁止南洋，不许中

---

① 《清圣祖实录》卷277"康熙五十七年二月戊戌"，第6册，第719页。
② ［葡］徐萨斯（Montalto de Jesus）：《历史上的澳门》，黄鸿钊、李保平译，澳门基金会2000年版，第88页。
③ ［葡］潘日明（Benjamim Videira Pires）：《16—19世纪澳门与马尼拉的海上贸易》，转引自张廷茂《16—18世纪中期澳门海上贸易研究》，博士学位论文，暨南大学，1999年。
④ ［瑞］龙思泰（Andre Ljungstedt）：《早期澳门史》，吴义雄等译，东方出版社1997年版，第146页。
⑤ ［葡］施白蒂（Beatriz Basto da Silva）：《澳门编年史（16—18世纪）》，小雨译，第101页。
⑥ ［葡］徐萨斯（Montalto de Jesus）：《历史上的澳门》，黄鸿钊、李保平译，第87页。

国人贸易，澳门因系夷人不禁，独占其利。近年每从外国买造船只驾回，贸易船只日多，恐致滋事。"①

鉴于此种事态，孔毓珣题请加以定额限制，"以杜其逐岁增多之势"②。次年（1725），经兵部议覆，雍正皇帝同意，将澳门现有大小洋船共25只"作为定额，除朽坏重修之外，不许添置"③。

二　清政府对贸易额船的管理

清政府对澳门贸易额船的管理，实际上是过去对外贸易政策的延续，并加以制度化、法规化。其主要表现为以下几个方面。

第一，实施严格的登记注册制度。早于康熙二十四年，为了有效地管理中国海商，保障沿海的安全，清政府便对中国商船实行保甲连坐，在每艘船上烙号刊名，发给照票，以便查验。两广总督孔毓珣的建议，事实上是要将管理中国商船的措施移植于澳门葡商，并且更为具体。其建议规定：

> 请将现在船只令地方官编列字号，刊刻印烙，各给验票一张，将船户、舵工、水手及商贩夷人、该管头目姓名，俱逐一填注票内，出口之时，于沿海该管营汛验明挂号，申报督抚存案。④

根据此规定，当时粤海关监督发出照票25号。道光年间，阮元编纂《广东通志》时，据海关档案录下25艘船的编号及船名。⑤据

---

① 《两广总督孔毓珣奏陈梁文科所奏不许夷人久留澳门限定夷船数目等条切中粤东时事折》，中国第一历史档案馆、澳门基金会、暨南大学古籍研究所合编《明清时期澳门问题档案文献汇编》（1），人民出版社1999年版，第141页。
② 《两广总督孔毓珣奏陈梁文科所奏不许夷人久留澳门限定夷船数目等条切中粤东时事折》，中国第一历史档案馆、澳门基金会、暨南大学古籍研究所合编《明清时期澳门问题档案文献汇编》（1），第141页。
③ 《清世宗实录》卷29，雍正三年二月己巳条，第7册，第430页。
④ （清）印光任、张汝霖，赵春晨校注：《澳门记略》上卷《官守篇》，澳门文化司署1992年版，第73页。
⑤ "额船外文名"，参见吴志良、汤开建、金国平主编《澳门编年史》（2），广东人民出版社2009年版，第856—857页。

此整理如下表：

表1　　　　　　　　　　贸易额船编号及中外文名

额船编号	额船中文名	额船外文名
1	央·打华离	João Tavares
2	安多尼·古鲁苏	António Grosso
3	万威·必都卢	Manuel Pedro
4	禄地里古·多尼	Rodrigo António
5	尼阿古·西离华	Niagu Silva
6	知古·列地	Chicau Leite
7	戎务·名禺	Ivo Milho
8	尼古劳·啡鸣味	Nicolau Fiumes
9	若瑟·亚彼留	José Amparo
10	明旺·疏戛	João Sousa
11	毕度卢·山度·地·古鲁苏	Pedro Santo de Grosso
12	利安度路·鲁马	Leandro Lima
13	万威·列味·西华	Manuel Meiva Silva
14	马诺·哥思达	Manuel Costa
15	万威·利瓜路	Manuel Regallo
16	委星的·黎威鲁	Vicente Relveiro
17	素些·变若·加喇华卢	Sousa Beija Carvalho
18	弗浪斜·勝呢劳	França Noronha
19	类斯·山治	Luis Sanche
20	山度·安多呢	Santo António
21	郎皮罗·西牙里	Lebre Serra
22	若望·蒙打惹	João Monteiro
23	华猫殊	Manuel Favacho
24	万威·微先地·罗咱	Manuel Vicente Rosa
25	弗浪西古·打·剌家度	Francisco de Ricardo

上述船名均以最初编号时船主的姓名命名，以后一直沿用不变。

新章程规定，凡额船出洋，必须由理事官向澳门同知、香山知县及县丞分别呈禀，预报开行日期及实际开行日期，并呈上报单、甘结，报单列明船上商梢、炮械、食米、货物等实际数目；甘结是保证该船开往报开的国家与地区，并无别往，更无夹带违禁物品及附搭华商等。

额船返澳，亦需呈上报单、甘结。报单开列船上商梢、炮械的数目与名称，务必与出洋前所报名称、数量相符，另外单独开列进口货物清单，以凭查验。甘结乃保证所报货物清单真实，并无夹带违禁物品进口及搭回华人等。①

为了保证额船进出口申报制度得到更好的实行，规定"澳额夷船出口，务于三月十五日以前具报；入口船只，务于八月十五日前具报到县，以凭造册缴报"②。总督府凭此总册于年终与海关监督的报表核对，以便发现有无违规行为。

第二，制定严密的船钞征收制度。清朝对外贸易税收分船钞、货税两部分，为了表示对澳葡当局的恩泽体恤，清政府海关对澳门额船只征收船钞，不向葡商征收货税，但并不等于葡商不必缴纳货税。据清人张甄陶《制驭澳夷论》载：

> 凡关部之例，各番船俱由东莞虎门入口，即时赴关上税，每番舶一只，上税二三万金不等。惟澳夷之舶，则由十字门入口，收泊澳门，并不向关上税。先将货搬入澳，自行抽收，以通番官番兵俸饷，又有羡余，则解回本国。至十三行商人赴澳承买，然后赴关上税，是所科乃商人之税，与澳夷无与。又则例甚轻，每一舶不过收税三四千金不等。③

由此可见，澳门额船货税分为两部分，一由澳葡当局征收，由葡

---

① 关于额船进出口的规定，乃根据刘芳辑，章文钦校《葡萄牙东波塔档案馆藏清代澳门中文档案汇编》第六章"贸易额船"的有关内容整理归纳。

② 刘芳辑，章文钦校：《葡萄牙东波塔档案馆藏清代澳门中文档案汇编》，第334件，第194页。

③ （清）张甄陶：《制驭澳夷论》，王锡祺辑《小方壶斋舆地丛钞》，第9帙，杭州古籍书店1985年影印本，第330—331页。

商上缴;二由粤海关征收,由成交该船货物的十三行行商缴纳。而且葡商缴纳的船钞较轻。龙思泰指出:"澳门额船在被丈量后,通常豁免原来数目的2/3。除在中国登记注册的澳门船只外,其他欧洲船只都得不到这种恩惠。"①

澳门额船的船钞每一船号一年一次征收,若同一年两次进口,不得重征。② 其征收标准又有新、旧船之分,均照梁头丈尺,按则科征,旧船分四等,新船分三等,具体标准如表2、表3所示:③

表2　　　　　　　　　旧船船钞征收标准

等级	头等	二等	三等	四等
船身体积(以长宽相乘)	16丈	14丈	11丈	8丈
征收数量(以每尺算)	1.5两	1.3两	1.1两	0.9两

表3　　　　　　　新船船钞征收标准(参照东洋船例)

等级	头等	二等	三等
船身体积(以长宽相乘)	16.4丈	15.4丈	12.21丈
征收数量(以每尺算)	6.222222两	5.714285两	4两

注:清代银数单位依次为两、钱、分、厘、毫、丝、忽。

额船除按上述标准征收船钞外,"另收旧船规银三十两。如外来洋船,不论初来再来,俱照东洋船例输钞,另收澳例规银七十两"④。

新旧船之分,原有严格规定,"查澳船定例,以丈尺之长短分等第,以船牌之有无分新旧,且有旧牌,仍须丈尺相符,方准以旧船论"⑤。也就是说,所谓旧船,指出口时持牌上报备案之船只。虽持

---

① [瑞]龙思泰(Andre Ljungstedt):《早期澳门史》,吴义雄等译,第106页。
② 刘芳辑,章文钦校:《葡萄牙东波塔档案馆藏清代澳门中文档案汇编》,第382件,第210页。
③ 刘芳辑,章文钦校:《葡萄牙东波塔档案馆藏清代澳门中文档案汇编》,第821件,第418—422页。
④ 同上。
⑤ 刘芳辑,章文钦校:《葡萄牙东波塔档案馆藏清代澳门中文档案汇编》,第386件,第212—213页。

有牌照，但经补造、改造之船首次进口，仍以新船论，顶额之船只亦以新船论。如"唧哎哆哂呀哩，原船既经趁洋遭风打碎，在哥斯达另行置船，载货回澳，自应照新船输钞"①。又如"其顶补第六号知古列地额缺小吕宋船一只，并顶补第十四号马诺哥斯达额缺小吕宋船一只，均应按新船例输钞"②。

额船的顶补，按定例："此夷船二十五只题定之后，如有实在朽坏，不堪修补者，报明该地方官查验明白，出具印甘各结，申报督抚，准其补造，仍用原编号。"③ 如有额船朽坏不堪修补，或开往外国贸易不复回澳，澳蕃往往从国外购置新船，或以来澳贸易之西洋船顶补缺额，照新船例丈量输钞。顶额的船只一般为西班牙籍的商船，"在若昂五世的要求下，议事会给予西班牙船只以澳门船只所享有的特权。西班牙船只抵达澳门时，登记注册的 25 艘船中已出航的船号就分给他们使用。这样，西班牙船就可以享有吨位税的折扣"④。

第三，完善额船的修造申报、查验手续。"查洋船坏烂，大修、小修，例应报明，请照采买油铁。即渗漏粘补，亦应具报，方许修整。"⑤ 其具体申报程序为，由船主向理事官申请修葺，转报澳门同知批准，发给牌照。船主申报内容包括雇佣工匠人数、姓名、需要物料的清单。船主收到牌照后，"禀请关宪添给票照，前往按数采买，该夷等毋得多买报少，以及夹带禁物，买回立即开单禀验。如有物料余剩，亦即禀缴存贮。工竣日，该夷仍将原照及有无物料余剩，据实具禀，缴赴本分县，以凭转缴察销"⑥。

此外，对额船雇请买办、自备接驳小船均有明文规定。清代进入

---

① 刘芳辑，章文钦校：《葡萄牙东波塔档案馆藏清代澳门中文档案汇编》，第 379 件，第 208 页。

② 刘芳辑，章文钦校：《葡萄牙东波塔档案馆藏清代澳门中文档案汇编》，第 398 件，第 219 页。

③ （清）印光任、张汝霖撰，赵春晨校注：《澳门记略》上卷《官守篇》，第 73 页。

④ ［葡］徐萨斯（Montalto de Jesus）：《历史上的澳门》，黄鸿钊、李保平译，第 87 页；［瑞］龙思泰（Andre Ljungstedt）：《早期澳门史》，吴义雄等译，第 144 页。

⑤ 刘芳辑，章文钦校：《葡萄牙东波塔档案馆藏清代澳门中文档案汇编》，第 439 件，第 240 页。

⑥ 刘芳辑，章文钦校：《葡萄牙东波塔档案馆藏清代澳门中文档案汇编》，第 440 件，第 240—241 页。

澳门的外国商船，设有伙食买办，负责为商船采购伙食用品及各项物料，根据有关章程，"凡夷人买办，着令澳门同知选择土著殷实之人，取具族邻保结，始准承允，给予腰牌印照，以便稽查代买违禁货物及勾通走私之弊。应饬上紧招募选充，将花名列册申送，以凭传验。查此项人役，如系承充之后，或欲别业禀退，以及病废事故，需人接充，应令其将牌缴销，改换新牌，以杜私充滋弊。其牌务令当堂发给，不得假手胥役，以免需索"①。

额船驳货需用的舢板，原本没作限制。后因夷人屡用舢板私驳货物进澳，逃避查验，或老百姓擅用舢板私驳碇泊澳外洋面船只货物，致启走私偷漏之弊。1813年（嘉庆十八年），两广总督兼署广东巡抚蒋攸铦批准香山县及广州府官员的建议，规定："嗣后夷人驳船，止许额设舢板船五只，船旁用白粉书明号数，令其赴县丞衙门编烙，通详立案。如遇货物过重，出入港口必需舢板驳载者，务须将第几号舢板船几只、载何货物，逐一报明，俾出入易于稽查。其夷船水手，或不识水道，必须添雇民人驾驶，应将所雇民人姓名及载何项货物，先行列单，赴关报明，方许下货开行。如敢多设抗违，即行拿究。"②此外，清政府颁布的其他有关对外贸易的章程，大多适用于澳门贸易额船的管理。

三　贸易额船的衰落

清政府对澳门商船的限额，在澳门对外贸易方面产生了什么样的影响，在学术界一直存在片面的认识，以为限制商船数额是澳门外贸走向衰落重要原因。其实不尽然。纵观澳门对外贸易史，在其兴盛时，均在某一航线或某一区域占有绝对控制权。一旦这种优势丧失，澳门的外贸便会衰落。澳门至巴达维亚航线是澳门对外贸易的重要生命线之一，我们可以从1717年至1754年两地往返商船的数目，了解

---

① 刘芳辑，章文钦校：《葡萄牙东波塔档案馆藏清代澳门中文档案汇编》，第821件，第418—422页。

② 刘芳辑，章文钦校：《葡萄牙东波塔档案馆藏清代澳门中文档案汇编》，第430件，第236页。

此间澳门的对外贸易情况,如表4:①

表4　　1717—1754年澳门与巴达维亚往返商船数目

年份	澳门—巴达维亚	巴达维亚—澳门
1717	1	2
1718	4	5
1719	9	14
1720	6	9
1721	6	7
1722	13	11
1723	5	7
1724	7	8
1725	9	10
1726	6	6
1727	9	8
1728	5	6
1729	7	4
1730	6	5
1731	7	4
1732	3	2
1733	6	6
1734	3	3
1735	3	3
1736	2	2
1737	2	2
1738	2	1
1739	3	3
1740	4	4
1741	5	4

① G. B. Souza, *The Survival of Empire*：*Portuguese Trade and Society in China and the South China Sea*, *1630–1754*, Cambridge：Cambridge University Press, 1996, pp. 138–139.

续表

年份	澳门—巴达维亚	巴达维亚—澳门
1742	3	3
1743	5	5
1744	6	6
1745	3	3
1746	3	3
1747	2	2
1748	1	1
1749	1	1
1750	1	1
1751	1	1
1752		
1753	1	1
1754	1	1

从表4中可以看出，定额后的三四年与定额前相比，澳门往返巴达维亚的商船数目并无明显的变化，从1732年起则显示逐年减少的趋势，至18世纪40年代末50年代初，基本上只维持每年往返一艘商船的弱小规模。

澳门至马尼拉航线是澳门又一条重要的商业航线。研究表明，其往返商船数目虽未见明显变化，但载货吨位日小，这是不争的事实。从1739年至1745年，由澳门赴马尼拉贸易的船只多为小货船、小艇和舢板，且载货不足。此间，澳门商船平均每年交纳给西班牙王室的税金仅占马尼拉港贸易总收入的3.89%。[①] 由此可见，澳门的外贸从18世纪30年代起已开始明显地衰落。

导致澳门对外贸易衰落的主要原因有两方面：一方面是清政府调整对外贸易政策。1727年（雍正五年）规定："南洋诸国，准令福建商船前往贸易。"接着又核准"广东省地狭民稠，照福建例准往南洋

---

① ［葡］潘日明（Benjamim Videira Pires）:《16—19世纪澳门与马尼拉的海上贸易》，转引自张廷茂《16—18世纪中期澳门海上贸易研究》，博士学位论文，暨南大学，1999年。

贸易"。1729年（雍正七年）再准"江南、浙江两省商民准照福建商民往南洋贸易"①。南洋乃中国海商的传统贸易市场，重开南洋贸易后，直接威胁澳门葡商在这片区域贸易营运，使之失去了原有货源及市场的优势。1732年1月14日，澳门议事会全体会议研究财政问题时便指出："巴达维亚的贸易落到了中国人手中，马尼拉的商品由西班牙船只直接运往广州。"②至18世纪30年代末与40年代初，前往菲律宾的商船，无论是数目还是载货吨位，中国沿海港口均已远超澳门。③另一方面，葡人在澳门的法律地位尴尬，致使澳葡当局在处理外贸事务时瞻前顾后，唯恐在强劲对手竞争之下，丧失居留地的特权。1719年，清政府试图把设在广州的外国商行迁往澳门，使之取代广州成为中国的外贸中心，但遭到葡澳当局拒绝。④1727年起，中国东南沿海逐步恢复华人出洋贸易，使葡人在南洋贸易受到很大的冲击。随着竞争力下降，葡人越发担心在澳门的地位，因此加强对外国人实施歧视政策。1731年1月13日，澳门总督下令议事会把外国船只赶出澳门及其贸易市场。⑤1733年1月23日，在北京与南京四位葡籍天主教主教的影响下，议事会再次拒绝了两广总督提出在澳门集中贸易的建议。⑥澳葡当局的政策，并非"短视"，由于国贫民困，法律地位不清晰，难保在激烈的商业竞争下，仍然保持对澳门的操控。

由上分析可见，澳门贸易的衰落，与清政府限定贸易船只没有直接的关系，相反澳门贸易的衰落，直接导致贸易额船的锐减，《澳门编年史》载："自1728年至1735年的近七年中丧失十艘船只

---

① 《清会典事例》卷629《兵部·绿营处分例·海禁一》，中华书局1991年版影印本，第7册，第1152—1153页。

② ［葡］施白蒂（Beatriz Basto da Silva）：《澳门编年史（16—18世纪）》，小雨译，第118页。

③ ［墨］维·罗·加西亚：《马尼拉帆船（1739—1745）》，郭冰肌译，《中外关系史译丛》第1辑，上海译文出版社1984年版，第177—180页。

④ ［瑞典］龙思泰（Andre Ljungstedt）：《早期澳门史》，黄鸿钊、李保平译，第104页。

⑤ ［葡］施白蒂（Beatriz Basto da Silva）：《澳门编年史（16—18世纪）》，小雨译，第116页。

⑥ 同上书，第120页。

和许多人力。"① 至1744年印光任任澳门同知时，澳门额船尚存16艘。1748年，张汝霖接任，额船数已减至13艘，"二十余年间，飘没殆半"②。1750年张甄陶撰《澳门图说》时，仅剩下10艘。③ 1753年，D. Rodrigo de Castro 向葡印总督报告，澳门只剩五艘船。④ 对外贸易衰败，严重影响澳门当局财政收入，1735年3月26日，议事会被迫宣布不能继续支付巡夜兵头与兵士的薪酬，并建议取消巡夜制度，解雇这些兵头与士兵，以节省开支。⑤ 当时社会甚至有传言，因为没有白银，当局不得不用火药来支付主教的薪俸。⑥ 澳门财政匮乏的程度，由此可见一斑。

四 贸易额船功用的转变

18世纪50年代，清政府对外政策进行重大修改，1757年撤销江海关、闽海关、浙海关，将所有外商贸易集中于广州一处，并规定外商有必要时只能在澳门居留，为此，澳门议事会不得不废除禁止外国人居住的法令。⑦ 并允许各国商号迁入澳门，而且可以使用葡商的行号名称。1761年，法国公司、荷兰公司率先在澳门设立办事处，丹麦、瑞典的公司接踵而至。1770年，英国公司也在此设立据点。这些国家的商人在居留澳门期间，"采取各种手段逃避禁止外国人进行贸易的限制，想方设法利用自己的资本、信贷和贸易关系来获取利润，葡萄牙代理商为了一点蝇头小利，竟允许外国人借用他们的名字

---

① [葡]施白蒂（Beatriz Basto da Silva）：《澳门编年史（16—18世纪）》，小雨译，第123页。
② （清）印光任、张汝霖：《澳门记略》下卷《澳蕃篇》，第156页。
③ （清）张甄陶：《澳门图说》，王锡祺辑：《小方壶斋舆地丛钞》，第9帙，第316页。
④ Manuel Teixeira, *Macau no Séc. XVIII*, Macau：Imprensa Nacional, 1984.
⑤ [葡]施白蒂（Beatriz Basto da Silva）：《澳门编年史（16—18世纪）》，小雨译，第123页。
⑥ 同上书，第122页。
⑦ [葡]徐萨斯（Montalto de Jesus）：《历史上的澳门》，黄鸿钊、李保平译，第89页。

投资，这些外国投资者以此赚取了大量利润"①。因为葡萄牙商人财政匮乏，搞不到那么多货，英国等商人乘虚而入，充分利用额船的优惠特权，贩运鸦片廉价倾销，赚取暴利。

面对这样的局面，葡人不得不接受现实，适时修改政策。1776年，吉马良斯主教向葡印总督提出允许外商租用澳门船只载运鸦片入澳。这就使得澳门额船出租"合法化"，也使额船的功能由原来的自主贸易变为出租弁利。据说："在1773年以前，英国人自身没有直接运载鸦片进入中国，他们的贸易全部都是通过葡萄牙人在澳门的转手。"② 这种说法虽然不一定是全部事实，但英国商人利用葡人的特权进行贸易的事实，毋庸置疑。此外，中国商人也时常成为他们的租用者。澳门不少商船都让中国的冒险家入伙，装载货物前往新加坡、巴达维亚、马六甲以及印度洋沿岸。这种方式给双方带来利益。尽管用葡萄牙人的船装货运费较高，但比中国帆船较为安全。③

由于贸易性质、营运方式的改变，澳门额船自18世纪60年代后，再度活跃。从《清代澳门中文档案汇编》新编第333号至第473号有关"贸易额船"的文件中，④可以说明两点，第一，额船逐步恢复运作，《档案汇编》中除第8号、第15号额船没有数据记载外，其他23只船均有营运记录，这与50年代前记录的额船损毁惨相显然不同。至1797年（嘉庆十二年），澳门理事官以"生齿日繁""且近年外国打仗，来往艰难，竟至衣食无资"为由，要求"再添船二十五号，俾得源源贸易，藉以养生"⑤。这次乞请，未得允准，可是从另一个侧面说明原有25只额船均在运作，否则缘何要求增添？1839

---

① ［葡］徐萨斯（Montalto de Jesus）：《历史上的澳门》，黄鸿钊、李保平译，第91页。
② ［英］埃姆斯（J. B. Eames）：《英国人在中国》，转引自郭卫东《论18世纪中叶澳门城市功能的转型》，《中国史研究》2001年第2期。
③ ［瑞］龙思泰（Andre Ljungstedt）：《早期澳门史》，黄鸿钊、李保平译，第154页。
④ 刘芳辑《葡萄牙东波塔档案馆藏清代澳门中文档案汇编》所录"贸易额船"的资料，并非额船营运的全部资料，而是额船在进出口时，澳门理事官所禀有不清楚或不实之处，清政府官员方才去函查询核实，因此，这些档案资料只反映额船营运情况的一小部分。
⑤ 刘芳辑，章文钦校：《葡萄牙东波塔档案馆藏清代澳门中文档案汇编》，第821件，第418—422页。

年，林则徐查禁鸦片时，澳门理事官开列西洋额船清单，列明所有25号船在道光十三年至十九年出港或回澳的时间。① 以上数据说明，18世纪末19世纪初，居澳葡人在充分利用25号额船的特权。第二，澳门葡商把贸易市场从南洋转移至印度洋沿岸港口。据澳门慈仁总堂档案记载，从1758年至1760年，该堂提供贷款资助22艘船的经营活动，其中有19艘是前往印度海岸，而且这些商船在返航后均偿还了本金和利息。② 说明19艘商船前往印度海岸贸易是相当成功的。据《档案汇编》第六章"贸易额船"的资料统计，由澳门出港，前往哥斯达（即印度海岸）有19艘次、吕宋8艘次、大小西洋4艘次、不详目的地者7艘次，而前往哥斯达的额船至少占一半。这与将部分额船出租给英荷等国公司及大量参与贩运鸦片有着很大的关系。

了解澳门额船营运方式的变化，我们才能明白为什么在18世纪、19世纪澳门的贸易活动频繁，社会也繁荣起来了，但葡萄牙人并没有因此而富裕起来。正如西方学者马士所言："葡萄牙人的贸易衰落了，但澳门却繁荣起来。"③ 出现这一奇特现象的原因之一，就是葡人由传统的自主贸易转变为向别国商人提供航运租赁业务，使葡人在澳门的贸易地位蜕化，把大部分商业利润拱手让给了别人，葡人只收取相对微薄的服务性利益。

五　贸易额船制度的终结

鸦片战争初期，中英草签《穿鼻条约》，清政府的谈判代表应允割让香港岛，开放东南沿海五大口岸。葡萄牙人意识到，条约一旦落实，他们将失去"营销中华帝国大部分商品货站"的地位，其聊以为生的手段也会消失殆尽。澳门法官罗德里格斯·德·巴斯托斯认为

---

① 道光十九年澳门理事官开报西洋额船清单，这是至今为止所公开的唯一一份西洋额船清单，原件由罗家伦夫人捐赠台湾"国立"故宫博物院收藏，1999年12月登载于《沧海桑田——澳门史料特展》宣传报刊。

② ［葡］潘日明（Benjamim Videira Pires）：《18世纪澳门的海上活动》，转引自张廷茂《16—18世纪中期澳门海上贸易研究》，博士学位论文，暨南大学，1999年。

③ ［英］马士（H. B. Morse）：《中华帝国对外关系史》，张汇文等译，生活·读书·新知三联书店1957年版，第50—51页。

清中期澳门贸易额船问题

"在距澳城咫尺之外同意香港开埠，对澳门来讲，无异于致命一击。国人、外人、华人一致认为，对葡萄牙人而言，澳门的贸易、公共收入、海关等的结束指日可待"。为了防止这一状况的发生，1841年11月6日，中葡代表在莲峰庙举行会谈，澳门理事官提出了改革澳门商业地位的计划："唯一行之有效的办法是当机立断：减低货物进出口税；将额定船只提高至五十艘；豁免船钞；自由贸易。"① 但是，面对新的形势，葡萄牙人在处理对华关系时，仍然按照传统的思维方式，只希望清政府或广东地方当局默许给予某些特权，而不是签订条约，况且他们的要求并没有立即得到回复。

《南京条约》签订后，葡萄牙人不得不采取措施，使澳门的贸易迅速适应香港开埠的新形势。1843年7月，葡国代表前往广州，与清朝钦差会谈，在会谈中，他们提出"九请"，目的是改善葡人在澳门的政治与经济地位。经过大半年的磋商，1844年，清钦差大臣耆英及广东当局给予正式回复，并应允了他们的部分请求。关于25艘额船的问题，其停泊费应同黄埔港的欧洲船只一样，按新税率缴纳，但每吨可少纳1.5钱，即每吨缴纳3.5钱白银。在25只额船之外的其他葡国商船到达澳门，必须按照新税率纳税，每吨缴纳5钱白银。如果前往开放的五个港口贸易，不管是不是25只额船，都必须按新税率缴纳。② 从这份公函中，可以说明：第一，实行百余年的限定额船制度发生变化，葡国商船可以不受限制地进出澳门进行贸易。但澳门只是有限度的自由贸易港，因为清政府在放宽进出澳门贸易限制同时，明确规定，"其他国家的商船可以到五口通商口岸进行贸易，但不得前往澳门贸易"③。第二，额船除获得30%的停泊费优惠外，其贸易的范围更广。原来25只额船只许进出澳门港，不得前往中国其他港口贸易。新章程允许额船到开放的五个港口贸易，但必须与其他国家船只一样，按照新税率缴纳，即每吨缴纳5钱白银，不得享有

---

① ［葡］萨安东（António Vasconcelos de Saldanha）：《葡萄牙在华外交政策》，金国平译，澳门基金会1997年版，第4—5页。
② 中国社会科学院近代史研究所近代史资料编辑部编：《近代史资料》，总第100号，中国社会科学出版社1999年版，第57页。
③ 同上。

特权。

清政府对澳门的贸易政策作较大的修改，乃是形势使然。香港开埠之后，清政府与葡萄牙人均有一个共同的心愿，那就是抑制香港的发展。1844年9月17日，两广总督耆英在疏奏中称："香港为番舶经过之所，概不准其赴澳停泊，则英夷转属得计，数年以后，必至澳门日益贫难，而香港渐形殷庶，似于控制转失机宜。况澳夷僦居已久，无家可归，而贸易之外又别无生计可图，傥不酌予调剂，竟致数千人糊口无资，亦非柔远安边之道。臣等与粤海关监督臣文丰公同商酌，拟请嗣后如有各国夷商情愿赴澳贸易，或租房屯贮货物者，均勿庸禁止。不愿赴澳者，亦听其便。所有收纳税钞章程，均照新例办理。如此量为变通，既可以系澳夷之心，亦可以分香港之势，于夷务似有裨益，而税课并无出入。"① 由此可见，耆英答应葡人之"九请"的部分请求，其目的是相当明显的，一是可以保持与葡人的传统关系，二是以发展澳门来抑制港英当局。而葡人早在《穿鼻条约》草签时，就已感到香港开埠所带来的威胁，因此，在莲峰会议时，一再向中方代表易中孚强调，试图说服清政府千万不可出让香港。② 而当割让香港已成定局，他们则致力发展澳门为自由贸易港，欲以此方法来吸引外国人甚至英国人舍弃香港到澳门贸易。

随着澳门贸易自由化的发展，额船的原来特权在逐渐淡化。至1849年，亚马留总督赶走清政府驻澳的海关官员，有关限定额船的规章也就宣告结束。

（原载《中国经济史研究》2003年第4期）

---

① 《两广总督耆英等奏请准令各国夷商赴澳贸易或在澳租房贮货以系澳夷之心而分香港之势片》，中国第一历史档案馆、澳门基金会、暨南大学古籍研究所合编《明清时期澳门问题档案文献汇编》（2），第539页。

② ［葡］萨安东（António Vasconcelos de Saldanha）：《葡萄牙在华外交政策》，金国平译，第4—5页。

明清时期广东政府对澳门
社会秩序的管理

澳门开埠后不久，大量中葡商民迁居澳门，使澳门迅速成为一个异族混居的商业重镇。庞尚鹏称："近数年来，始入蠔镜澳筑室，以便交易。不逾年，多至数百区，今殆千区以上。日与华人相接济，岁规厚利，所获不赀，故举国而来，扶老携幼，更相接踵。今筑室又不知几许，而夷众殆万人矣。"① 大量华葡商人混居澳门，给中国封建行政体系提出了一个新的管理课题。鉴于当时广东税饷与海疆安全的现实情形，广东地方官就如何处理澳门问题出现了严重的分歧：一是实施驱离政策，有人主张以巨石填塞港口，阻止葡国商船进入澳门。其最为激进者，建议派人前往澳门放火焚毁民居，逼迫葡商撤离。二是采用怀柔政策，建议遵循旧例，准许照常贸易，但必须"使之撤屋而随舶往来"。三是设官管理，使之纳入王朝的地方行政管理体系之中，即所谓"建城设官而县治之"②。当时的主政者选择了一折中的办法，1573年，广东政府在莲花茎建关闸，设官守之。《崇德堂稿》称："前明著令，每月中六启闭，设海防同知、市舶提举各一员，盘诘稽查，夷人出，汉人入，皆不得擅行。"③ 关闸之设，旨在防守，控制葡华商民阑进阑出，还不属于真正意义的

---

① （明）庞尚鹏：《百可亭摘稿》卷1《陈末议以保海隅万世治安疏》，《四库全书存目丛书》集部第129册，齐鲁书社1997年版，第130—131页。
② 参见（明）庞尚鹏《百可亭摘稿》卷1《抚处濠镜澳夷疏》、（明）霍与瑕《霍勉斋集》卷19《处濠镜澳议》的相关讨论。
③ （清）王植：《崇德堂稿》卷2《香山险要说——复抚都堂王》，谭其骧主编《清人文集地理类汇编》第2册，浙江人民出版社1990年版，第214页。

行政管理。16世纪90年代起，广东地方官认为治澳之策"似不如申明约束，内不许一奸阑出，外不许一倭阑入，无启衅，无弛防，相安无患之为愈也"①。于是，保甲法的推行、《海道禁约》《澳夷善后事宜条议》等一系列行政管理法规相继出台，逐渐形成控制规模、有效管理的思路，使澳门开埠后近三百年的时间，其社会一直在广东政府有效的管控之下。

一　实施保甲法，加强澳门城区管理

早在16世纪60年代，霍与瑕认为解决澳门管理问题的最佳办法是"建城设官而县治之"②。1569年11月29日，工科给事中陈吾德上《条陈东粤疏》则提出了更为具体的建议，"严饬保甲之法以稽之"③，他首次提出在澳门推行保甲法。但当时朝野对葡人的去留问题尚未取得共识，因此这一建议并没有落实。1591年4月4日，两广总督萧彦再次建议对澳门商民推行保甲制度，听海防同知与市舶提举约束。④ 至1592年11月21日，两广总督陈蕖才真正在澳门落实保甲法，其疏云："将其聚庐，中有大街，中贯四维，各树高栅，榜以'畏威怀德'四字，分左右定其门籍，以《旅獒》'明王慎德，四夷咸宾，无有远迩，毕献方物，服食器用'二十字，分东西为号，东十号，西十号，使互相维系讥察，毋得容奸，诸夷亦唯唯听命。"⑤ 奏疏中所指之大街，应是议事会前地为中心的当时澳门主要街道，葡文叫Rua Direita，汉文有时译为"直街"。葡人在海外扩张过程中，所建市镇必有一条直街作为这一地方的中心，一般有市政府、耻辱柱、

---

① 《明史》卷325《外国六·佛郎机传》，中华书局1974年版，第8433—8434页。
② （明）霍与瑕：《霍勉斋集》卷19《处濠镜澳议》，《广州大典》集部别集类第11册，广州出版社2015年版，第373页。
③ （明）陈吾德：《谢山存稿》卷1《条陈东粤疏》，《广州大典》集部别集类第11册，第457页。
④ 万历《广东通志》卷69《番夷》，《广东历代方志集成》影印万历三十年刻本，岭南美术出版社2006年版，第1551页。
⑤ 同上。

仁慈堂、教堂及市场等主要城市建筑，同时为主要商业区。①

明朝广东政府在澳门推行保甲法，不仅施之于华人，同时也适用于葡人。郭棐在《广东通志》中明确指出："将诸夷议立保甲，听海防同知与市舶提举约束。"② 起初，葡人并不服从这一管理模式。万历年间，因葡人擅修城墙与炮台，1625年2月21日，两广总督何士晋命岭西道蔡善继向澳门议事会传达手谕，要求拆除城墙、碉堡和炮台。但澳门总督马士加路（D. Francisco de Mascarenhas）拒不听命，且欲以武力对抗。何士晋与蔡善继商议后，采取了"首绝接济，以扼夷之咽喉；既挚揽头，以牵夷之心腹；官兵密布，四面重围；严拿奸党，招回亡命"等一系列措施。于是，"夷始坐困受命，叩关甘认，拆城毁哨，岁加丁粮一万两，编附为氓，写立认状"③。正是在明朝的强大压力下，居澳葡人不得不签字画押，服从"编附为氓"，听从广东政府的行政管理。

清朝开海以后，广东政府遵循明制，在澳门推行保甲制度，并要求澳门议事会协助落实。1690年6月3日，根据广东政府的命令，香山知县要求澳门议事会提交居住澳门木屋、店铺和居民点内的所有中国人的名单，并每10人委派1名甲长。议事会决定对木屋和店铺内的中国人造表，为了避免麻烦，还决定将住在葡萄牙人家中的中国人也赶走。④ 1697年，澳门议事会颁布告示，除了那些名字已在议事会登记的人外，其他华人不得在澳门城区居留。并下令在城区居留的华人三日内离开，拒不服从者，均将被视为流浪汉交给中国官员处置。⑤

根据明清时期保甲制度的规定：百户设一甲长，千户设一保长。

---

① 金国平、吴志良：《"议事厅"历史》，《过十字门》，澳门成人教育学会2004年版，第164页。

② 万历《广东通志》卷69《番夷》，《广东历代方志集成》影印万历三十年刻本，第1551页。

③ 埃武拉公共图书馆及区档案馆第Cód CXV I/2-5钞件，转引自中国第一历史档案馆、澳门基金会、暨南大学古籍研究所编《明清时期澳门问题档案文献汇编》（5）"澳夷筑城残稿"，第398页，人民出版社2009年版。

④ 《澳门档案》，1964年2月，第39—40页，转引自文德泉《关于澳门土生人起源的传说》，《文化杂志》总第20期，1994年。

⑤ ［瑞］龙思泰（A. Ljungstedt）：《早期澳门史》，吴义雄等译，东方出版社1997年版，第71—72页。

地保的职责是"专司查报"辖区内盗窃、邪教、赌博、窝藏、奸拐、私铸、私硝、晒曲、贩卖硝磺、私立名色敛财聚贪及面生可疑、形迹诡秘之徒。① 澳门保甲的规模或与内地有所差异，但功能基本一致。1744年5月，首任澳门同知印光任所制定的《管理蕃舶及寄居澳门夷人规约》，明确地保在澳门社会管理中的责任与义务，规定地保必须担保引水、通事等人员，协助吏役查禁违令者、防止葡人违例越界活动等。1826年，澳门同知冯晋恩发布《为民蕃相安饬遵禁约》，其第七款规定："澳中地保街老，当协同兵役，留心查访滋事民人及唆讼地棍，解赴地方官，从严惩治，以安良善。如有徇稳不报者，查明一并究处。"② 从《清代澳门中文档案汇编》的史料来看，澳门地保负责其辖区内社会治安问题，协助处理华葡商民纠纷，对香山县提讼的刑事、民事案件，地保有协助搜证、缉凶的义务。

清朝对居澳葡人是否实施保甲法，仍有待考证。1742年，广东按察使潘思榘奏请在澳门设同知一职，其中有曰："外夷内附，虽不必与编氓一例约束，失之繁苛，亦宜明示绳尺，使之遵守。"③ 学者因此认为"清朝保甲只是管理在澳的中国人，居住在澳门的葡人，不再受编氓制度约束"④。但是，1744年5月，首任澳门同知印光任赴任后，针对香山县官府对澳门监管不严的状况，制定《管理蕃舶及寄居澳门夷人规约》，其中之第12条载明："禁设教从教。澳夷原属教门，多习天主教，但不许招授华人，勾引入教，致为人心风俗之害。该夷保甲，务须逐户查禁，毋许华人擅入天主教，按季取结缴送。倘敢故违，设教从教，与保甲、夷目一并究处，分别驱逐出澳。"⑤ 其

---

① 乾隆官修《清朝文献通考》卷19，浙江古籍出版社2000年影印本，第5029页。
② 刘芳辑，章文钦校：《葡萄牙东波塔档案馆藏清代澳门中文档案汇编》，澳门基金会1999年版，第424—425页。
③ 《广东按察使潘思榘奏请于澳门地方移驻同知一员专理夷务折》，中国第一历史档案馆、澳门基金会、暨南大学古籍研究所编《明清时期澳门问题档案文献汇编》（1），人民出版社2009年版，第192—193页。
④ 刘景莲：《明清澳门涉外案件司法审判制度研究》，广东人民出版社2007年版，第79页。
⑤ （清）印光任、张汝霖著，赵春晨校注：《澳门记略》卷上《官守篇》，澳门文化司署1992年版，第94页。

中特别提到对"该夷保甲"的责任,这是否可以佐证清朝对葡人依然实施保甲法。

据刘景莲研究发现,清代澳门城区内同时设有三个地保,如1812年(嘉庆十七年)有刘关绍、郑绍章、史文玑三人,1815年则有刘德高、余文恭、史文玑三人,他们"分片各司其职地进行管理"①。但三区划分,史料并无明确记载。而澳葡政府则以教堂为中心,亦将澳门城分为三区,即大堂区、风顺堂区、花王堂区等。进入19世纪初,葡澳政府职能改革,其治安分区亦为三区,即西区、花王堂区、圣老楞佐区等。这是否可以说明,澳葡政府与广东政府在管理澳门城区时存在某种默契。关于这一推测,尚有待进一步的研究。

与此同时,广东政府对在澳门海域作业的船只与人员实施澳甲制度。1725年,广东政府在澳门实行贸易额船制度,限定居澳葡人的商船为25艘,并实施严格的编号、注册、进出口管理。② 这其实是明清政府在沿海实行的澳甲制度的延伸。1749年(乾隆十四年)9月,澳门同知张汝霖制定了《澳门约束章程》,其第二款明确规定:"一切在澳快艇、果艇及各项蛋户罟船,通行确查造册,发县编烙,取各连环保结,交保长管束。"③ 法令还规定,澳甲有责任稽查注册船只之"朝出暮归"④。

明清政府在澳门地区及其海域推行保甲与澳甲制度,在一定程度上为预防与惩治澳门社会治安事件提供有效的帮助,对稳定澳门社会秩序起了不可忽视的功能。

二 发挥行会功能,规范从业人员的管理

澳门作为远东重要的转口贸易港口,需要大量华人提供后勤服务,如买办、引水、通事、维修工以及日常生活必需品经营者,对于

---

① 刘景莲:《明清澳门涉外案件司法审判制度研究》,广东人民出版社2007年版,第80页。
② 陈文源:《清中叶澳门贸易额船问题》,《中国经济史研究》2003年第3期。
③ (清)印光任、张汝霖著,赵春晨校注:《澳门记略》卷上《官守篇》,第93页。
④ 刘芳辑,章文钦校:《葡萄牙东波塔档案馆藏清代澳门中文档案汇编》,第413页。

此等人群，广东政府或直接管理，或利用行业组织，进行规范管理。

第一，三街会馆是澳门华商的行会组织，它起了平抑纷争、沟通澳门社会与广东政府的作用。三街会馆的始建年代，因文物湮毁，已无法确考。有学者认为始建于雍正末年至乾隆初年之间。① 三街会馆创建的缘由，据《重修三街会馆碑记》载："前明嘉靖年间，夷人税其地，以为晒贮货物之所。自是建室庐，筑市宅，四方商贾，辐辏咸集，遂成一都市焉。前于莲峰之西建一妈阁；于莲峰之东建一新庙。虽客商聚会，议事有所，然往往苦其远而不与会者有之。以故前众度街市官地旁，建一公馆，凡有议者，胥于此馆是集，而市藉以安焉。"此馆创建的目的是"会众议，平交易，上体国宪，而下杜奸宄也"②。三街会馆虽是居澳华商捐建而成，但它也是广东政府在澳门宣示政策、了解社情民意的场所，所以有学者认为其具有"中国官方基层重要组织之性质"③，它在维护澳门城商业秩序、社会治安方面起到了积极的作用，正所谓"二百年于兹，如赤子之依父母，故虽华夷错杂，耦俱无猜。而又得缙绅先生相与维持，而调护之所为，市廛不惊，嚣竞不作，于内崇国体，外绥夷情者，其必有道也"④。

第二，加强对买办与引水的牌照管理，确保贸易合法、有序地进行。买办与引水在进出口贸易中担当着中介角色，明清政府十分重视对这些人员的遴选与管理。清代，从事买办、引水者首先必须申领牌照，由澳门同知或粤海关统一管理。1727年，雍正皇帝颁行法令，规定"所有夷商买办之人，由澳门同知选择，取具保结承充，给予印照。在澳门者由该同知稽查，在黄埔者由番禺县就近稽查。如代买违禁货物及勾通代雇民人服役，查出治罪，失察地方官查参"⑤。为了保证买办人员的相对稳定，杜绝私充现象，广东政府规定一人一牌，不得私自转让。"此项人役，如系承充之后，或欲别业禀退，以及病

---

① 谭世宝：《金石铭刻的澳门史：明清澳门庙宇碑刻钟铭集录研究》，广东人民出版社2006年版，第247页。
② 同上书，第249页。
③ 同上书，第247页。
④ 同上书，第258页。
⑤（清）梁廷枏等编纂，袁钟仁校点：《粤海关志》卷17《禁令》，广东人民出版社2002年版，第337页。

废事故，需人接充，应令其将牌缴销，改换新牌，以杜私充滋弊。其牌务令当堂发给，不得假手胥役，以免需索。"①

至于引水，1744年制定的《管理蕃舶及寄居澳门夷人规约》对引水的遴选、发照、上岗以及违规处罚均有明确的规定："请责县丞将能充引水之人详加甄别，如果殷实良民，取具保甲亲邻结状，县丞加结申送，查验无异，给发腰牌执照准充，仍列册通报查考。至期出口等候，限每船给引水二名，一上船引入，一星驰禀报县丞，申报海防衙门，据文通报，并移行虎门协及南海、番禺，一体稽查防范。其有私出接引者，照私渡关津律从重治罪。"② 1809年，两广总督百龄加强对引水的作业程序进行改革，规定"夷船到口，即令引水先报澳门同知，给予印照，注明引水船户姓名，由守口营弁验照放行，仍将印照移回同知衙门缴销。如无印照，不准进口"③。这些条例规范了引水的作业流程，规定引水首先必须取得资格，拥有上岗的腰牌；其次在准备作业时，也必须领有澳门同知发给的印照，并明确印照的发放与注销制度，以防私充或冒充之弊端。1835年（道光十五年），两广总督卢坤与粤海关监督中祥议定《增易规条》，其中规定："嗣后澳门同知设立引水，查明年貌、籍贯，发给编号、印花腰牌，造册报明总督衙门与粤海关存案。遇引带夷船，给与印照，注明引水船户姓名，关汛验明放行。其无印花腰牌之人，夷船不得雇用。"④ 两广总督卢坤加强对引水的管理，其主要特点就是提高管理的级别，原由县丞甄选、审查、发牌，向澳门同知报备，改由澳门同知负责审查与发牌，向总督衙门与粤海关报备。

第三，利用行业组织，规范工匠与挑夫等人的行为。《管理蕃舶及寄居澳门夷人规约》规定："夷人寄寓澳门，凡承造船只房屋，必资内地匠作，恐有不肖奸匠，贪利教诱为非，请令在澳各色匠作，交县丞清查造册，编甲约束，取具连环保结备案。如有违犯，甲邻连

---

① 刘芳辑，章文钦校：《葡萄牙东波塔档案馆藏清代澳门中文档案汇编》，第421页。
② （清）印光任、张汝霖著，赵春晨校注：《澳门记略》卷上《官守篇》，第79页。
③ 刘芳辑，章文钦校：《葡萄牙东波塔档案馆藏清代澳门中文档案汇编》，第417页。
④ （清）梁廷枏编纂，袁钟仁校注《粤海关志》卷29《夷商四》，第565页。

坐。递年岁底，列册通缴查核。如有事故新添，即于册内声明。"①其具体工作的监管，就是在泥水匠、木匠中成立行业组织，设立匠头或行长，议立章程，加以约束。"兹着泥水头、行长议立章程，自后遇有夷屋坏烂，应行修葺，无论大小工作，悉与泥水匠头并行长议定工价，即行绘图禀报，随即派拨诚实泥匠承修，速为完竣，不得迁延日久。如散匠不为完工，即着落匠头、行长加匠修完。倘有推延拐价逃匿等弊，许该夷目据实禀报，以凭严拿究惩。"②广东政府在从业人员注册、成立行业组织、规范工作流程等方面，加强对驻澳的泥水、木匠的管理。同时，澳门作为一个转口贸易港，其货物装卸需要大量的挑夫。在澳门则设挑夫馆，选出总头与夫头，负责对各码头装卸或搬运货物的人员调配与管理。③

第四，集市经营，分行管理。澳门集市原设城墙外沙梨头，后因市民不便，管理混乱，议事会经香山知县同意，在营地街新建墟亭，1789年4月竣工，香山知县彭翥亲临部署，分猪肉、鲜鱼、鸡鸭及蔬菜四行，各行设立行长，各自分段摆卖，④规范了集市的管理。

明清广东政府通过对各行业组织的规范与管理，使相关政策与法规得以落实，有效地控制澳门社会的各项商业活动。

三 遏制人口与楼宇增长，控制发展规模

澳门开埠以后，驻留人口激增，住宅楼宇迅速发展，尤其是万历年间，澳葡政府大兴土木，修建军事设施，使明朝士大夫深感不安。因此，遏制其膨胀性发展，成为明清时期广东政府管理澳门的一项长期的政策。为了控制澳门的发展规模，广东政府主要从两个方面立法规管：一是控制人口过快的增长，二是限制住宅楼宇建筑。

---

① （清）印光任、张汝霖著，赵春晨校注：《澳门记略》卷上《官守篇》，第79页。
② 刘芳辑，章文钦校：《葡萄牙东波塔档案馆藏清代澳门中文档案汇编》，第428页。
③ 同上书，第4、421页。
④ （清）王廷钤等纂辑：《香山县恭常都十三乡采访册》卷下《艺文门》录海防同知侯学诗《澳门营地新建墟亭碑记》，第82—83页；刘芳辑，章文钦校：《葡萄牙东波塔档案馆藏清代澳门中文档案汇编》，第14页。

明清时期广东政府对澳门社会秩序的管理

第一,严格控制澳门人口的规模。澳门开埠之初,迁入人口激增,为遏制这一势头,1573年,广东政府在莲花茎建设关闸,严控华葡商民阑入阑出,并令"各处把海把澳官兵,严戢百工商贾,遇有阑出,多方设法侦捕"[①]。其后,明朝政府对出入澳门从事贸易活动者,实行票照制度,华商入澳要求申领"澳票",葡商前往广州则须申领"部票",从制度上控制澳门商民的自由出入。自明崇祯年间起,禁止葡商前往广州贸易,将葡商的贸易活动主要控制在澳门城内。入清以后,广东政府实行行商制度,有效地控制澳门的转口贸易。至雍正二年,因葡商独享中国与南洋贸易之利,澳门对外贸易迅速发展,为此,广东政府实施了贸易额船制度,限定居澳葡人的贸易商船数目为25只,不得添置。当时两广总督孔毓珣上奏申明实施此制度的理由,称:"其澳门居住之西洋人,与行教之西洋人不同,居住二百年,日久人众,无地可驱,守法纳税,亦称良善。惟伊等贩洋船只每从外国造驾回粤,连前共二十五只,恐将来船只日多,呼引族类来此谋利,则人数益众。"[②] 由此可见,实施额船制度的目的之一,就是从经济上遏制居澳葡裔人口的增长。18世纪80年代后,葡方利用协助剿灭海盗的机会,多次要求增加额船数目,但清朝政府始终不肯让步,实际上也是保证澳门的经济发展规模始终限制在可控的范围之内。

对于华人进入澳门,广东政府也严加管控,在保甲法的严密规管下,华人要进入澳门并非易事,当时,"任何中国人进入澳门,必须持有一纸印照,写明姓名与雇佣情况,并有使其行为规规矩矩的保证"[③]。至清乾隆年间,由于全国禁教,对华人移居澳门的管理更为严格。1744年5月,首任澳门同知印光任制定《管理蕃舶及寄居澳门夷人规约》,其中第四款规定:"凡贸易民人,悉在澳夷墙外空地搭篷市卖,毋许私入澳内,并不许携带妻室入澳。责令县丞编立保

---

① (明)陈吾德:《谢山存稿》卷1《条陈东粤疏》,《广州大典》集部别集类第11册,广州出版社2015年版,第457页。

② (清)王之春撰,赵春晨点校:《清朝柔远记》卷3,中华书局1989年版,第60页。

③ [瑞]龙思泰(A. Ljungstedt):《早期澳门史》,吴义雄等译,东方出版社1997年版,第129页。

甲，细加查察。其从前潜入夷教民人，并窜匿在澳者，勒限一年，准其首报回籍。"① 1746年12月17日，香山知县张汝霖入澳调查澳门天主教情况后，对澳门天主教发展之态势，提出了一套"绝流不如塞源"的办法，称："夫除弊之道，绝流不如塞源，应请将进教一寺，或行折毁或行封锢，其寺中神像、经卷，或行焚烧，或饬交夷人收领。各县人民概不许赴澳礼拜，违者拿究。并令附近各县多张晓示，凡从前已经赴澳进教之人，许令自新，再犯加倍治罪。其有因不能赴澳礼拜，或于乡村城市私行礼拜诵经，及聚徒传习者，察以左道问拟。则各县每年一次赴澳进教之弊，似可渐除矣。惟是在澳进教一种，有稍宜熟筹者，伊等挟有资本，久与夷人交关，一经迫逐，猝难清理。其妻室子女若令离异，似觉非情；若以携归，则以鬼女而入内地，转恐其教易于传染。应否分别协理：其未经娶有鬼女，又无资本与夷人合伙，但经在澳进教，自行生理者，不论所穿唐衣、鬼衣，俱勒令出教，回籍安插。其但有资本合伙，未娶鬼女者，勒限一年清算，出教还籍；其娶有鬼女，挟资贸易，及工匠、兵役人等，穿唐衣者勒令出教；穿番衣者，勒令易服出教，均俟鬼女身死之日，携带子女回籍。其未回籍之日，不许仍前出洋贸易及作水手出洋充当番兵等项，应先勒令改业。至买办、通事，澳夷所必需，但勒令易服改教，不必改业，仍各取具地保、夷目收管备查。其往来夷人之家，仍打鬼辫者，一并严行禁止。至现在十九人之外，或有未经查出者，除再密查外，应令自行首明，并饬夷目查明呈报。隐匿者，察出治罪，似亦逐渐清除在澳进教之一法也。夷人在澳，有必需用唐人之处，势难禁绝。然服其役即易从其教，苟非立法稽查，必致阴违阳奉，应请饬行夷目及地保人等，将夷人应用唐人之处，逐一查明，造册具报。岁终出具并无藏留进教唐人甘结。缴查其册，一年一造。有事故更换者，据实声明。如此，则稽查较密，而唐夷不致混杂。"②

通过这两次整顿，对居澳华人进行较为严格的清查，有效地阻遏华人进入澳门。但日久法弛，嘉庆年间，华人移居澳门有上升之势，

---

① （清）印光任、张汝霖著，赵春晨校注：《澳门记略》卷上《官守篇》，第79页。
② 同上书，第82页。

1809年两广总督百龄再次立例规定："民人携眷在澳居住者，亦令查明户口造册，止准迁移出澳，不准再有增添。"① 试图有效地控制澳门人口规模的发展。

第二，遏制楼宇建设。1614年（万历四十二年），海道副使俞安性发布《海道禁约》，其中第5款规定："禁擅自兴作。凡澳中夷寮，除前已落成，遇有坏烂，准照旧式修葺。此后，敢有新建房屋，添造亭舍，擅兴一土一木，定行拆毁焚烧，仍加重罪。"② 清承明制，仍然对居澳葡修建房屋进行遏制，并完善其管理法规，主要表现在以下几个方面：一是完善维修楼宇的审批制度；二是对承修葡人房屋的华人工匠进行规范管理。1744年（乾隆九年），印光任提了治澳7条建议中，规定："夷人寄寓澳门，凡承造船只、房屋，必资内地匠作，恐有不肖奸匠，贪利教诱为非，请令在澳各色匠作，交县丞清查造册，编甲约束，取具连环保结备案。如有违犯，甲邻连坐。递年岁底，列册通缴查核。如有事故新添，即于册内声明。"③ 随后，就泥水匠、木匠分设匠头、行长，议立章程加以约束。根据相关规定，各工匠在与葡人签订维修合同后，必须向香山县申请许可证方能施工。④ 其申请报告中要求载明维修房屋的样式，长宽高低，说明是否依照旧基址修葺。⑤

1749年，澳门同知张汝霖与香山县令暴煜详筹澳门善后事宜，首次对澳门的房屋楼宇进行全面的清查，在新修订的《澳门约束章程》中，明确规定："澳夷房屋、庙宇，除将现在者逐一勘查，分别造册存案外，嗣后止许修葺坏烂，不得于旧有之外添建一椽一石，违

---

① 刘芳辑，章文钦校：《葡萄牙东波塔档案馆藏清代澳门中文档案汇编》，第417页。
② （清）印光任、张汝霖著，赵春晨校注：《澳门记略》卷上《官守篇》，第70页。
③ 同上书，第79页。
④ 刘芳辑，章文钦校《葡萄牙东波塔档案馆藏清代澳门中文档案汇编》载："查葺夷屋定例，匠头报明本分县批准，方许承修。"第24页；又"署澳门同知吴为蕃人雇匠修漏有违定例事下理事官谕"称："查内地匠人承修尔夷房屋例应绘图，先赴本府衙门，据实报明，方准兴工，此仍天朝法度，工匠自应遵守。"（第429页）
⑤ 刘芳辑，章文钦校《葡萄牙东波塔档案馆藏清代澳门中文档案汇编》载："查泥水报修该夷等房屋，定例照依图内开载，长宽高低，丈尺式样，照旧基址修葺。"（第27页）

者以违制律论罪，房屋、庙宇仍行毁拆，变价入官。"① 这是清朝政府首次在澳门对葡人的物业进行清查，建立档册管理，并加重对违令者的处罚。针对一些有法不依、有令不止的现象，1806年，香山县知县彭昭麟下理事官谕，规定："嗣后凡有房屋、庙宇坏烂，务须向该夷目告知，开明工程做法，雇请工匠姓名人数，禀明澳门军民府存查。"② 也就是，在申报维修工程时，除匠头申请外，还要求理事官出面担保，这实际上是要求澳门理事官负起监督的责任。

广东政府关于居澳葡人维修房屋的规定，使得葡人要获得维修房屋的批文并不容易。1803年，澳门主教曾抱怨说："澳门仅在名义上属于葡萄牙。葡萄牙人在这里并不拥有任何土地，也不能买得土地。没有中国官吏的允许，他们不能建一堵墙，开一扇窗和修理他们自己的房屋和房顶。"③ 但事实上，这些法规，对葡人违法添建楼宇只是起到一定的阻遏作用，并没有从根本上解决问题。葡人常常通过贿赂，与匠头、地方衙役勾结，伪造房屋档案，从而骗取了房屋维修批文，使澳门的建筑物在不断地增加或扩建。1815年（嘉庆二十年），举人赵允菁、监生叶恒澍与澳门地保奉香山知县之令对澳门沿海一带的铺屋进行调查，在报告中指出："澳门夷人历来添造房屋，俱系汉人瞒禀照旧修复，拚工包整，已照界溢出数倍。""更多并无片纸只字，或因前始设法取巧，以避查勘者。"④

尽管广东政府三令五申，不断推出新的措施，但事实上，澳门人口依然在不断地增长，楼宇也不断地翻新与扩建。面对这一情况，1809年两广总督百龄做出无奈的决定："将澳门所住西洋及内地人名户口，查明造册，所有夷人续建房屋，不必全行拆毁，亦不准再为添改。民人携带眷口，不必概予驱逐，亦不准复有增添。"⑤ 希望通过这种方式化解当时澳门社会的矛盾。

---

① （清）印光任、张汝霖著，赵春晨校注：《澳门记略》卷上《官守篇》，第94页。
② 刘芳辑，章文钦校：《葡萄牙东波塔档案馆藏清代澳门中文档案汇编》，第405页。
③ 贝来拉：《澳门的中国海关》（A. Margues Pereira, *As Alfândegas, Chinese de Macau*, Macau, 1870），第33页，转引自王昭明《鸦片战争前后澳门地位的变化》，《近代史研究》1986年第3期。
④ 刘芳辑，章文钦校：《葡萄牙东波塔档案馆藏清代澳门中文档案汇编》，第778页。
⑤ 同上书，第417页。

结　语

澳门作为中国封建王朝体制边缘的"特区",明清时期,广东政府对澳门社会的管理主要从两个方面入手:第一是对流动人口的管理,借助传统基层管理的模式,推行保甲法,利用行会组织,对居澳人员的行为进行有效监控;第二是遏制楼宇建设,以限制澳门城区发展的规模。通过这些措施,既能维持一定规模的商贸发展,满足社会各方利益的需求;又能保证广东海疆安全,稳定了广东沿海的社会秩序。

(原载《广东社会科学》2012 年第 6 期)

明清时期澳门人口、族群与阶层分析

澳门人口与族群问题，关涉对澳门社会形成与发展的认识，许多学者对此多有关注，大凡涉及澳门政治、经济、社会的论著，均对澳门人口与族群有所涉及，而专文论述者，如葡国学者若尔热·福尔加斯[①]、阿马罗[②]、贾渊[③]、莱萨[④]、文德泉神父[⑤]等，而中国学者则以李长森的《明清时期土生族群的形成与变迁》影响最深。但他们的著作多围绕土生人进行，对澳门族群的整体研究仍有许多不解或模糊之处尚待讨论，本文对此稍作阐述，以飨方家。

一 明清时期澳门人口之概貌

澳门开埠以后，澳门人口变化之状况，学者虽作了相当大的努力，挖掘大量的档案与当时人的书简史料，但至今仍然无法得出一个权威的论述。

根据李长森《明清时期澳门土生族群的形成发展与变迁》附表

[①] Jorge Forjaz: *Famílias macaenses*, Fundação Oriente; Istituto Cultural, 1996.

[②] [葡] 阿马罗（Ana Maria Amaro）对澳门土生人研究发表了系列中的论文：《大地之子——澳门土生葡人研究》《变迁中的土生社会》《土生族群：人类生物学的若干资料》《不为人知的澳门土生妇女》等（见《文化杂志》总第15、16、20、24期）。

[③] [葡] 贾渊（João de Pina Cabral）关于澳门族群与人口研究的论文主要有《澳门族群构成》《台风之乡——澳门土生族群动态》《起源问题：澳门土生家庭与族群性》等（见《文化杂志》总第15、16、20、24期）。

[④] [葡] 莱萨（Almerindo Lessa）:《澳门人口：一个混合社会的起源和发展》，《文化杂志》总第20期，1994年。

[⑤] [葡] 文德泉（Padre Manuel Teixeira）神父著有《澳门土生葡人的由来》（见《文化杂志》总第20期）、《澳门土生葡人》（澳门官印局1965年版）。

"澳门开埠至17世纪中叶澳门葡裔'已婚者'统计数字"显示,[①]明朝澳门人口记载较为模糊,其表现有二:一是这些记录多出自西方文献,记载以"已婚者"为单位,但每位"已婚者"所群带之"家庭成员"数目不明,1640年英国人里察德认为土生葡人平均每户有15人,1644年卡丁神父则认为平均每户有20人,[②]而清朝澳门同知印光任则认为"丁口十倍之"[③]。二是西方文献中所记"已婚者"数字,有些确切表明包括已入教之华人家庭,有些则表明另有相同数目本地进教者,如1624年记录已婚者有840人,时隔仅六年,于1630年,已婚者数目也是850人,几乎没有变化,但其附加说明时却有很大的不同,前者称840个"已婚者"中有"437人为葡人或者混血,其余为进教华人"[④],后者称除850个"已婚者"外,"另有同样数字的本地进教者"。如此算来,人数翻一倍之多。尽管这样,西方文献关于明朝澳门人口的统计数字也很少超过万人。

相较于中方文献记载,1564年庞尚鹏认为"夷众殆万人矣"[⑤]。吴桂芳认为"非我族类,不下万人"[⑥]。这与西方记录基本相似。但1601年王临亨称"香山之夷,盘居澳中,闻可数万"[⑦]。崇祯年间兵部尚书张凤翼则称"一旦有事,此数万夷人,何逞不得,此大可忧者

[①] 李长森:《明清时期澳门土生族群的形成发展与变迁》,中华书局2007年版,第121—122页。

[②] 同上书,第137页注1。

[③] (清)印光任、张汝霖著,赵春晨校注:《澳门记略》卷下《澳蕃篇·诸蕃附》,澳门文化司署1992年版,第143页。

[④] [葡]桑伯约(Manuel de Castro Sampaio), *Os Chins de Macau*, Hong Kong: Typographia de Noronha & Filhos, 1867.

[⑤] (明)庞尚鹏:《百可亭摘稿》卷1《陈末议以保海隅万世治安疏》,《四库全书存目丛书》集部第129册,齐鲁书社1997年版,第131页。

[⑥] (明)吴桂芳:《吴司马奏议·议阻澳夷进贡疏》,(明)陈子龙《明经世文编》卷342,中华书局1962年影印本,第3669页。

[⑦] (明)王临亨:《粤剑篇》卷4《九月十四夜话记附》,中华书局1987年点校本,第103页。

也"①。如此夸张的说法，考之记录者的心态，可能是忧虑葡人将为中国南部边患，故将活跃于珠江口的华商与海盗人数合计，虚报数字，以刺激朝廷对此事的关注。

入清以后，中西文献对葡属人口计算差异不大，基本在4000—6000人波动，但对华人人口的记载差距甚大，有三四倍之多（参见表1）。

表1　　　　　　　　　1700—1839年澳门人口状况②

年份	非华人	华人	总计
1700	150户		20000余③
1720			4856（包括部分华仆役）④
1724	3567	2524	6091⑤
1730	3567⑥		
1742	3500	2000余	5500⑦
1745	5212	8000	13312

---

① 《兵部尚书张凤翼等为广东深受澳夷之患等事题行稿》，中国第一历史档案馆、澳门基金会、暨南大学古籍所合编：《明清时期澳门问题档案文献汇编》（1），人民出版社1999年版，第16页。

② 本表参考李长森《明清时期澳门土生族群的形成发展与变迁》附表12"1745—1793澳门人口统计数字"修订而成。

③ ［葡］弗朗西斯科·德·索萨（Francisco de Sousa）：《被征服的东方》，第11页，转引自［葡］莱萨（Almerindo Lessa）《澳门人口：一个混合社会的起源和发展》，《文化杂志》总第20期，1994年。

④ Manuel Teixeira, *Macau no Séc.* XVIII, p. 230.

⑤ 1724年12月11日，两广总督孔毓珣奏称，本年派员赴澳门调查人口，共查得澳门西洋人男妇共3567名，另有附近居民在澳居住生理者，男妇共2524名。参见中国第一历史档案馆、澳门基金会、暨南大学古籍研究所合编《明清时期澳门问题档案文献汇编》（1），第144页。

⑥ 乾隆《香山县志》卷8《濠镜澳》，《广东历代方志集成》影印乾隆十五年刻本，岭南美术出版社2007年版，第233—234页。

⑦ 《广东按察使潘思榘奏请于澳门地方移驻同知一员专理夷务折》载："现在澳夷计男妇三千五百有奇，内地佣工艺业之民杂居澳土者二千余人。"参见中国第一历史档案馆、澳门基金会、暨南大学古籍研究所合编《明清时期澳门问题档案文献汇编》（1），第192页。

续表

年份	非华人	华人	总计
1747	3400（420户）	3400	6800①
1750	4000		
1772	6000	20000	26000
1775	4973	20000—22000	25000—27000
1776	3000	16000	19000
1777	6000	22000	28000
1780		18000—20000	
1784		30000	
1788		30000	
1791	4581		
1791	5233	22000	27233
1793	6000	6000	12000②
1809	4963	3100余	8000余③
1822	4315	8000	12315④

① 1747年1月，两广总督策楞委员调查澳门情况称：在澳番人共420余家，男妇3400余口，而华人附居澳门城内者，户口亦与番人约略相等。参见中国第一历史档案馆、澳门基金会、暨南大学古籍研究所合编《明清时期澳门问题档案文献汇编》（1），第226页。另据同时代人王植称："澳地夷人计四百二十三户，男妇三千四百三十余口，汉民赁居澳地者计八百五十四户，男妇二千五百七十余名口。"［参见（清）王植《崇德堂稿》卷2《香山险要说——复抚都堂王》，中国第一历史档案馆、澳门基金会、暨南大学古籍研究所合编《明清时期澳门问题档案文献汇编》（6），第731页］。

② 1794年1月22日，马戛尔尼（George Macartney）使团副使斯当东（George Leonard Staunton）抵达澳门后，将其所见当时的澳门作了真实的记录："澳门人口共12000人，其中一半以上是中国人。在城镇北面这个小半岛的最宽的一部分土地，整个是中国人耕种的。""除了总督之外，澳门的统制机构中还包括1个主教、1个法官和几个主要居民，葡萄牙人住在澳门的有4000人。"［英］乔治·斯当东（George Leonard Staunton）:《英使谒见乾隆纪实》，叶笃义译，上海书店出版社2005年版，第455、506页。

③ 中国第一历史档案馆、澳门基金会、暨南大学古籍研究所合编:《明清时期澳门问题档案文献汇编》（1），第724页。

④ José de Aquino Guimarães Fretas, *Memoria Sobre Macáo*, Real Imprensa da Universidade, 1828, p. 15.

续表

年份	非华人	华人	总计
1825		18000	22500①
1830	4628	30000	34628②
1834	5093	30000	35093③
1835	4600—4700	30000	34600④
1839	5612（720户）	7033（1772户）	12645（不包英国57户）⑤

经对清朝澳门人口政策演变的考察，笔者认为，中方所公布的数字，有严密的保甲制度为依托，应较为可信。西方文献的记载，不言所依，令人质疑。此说之主要依据是，在18世纪，华人人口急骤上升，多达两三万人，这与当时中、葡关于澳门华人政策不相适应。

在清政府方面：首先，在澳门实施保甲法，并得到澳门议事会的配合。1690年6月3日，澳门议事官员说："香山的满清官员送来广东省官员的一道命令，说：甲长要提交居住在本市木屋、店铺和居民点内所有中国人的名单，每10人中委派一名甲长。"为避免麻烦，议事会决定：对店铺内的中国人造表，并且葡萄牙人要从其家中将住在

---

① [葡]徐萨斯（Montalto de Jesus）:《历史上的澳门》，黄鸿钊、李保译，澳门基金会2000年版，第169页。

② [瑞]龙思泰（Anders Ljungstedt）:《早期澳门史》，吴义雄等译，东方出版社1997年版，第37页；[葡]古万年（Custódio N. P. S. Cónim）、[葡]戴敏丽（Maria Fernanda Bragaça Teixeira）:《澳门及其人口演变500年：1500—2000：人口、社会及经济探讨》，澳门统计暨普查局1998年版，第82页。

③ [瑞]龙思泰（Anders Ljungstedt）:《早期澳门史》，吴义雄等译，第236页。Manuel Teixeira, *Macau Através de Séculos*, p. 55.

④ *Chinese Repository*, Vol. 4, No. 6, pp. 292-293.

⑤ 1839年5月4日，钦差大臣林则徐委派署佛山同知刘开域、署澳门同知蒋立昂、香山知县福三及署香山县丞彭邦晦到澳门，仿照编查保甲之法，将通澳华民一体按户编查，毋许遗漏，并督同议事会理事官搜查葡人楼宇，有无屯贮鸦片。6月20日，上述官员查明户口，造册呈送，计华民1772户，男女7033丁口，西洋葡人720户，男女5612口，英国人居者57户。参见林则徐全集编辑委员会编《林则徐全集》第3册《奏折·巡阅澳门抽检华夷户口等情形折》，海峡文艺出版社2002年版，第195—197页。

那里的中国人赶走。① 其次，清政府实施禁教政策，严控华人入澳。1744年澳门同知印光任制定了《管理蕃舶及寄居澳门夷人规约》，规定："凡贸易民人，悉在澳夷墙外空地搭篷市卖，毋许私入澳内，并不许携带妻室入澳。"并对为澳门葡人提供商业与劳工服务的人员实施严格的牌照制度。②

在澳葡政府方面：首先，配合清政府实施保甲法，遏制华人进入澳门。先是，葡萄牙在澳门开埠之初，就不断同进入澳门定居的华人发生争执，故葡人很早就有规定，所有在澳门没有固定居所的华人，晚上都得离开城区。不仅几座城门紧闭，而且各条街道的门也关了起来。③ 1692年2月6日，澳门议事会发布公告："市政厅敲钟后在没有路灯的街上闲逛的任何中国人或奴隶都将被抓起来。在1691年设立之登记簿内未登记姓名的任何在城里的中国人也将被抓起来送交满清官员。"④ 其次，不断地颁布法令，禁止奴隶买卖。或者是出于宗教的人文关怀，或者因明清政府的压力，葡萄牙当局自1595年起，不断地颁布禁止贩卖奴隶的法令。在1758年，葡王下令24小时内释放一切在押的华童，这一命令在当时收到了较好的效果，当时澳门教区神父向葡王汇报称："在阁下颁布禁令后……无人胆敢购买华童。"⑤

再次，自18世纪起，澳葡政府限制华人在澳门置业。1711年澳葡政府通过一条法律，禁止中国人在澳门拥有房产物业。议事会发布命令，将违令租给华人的几所房子拆毁，其中几所由华人自己建造并拥有的房子，也在清政府官员的命令下被推倒。⑥ 此后于1718年、

---

① 《澳门档案》1964年2月，第39—40页，转引自文德泉（Padre Manuel Teixeira）《关于澳门土生人起源的传说》，《文化杂志》总第20期，1994年。

② （清）印光任、张汝霖著，赵春晨校注：《澳门记略》卷上《官守篇》，第79页。

③ ［瑞］龙思泰（Anders Ljungstedt）：《早期澳门史》，吴义雄译，第71—72页。

④ ［葡］文德泉（Padre Manuel Teixeira）：《关于澳门土生人起源的传说》，《文化杂志》总第20期，1994年。

⑤ 葡萄牙海外档案馆手稿部第1774札，转引自阿马罗（Ana Maria Amaro）《澳门土生葡人研究》，《文化杂志》总第20期，1994年。

⑥ Austin Coates, *Macao and the British*, Hongkong, Oxford University Press, 1988, p. 47；龙思泰（Anders Ljungstedt）：《早期澳门史》，吴义雄译，第72页。

1733年、1773年均颁布了相关的法令。1773年11月20日，澳门总督要求议事会上报将土地或房子出租给中国人的葡人名单，并要求他们约定收回的期限。① 在《清代澳门中文档案汇编》中，于18世纪中叶以后出现了一大批华葡居民租务纠纷案件，应与澳葡政府这一政策有关。

综合考察入清以后中葡双方关于居澳华人的政策与管理状况，在中葡双方合力遏制华人入澳的情形之下，华人人口如此急骤增长，实在令人匪夷所思。

西方文献中关于澳门华人人口虚大的原因，存在两种可能性：一是将在澳门教区的受洗入教的内地华人计算在内，二是将望厦、湾仔的人口计算在内。因为从17世纪中叶起，葡国受殖民思潮的影响，一直在谋求对华人管治，并试图将澳门城的范围扩大至关闸、湾仔。据龙思泰统计，1833年望厦有7000人，湾仔13090人，如将此人数加上住在澳门城内的华人，则将近30000人，与西方文献的记载相近。

二 澳门族群结构

鸦片战争以前，澳门的族群状况大致分为以下四种情形。

第一，纯种葡人。16世纪，随着葡萄牙在远东殖民事业的发展，一批又一批的葡国贵族、冒险家或奉命担任官职，或为寻宝东来。从资料来看，居澳葡人主要有三种情况：一是由葡国任命的官员，或宗教人士，大多是纯种葡人。在澳门开埠之初，葡国王室为了保障澳门在葡国的管治之下，对澳门的管治班子均有规定，如澳门总督（兵头）必须由葡国任命，澳门法官必须具有葡国的教育背景，这些措施均保证在澳门的管治方面，由纯种的葡人负责。1710年，若奥五世特许状规定："议事会议员、法官及议事会官员必须是纯种世代的老

---

① ［葡］文德泉（Padre Manuel Teixeira）：《关于澳门土生人起源的传说》，《文化杂志》总第20期，1994年。

基督徒葡萄牙人。"① 二是东来寻宝的商业冒险家。三是为逃避政治和宗教迫害而逃往东方的葡人，他们入居澳门，可能成为守卫澳门的士官、水手，或闲散人员，处于澳门的低层。博卡罗在关于17世纪30年代的澳门的描述中说："该市还有许多葡萄牙水手、舵手和船长，大多数是在葡萄牙结了婚的，其他人则是单身汉，他们在到日本、马尼拉、索洛、望加锡和科钦支那的航线上进行贸易，这些人有150人之多。"② 据 A. M. Martins do Vale 统计，1773年，在澳纯种葡人约为127人，他们一般拥有丰厚的家资，或担任舰队军官。③ 1787年，旅行家德拉佩鲁斯到了澳门，据其记载，当时在澳门只有100名纯种葡人。④ 由于这些葡人拥有丰裕的资产，或权力，他们成了澳门的上层贵族。当然，这些贵族定居澳门后，其第2代或第3代起很多人与本地葡亚裔人通婚，其后代成为土生葡人。

第二，澳门土生葡人。在澳门开埠之前，葡商已经在远东地区从事合法或非法的贸易，大部分葡商因没有携带家眷，一般会与本地女子同居或结婚成家。16世纪，葡文文献中"已婚者"，即是对这一群体的称谓。澳门开埠后，这些已婚者带着家眷入居澳门，而他们的后代当时主要是与印度、马来、日本的混血儿。至17世纪中叶以后，越来越多的葡裔男子更愿意娶有品德的华人女子为妻。博克塞通过研究认为："建于约1555—1557年的澳门城，在最初的殖民者当中是没有白种妇女的。他们也没有与邻近的香山县的华人融合在一起，与他们同居的妇女一般是由日本、马来西亚、印度尼西亚及印度来的，而这些妇女身份多数是奴仆。可是过了一阵子，一群为数不少的华人开始定居于逐渐发展的港口，由于在明朝时期，中国禁止与日本的贸易往来，所以澳门很快地便形成了中日贸易中心。因此，葡萄牙的男人

---

① 吴志良、汤开建、金国平主编：《澳门编年史》，广东人民出版社2010年版，第764页。
② ［葡］桑贾伊·苏拉马尼亚姆：《葡萄牙帝国在亚洲：1500—1700政治和经济史》，何吉贤译，澳门纪念葡萄牙发现事业澳门地区委员会1997年版，第251页。
③ 李长森：《明清时期澳门土生族群的形成发展和变迁》，第128页。
④ ［葡］让·弗朗索瓦·加朗·德拉佩鲁斯：《佩斯历游简记》，莱比锡，1799年，转引自［葡］阿马罗（Ana Maria Amaro）《澳门土生葡人研究》，《文化杂志》总第20期，1994年。

便开始了与中国女人通婚,不过中国女人的角色仍以妾或契约女佣人（妹仔）居多。"① 这种不同种族结合的家庭,其后裔便组成了澳门颇有特色的土生人。

第三,华人。澳门开埠以后,为了经商或谋生,大批华人涌入澳门,他们在澳门开埠及此后促进澳门贸易繁荣均扮演重要的角色。首先,华人充当了葡人的参谋者。由于葡人对中国情况不甚了解,其于中国贸易、安全维护一直仰赖华人代为筹谋。郭尚宾曾指责部分华人"藏身于澳夷之市,画策于夷人之幕者更多焉"②。1568年7月曾一本率贼众骚扰珠江口一带,居澳葡人自动请缨,协助明军围剿,当时参战的澳商号称"二千名",但据葡文资料记载,只有50个葡萄牙人,其余大多为华人,著名者如华商头目林宏仲、何中行。③ 经此一役,在贾尼劳主教的支持下,维依加船长下令修建一道土坯围墙,当时参与修筑围墙就有本地华人基督徒组成10个连队,约有60人。④ 据阿尔维斯（S. Alves）研究发现：澳门开埠之初,葡人民选的执政官迪奥戈·佩雷拉支持了两个澳门华人团体：一是以林宏仲（Lin Hong-zhong）为首的华商团体,二是由华人翻译员组成的团体。这两个团体亦是迪奥戈·佩雷拉对中国交往的喉舌与耳目,由一位名叫托梅·佩雷拉的人领导。⑤ 其次,为葡人在澳门贸易提供后勤支持。在贸易

---

① C. R. Boxer, *Mary and Misogyny: Women in Iberian Expansion Overseas (1415 – 1815). Some facts, fancies and personalities* [《玛丽与厌女症：伊比利亚海外扩张时期（1415—1815）的妇女：事实、幻想与人物》], London, Duckworth, 1975, 转引自苏一扬《前工业化澳门的居民及人口体系（16—19世纪）》,吴志良、金国平、汤开建主编《澳门史新编》(3),第1039页。

② （明）郭尚宾：《郭给谏疏稿》卷1《防澳防黎疏》,《丛书集成初编》第908册,中华书局1985年版,第12页。

③ （明）张瀚：《台省疏稿》卷5《查参失事将官疏》、卷6《海上擒获捷音疏》,《四库全书存目丛书》史部第62册,齐鲁书社1996年版,第106—110页。

④ ［葡］福鲁图奥佐（Gaspar Frutuoso）：《怀念故土》（第二编手稿）,载［葡］罗理路（Rui Manuel Loureiro）编《16和17世纪伊比利亚文学视野里的中国景观》,范维信等译,大象出版社2003年版,第157—163页。

⑤ ［葡］阿尔维斯（S. Alves）：《澳门开埠后葡中外交关系的最初十年》,《文化杂志》总第19期,1994年。

过程中,"夷无斗、无尺、无秤,则与之较轻重、挈长短"①。在生活上,居澳葡人的居屋、日常所需,无不仰赖于华人。澳门成为对外贸易泊口后,"工商牟奸利者,始渐运砖瓦木石为屋"②。又有文献称:"闽广亡命之徒,因之为利,遂乘以肆奸,有见夷人之粮米牲菜等物尽仰于广州,则不特官澳运济,而私澳之贩米于夷者更多焉。有见广州之刀环、硝磺、铳弹等物尽中于夷用,则不特私买往贩,而投入为夷人制造者更多焉。"③ 此外,凡澳门百工之作,也无不仰视于华人。1793年随团出使清朝的英国人斯当东在路过澳门后,在他们的出使报告中说:"葡萄牙人很骄傲,不会屈尊务农或做工匠。或许在整个澳门,没有一个在葡萄牙出生或有葡萄牙血统的工人、工匠或店主。"④ 因此为华人谋生提供了机会。孙承泽《春明梦余录》载:"佛郎机之夷,则我人百工技艺有挟一技以往者,虽徒手无不得食,民争趋之。"⑤ 因此澳门对华人来说,不仅是"四方商贾辐辏咸集",而且"百工技艺趋者如市"⑥。再次,除工商业者外,入居澳门的华人还有相当数量遭贩卖的华童与仆人。葡人入居澳门后,不论是明朝、清朝政府,还是葡萄牙当局,从16—19世纪就不断重申禁止贩卖华童的有关法令,由此可见葡人贩卖华童的行为一直没曾停止。但经由贩卖而进入澳门的数目,由于文献阙如,无人能给出一个较为准确的答案。

第四,其他族群。澳门开埠初期,由于贸易与传教的原因,澳门与日本关系密切,部分日本人迁居澳门,尤其日本禁教以后,居澳日

---

① (明)高汝栻辑:《皇明续纪三朝法传全录》卷13《天启四年陈熙昌疏》,《续修四库全书》第357册,上海古籍出版社2002年版,第829页。
② 万历《广东通志》卷69《番夷》,《广东历代方志集成》影印万历三十年刻本,岭南美术出版社2006年版,第1551页。
③ (明)郭尚宾:《郭给谏疏稿》卷1《防澳防黎疏》,《丛书集成初编》第908册,第11—12页。
④ 转引自苏一扬《前工业化澳门的居民及人口体系(16—19世纪)》,吴志良、金国平、汤开建主编《澳门史新编》(3),第1044页。
⑤ (明)孙承泽著,王剑英点校:《春明梦余录》卷42《闽省海寇》,北京古籍出版社1992年版,第825页。
⑥ (明)陈吾德:《谢山存稿》卷1《条陈东粤疏》,《广州大典》集部别集类第11册,广州出版社2015年版,第456—457页。

人更多，在澳门形成了规模不小的聚居区。① 进入18世纪中后期，澳门政府同意其他欧洲人租居澳门，也引来了不少的西方商人。1839年5月4日，钦差大臣林则徐派员调查澳门人口，发现居澳英国人有57户之多。但总的来说，无论是早期的日本人还是后来的其他欧洲人，对澳门人口结构影响相当有限。

三 澳门人口阶层分析

由上述可知，澳门族群结构主要由纯种葡人、土生葡人以及华人组成，如果结合财富占有（参见表2）与权力掌握情况，可以大略将澳门居民分为四个阶层。

表2　　　　　　　　　1773年澳门人口占有财富情况②

类别	阶层	各阶层居民人数	各阶层居民平均拥有财产
葡萄牙人	一等 二等 三等	6 21 100	5万至20万两 4千至4万两 舰队军官
葡裔或混血儿后裔	一等 二等 三等	11 14 1300	1万至6万两 1千至2千两 海员及士兵
华人基督徒或土著基督徒（naturais）	一等 二等与三等	8 1000	2千至3万两 海员及士兵
奴隶		1100	
总计		3560	

第一阶层由王室贵族、教会中高阶神职人员和移居澳门的第一代

---

① 汤开建：《明代澳门城市建置考》，《澳门开埠史研究》，中华书局1999年版，第227页。
② 李长森《明清时期澳门土生族群的形成发展与变迁》"附表：1773年澳门土生族群人口结构"，第128页。

葡人富商（船主）组成，他们是纯种葡人。这一阶层或掌握巨额财富，或是葡国王室在澳门的代表（总督、王室大法官、高阶神职人员、舰队首领），他们掌握澳门的行政、财政、司法权，主导着澳门社会发展的方向。第二阶层由一般富人和担任公职的人士及其家属组成，这主要是较富裕的土生葡人及少数华人基督徒。这一阶层人士拥有相当的财富，对澳门议事会具有一定的影响力。第三阶层由从事社会服务、小资本工商业者以及海员与士兵及其家属组成，他们占澳门人口的大多数，包括一般的土生葡人、华人基督徒、非教徒华人。他们因资本薄弱，收入低下，生活相对较为清贫，在澳门社会属中下阶层。第四阶层主要由家奴组成。葡国商人在远东贸易过程中，习惯蓄养家奴，多者数十，少者也有三五人。家奴一般经济能力极为低下，人身自由受限较多，甚至不享有城市市民的权利，是澳门社会的最底层。

在第一阶层人士中，纯种葡人有明确、深厚的故土观念，对葡国国王的权威具有自然的敬畏感、依附感，他们在澳门社会中拥有一种超然的优越感。尤其是在18世纪中叶以后，国家主义思潮的兴起，葡国王室颁布《王室制诰》，他们在澳门权力重新分配中占据优势。他们对土生葡人歧视日渐明显，对土生葡人称谓"macaio（马交仔）"，即可显示了一种凌驾于土生人之上的优越感。[1] 在19世纪初，葡国立法规定在澳门的行政机关中必须保证一定数量的土生葡人的席位，可见当葡国王室主导澳门的行政变革后，土生葡人处境日渐式微的现实，以至于需要立法加于保护。但是，在居澳纯种葡人之中，也应注意到他们之间的区别。在他们当中，大致可分为两派：一派是代表葡国王室的权贵，如总督、王室大法官等一小撮由王室任命的官员或教区代表，他们是葡王意志在远东的执行者。另一派是代表居澳葡人的富商，很可能被民选为议事会成员，他们代表的是居澳葡人的整体经济利益。在精神上，他们十分依恋"祖国"；在财富上，他们更多地依靠明清地方政府的"宽容"。

---

[1] ［葡］彭慕治（Jorge Morbey）：《澳门土生葡人：种族同一性的几个侧面》，《文化杂志》总第20期，1994年。

1582年7月15日,澳门地方兵头阿尔梅达(João da Almeda)致函新国王菲利浦二世说:"我们已在澳门城多年,主要是与中国人,与葡属印度、日本国进行贸易……我们唯一渴望的便是与中国人交易,忍受了在其他地方不能忍受的事情。因为在这里我们没有堡垒,没有给养。只要他们不愿意,我们便没有贸易。这是非常重要的,保存居民点,保存与中国人的贸易是为上帝和为陛下服务,因为通过它才可以保存日本的基督徒社团。这是东方悠悠大事之一。"① 在这样的环境下,那些富有的葡人具有两面性。为了贸易营生,他们不得不采取实用主义态度,有时不得不忤逆葡王的意旨,有时又必须谦卑于广东政府。正如吴志良所言:"尤其在澳门的特殊情况下,葡萄牙犹如澳门葡人的亲生父母,而中国则为其衣食父母。"② 在议事会时期,总督与议事会长期发生冲突,主要就是这两种人在权力与财富问题上分配不均的结果。总督常常想借国王的光环逼议事会顺从,试图在澳门的行政、司法与贸易上争取更多的话语权。议事会则持民意与民生向国王讨要更多权力与利益的保证,一直将总督局限于军事防御的职能上,不许其插手澳门的行政、司法、贸易事务。这种纷争一直持续到亚马留时代。

第二阶层人士,他们主要是那些较为殷实的土生葡人。血缘将他们与葡国建立了密切的关系,但他们或许从未返回过葡国,也不知"家乡"模样。在情感上,他们依赖"祖国",以故土故乡来维系其国族认同、文化归属、心灵寄托。他们在价值观念上较为侧重于葡国的文化,对东方或中国的传统存有较深的偏见。这主要是因为男子在家庭中拥有的绝对权威。首先,葡国男子与东方的女子结婚,东方女子必须改变信仰,信奉天主;其次,所产后代以葡语为交流语言,教育以葡语教育为主,这样葡国文化在土生人中传承下来。土生葡人对纯种葡人的心理相当复杂,一方面仰慕他们的出身纯正,另一方面也为受其歧视感到无奈。土生葡人将纯种葡人称为

---

① Pablo Pastells, *Labor evangélica los Obreros de la Compañia de Jesus en las Islas Filipinas*, Vol. 1, p. 295.

② 金国平、吴志良:《早期澳门史论》,广东人民出版社2007年版,第223页。

"牛叔""牛婆",即透视出其对纯种葡人的不满与无奈。从澳门的历史来看,土生葡人与纯种葡人无论是物质利益还是思维方式均存在一定程度的冲突。彭慕治认为:"这种冲突的根源在于欧洲葡萄牙人更为清教徒式的思维方式与已适应渗有欧洲葡萄牙人视为罪孽或卑贱的亚洲习俗的东方文化的葡萄牙人的思维方式的对立。这些冲突始于面对社会基本单位——家庭——结构的不同方式,并由此纵横遍及整个群体。"① 澳门议事会之所以敢于与代表王权的总督进行对抗,就是有了这一群体的支持为后盾。

第三阶层乃是澳门的平民阶层,占澳门人口的大多数。但这一阶层的人口相对较为复杂,它包括土生葡人(含海员与士兵)、葡化华人、非入教华人等,三者虽同属平民阶层,生活清贫,终身为生存而奔波忙碌,"但得安居便死心"的移民心态比较明显,平时对"祖国"的意识较为薄弱。在这一阶层中,因出身不同,也存在明显的区别。相对而言,土生葡人在一定程度上受纯种葡人歧视,但他们毕竟存在血缘的关系,因此得到澳葡当局与教会的关注,享有完全的"市民"权利,因此在潜意识中,依然因自身的葡人血统而骄傲,即使与华人存在亲属关系,但对中国文化的偏见仍然难以避免。

在澳门,华人入教是一个较为普遍的现象。《澳门记略》在反映居澳华人的情形时称:"其在澳进教者,久居澳地,集染已深,语言习尚渐化为夷。但其中亦有数等,或变服而入其教,或入教而不变服;或娶鬼女而长子孙,或藉资本而营贸易,或为工匠,或为兵役。又有来往夷人之家,但打鬼辫,亦欲自附于进教之列,以便与夷人交往者。"② 从史料考察可见,居住在澳门城的华人,不论是从事工商业者,还是被贩卖的华童,大多数会接受洗礼,信奉天主教。究其原因:首先,入教者可能是谋求葡国法律的保障、天主教会某种利益与保护。1570年9月22日,葡萄牙国王唐·塞巴斯蒂

---

① [葡]彭慕治(Jorge Morbey):《澳门土生葡人:种族同一性的几个侧面》,《文化杂志》总第20期,1994年。
② (清)印光任、张汝霖著,赵春晨校注:《澳门记略》卷上《官守篇》,第81页。

下 编

昂曾颁布敕令：为扶持印度、中国、日本和马六甲异教徒的皈依，鉴于缴纳什一税和实物税是所有基督徒的普遍义务，从今以后，上述异教徒自皈依我圣教起，可免交个人及王室什一税及任何种类的实物税。从皈依之日起，为期15年。①叶士朋研究后发现，"葡国法律将受洗礼比照为出生，这样在王国接受了洗礼的人（基督教徒）也为本国人"②。华人只有受洗入教后，才能在经济与社会生活中享受一定的实惠。1759年，广州府南海县抓捕澳门天主教民林多默，后澳门查禁华人入教，他随即自首出教。后因充当买办，"工食无几，不敷用度。忆及从前入教时，遇有缺乏，俱可向夷人借贷应用，又复潜行入教，冀图诓骗银钱"③。其次，基督教社会的一些习俗带有强迫性或半强迫性，逼使华人改变信仰，信奉天主。第一，葡人购买的华童，主人有义务引导其信奉天主。而奴仆改信天主后，教会组织在一定程度上保障其人身自由。第二，与葡人或葡裔通婚者必须是基督徒。基于这些现实的利益，大多数居澳华人信奉天主就不足为奇了。从西方文献中，历来统计澳门的人口时，均特别注明包括相当量的本地基督徒，这足以说明华人加入教会不是少数。如1584年耶稣会士弗朗西斯科·卡布拉尔致菲利佩二世函称：尽管此地的葡萄牙居民只有二三百人，这些人加上他们的奴隶及本地基督徒人数可达到3000。④利玛窦抵达澳门发现："到澳门售卖食品和其他粮食的中国人，有不少已脱离异教的黑暗，见到了基督教的光明。"⑤但是，葡化华人的身份相当尴尬，一方面，他们的生活方式、宗教信仰已趋于葡化，有的甚至自视为葡人；另一方面，他们却无法享有澳葡当局所规定的完全"市民"权利，在澳葡

---

① 金国平：《西方澳门史料选萃（15—16世纪）》，广东人民出版社2005年版，第244页。
② ［葡］叶士朋（António Manuel Hespanha）：《澳门法制史概论》，周艳平、张永春译，澳门基金会1996年版，第31页。
③ 中国第一历史档案馆、澳门基金会、暨南大学古籍所合编：《明清时期澳门问题档案文献汇编》（1），第343—344页。
④ 金国平：《西力东渐》，澳门基金会1994年版，第120—157页。
⑤ ［意］利玛窦（Mathew Ricci）、［比］金尼阁（Nicolas Trigault）：《利玛窦中国札记》，何济高译，中华书局1983年版，第146页。

当局的政治、经济生活中，受到某种程度的排斥与偏见。1644年1月12日，澳门的华人天主教徒市民向葡王若奥四世提交了措辞强烈的抗议书，他们在这份抗议书中诉说自身在中国社会的身份尴尬，要求享受远东其他地区信众同样的宗教待遇："我们恳请陛下：1. 允许我们像原来那样以耶稣会的身份加入兄弟会。2. 允许我们和葡萄牙人、欧亚混血人在同样的地方进行贸易活动。3. 我们的警戒、驻守义务只限于战时。4. 允许我们穿外套。5. 给予我们法律救济和完全的财产权，我们遗孤的钱禁止他人使用。6. 我们应当与印度、锡兰及其他被允许的捕鱼区的渔港居住的当地土著基督徒一样享受同等的特权。"[①] 葡化华人在价值观念上趋同于西方，却不被西人所完全接纳；在故土上对"祖国"怀有深厚的情感，家乡人却已将其唾弃。葡人没有将葡化华人视为同族的人，中国人则视之为"假洋鬼子"，这势必会使得这些人在民族情感上存在一定程度的错乱。

至于处在第四阶层的家奴，尽管也得到一定的宗教关怀，葡王不断地颁布法令，要尊重这些人的尊严，禁止奴隶的买卖，但在一个充满金钱诱惑的社会里，也难以改变其受役使与被歧视的命运。

结　语

澳门城市的形成过程，其实就是华洋移民聚居的过程，它的居民虽然国族不同，但有两点是相同的：一是移民心态，二是商人的利益主义。他们活着就是为了安生与财富。然而，作为一个移民的港口，居民的观念与利益冲突在所难免。值得庆幸的是，在明清时期，经历三百年的发展，澳门社会基本上较为安稳，这不能不归功于广东地方政府与澳门议事会在管治上所体现的灵活与妥协、公平与务实的精神。广东地方政府在保证海疆安全的前提下，默许居澳葡人一定程度

[①] ［英］博克塞（C. R. Boxer）：《16—17世纪澳门的宗教和贸易中转港之作用》，中外关系史学会、复旦大学历史系编《中外关系史译丛》第5辑，上海译文出版社1991年版，第92页。

的自治,达到了以夷治夷的目的,均沾贸易的利益;而居澳葡人则在稳定的基础上,采取了"双重效忠"的策略,[①] 确保澳门港口的有秩发展。这种治理策略的选择,与澳门的族群成分有很大的关联。

(与李琴联合署名,原载《暨南学报》2011年第3期)

[①] 吴志良:《生存之道——论澳门政治制度与政治发展》,澳门成人教育学会1998年版,第56页。

近代澳门华政衙门之组织与职能演变

澳门从租借地演变为殖民地，经历了一个较为长期的演进过程。在这一过程中，除了领土的占领外，澳葡当局对华人的实质管治成为澳门殖民化的重要标志。华政衙门作为澳葡当局管治居澳华人的特设部门，其演变过程，正好透视了澳葡当局谋求管治居澳华人的每一个步骤。关于这一课题，葡国学者萨安东在《葡萄牙在华外交政策（1841—1854）》、叶士朋在《澳门法制史概论》中均有所涉及，但或碍于著作的宗旨，并没有系统地探讨。而在中国学者中，吴志良在《生存之道——论澳门政治制度与政治发展》一书也稍有论及，同样没有予以深论。这些著作，对华政衙门虽然没有专章论述，但对澳门华政衙门的研究提供了许多葡文的史料以及很有启发的研究思路。近期有青年学者郑爽发表了《从〈澳门宪报〉中文资料看华政衙门的司法程序》，[①] 仅仅对华政衙门审理华人案件时的司法程序进行论述，并没有发现华政衙门的演变所代表的政治意义。本文在参考前人成果的基础上，以《澳门宪报》中文资料为中心，试着对这一专题进行较系统的论述，以就正于大家。

一　澳葡政府对华人的政策与华政衙门成立

澳门既非因协约而赠予，也非因协助中国剿灭海盗而割让，而是因应当时明朝对外贸易政策，广东地方政府默许葡人居留澳门，直到

[①] 郑爽：《从〈澳门宪报〉中文资料看华政衙门的司法程序》，《澳门历史研究》第9辑，2009年。

1570年，葡人地租银存入国库，其租居的地位才从事实上与法律上得以确认。1582年澳门议事会成立，随后获得葡西联合王室的承认，澳门议事会成为葡国管治居澳葡人的民选机构。1587年，《澳门大法官章程》明确规定，澳门司法机构只管葡人，不得干预中国人之间的案件。① 在此后的两百年间，澳门议事会之理事官基本遵守这一规则。在对居澳华人的管理方面，只是配合广东地方政府的要求，协助调查处理居澳华人的治安案件以及华洋之间的民事、刑事案件，在维护澳门社会秩序中发挥了一定的作用。

18世纪中叶起，国家主义思潮在欧洲蔓延，在主权不可分享的观念影响下，葡国一直谋求将澳门变为其殖民地，出现了将澳门完全纳入葡国王室管辖之下的趋势。但是，1750年11月葡国海外委员会也坦承，中国皇帝并没有发布过从法律上承认葡人拥有澳门的诏书，而且议事会出于其经济利益与在澳的特权考虑，也不想改变原有的管理模式，因此，葡国的企图心并没有太多的进展。

随着葡国国内对澳门的欲望日趋强烈，但在旧的管治体制下，很难如愿，因此，于1784年葡国王室颁布《王室制诰》，试图改革澳门的管理体制，削弱议事会的权力，强化澳门总督管辖权，其第三条圣谕规定：澳门总督应有更多的司法管辖权及权威，而目前他们很少或根本没有这些权力。为此，阁下应命令该城的议事会不得在没有听取澳门总督意见并获同意及许可之前，决定任何有关中国或王库的事宜；在未达成统一意见的情况下，应知会本省总督及兵头讨论决定。② 很显然，葡国王室将对华务的管理视为改革澳门官僚体系的重点之一。葡国当局十分清楚，对于居澳华人的行政、司法管理权，不是一蹴而就，他们采取"蚕食"的策略。1792年，为清剿海盗，广东地方政府向澳葡当局提出协助的请求，葡人因此向广东政府提出九点要

---

① ［葡］叶士朋（António Manuel Hespanha）：《澳门法制史概论》，周艳平、张永春译，澳门基金会1996年版，第62页。

② 吴志良：《生存之道——论澳门政治制度与政治发展》，澳门成人教育学会1998年版，第390—391页。

求，其中四点涉及对华人的行政、治安、司法管理权。①但遭受当时香山知县许敦元的拒绝。

1803年3月26日，葡国王室颁布法令，对澳门司法进行了改革，一是恢复王室大法官一职，二是成立司法委员会，负责审裁对王室法官判决的上诉。这次法令的第六条规定："若发生杀死华人案件，理事官应下令逮捕犯人，以此避免中国官员给本澳及其居民贸易带来危险、混乱和麻烦。经过查访后，如实从速立案，提交总督及议事亭成员在议事亭会审。议事亭所有成员将应召参加会审。若犯人被判普通死刑，立即执行，由我的法律审判我的子民比将他们交给上述中国官员听其倒行逆施、肆意侮辱要体面些。"②根据龙思泰与徐萨斯的诠释，如杀人犯是基督徒，不得交给中国官员，案件须由澳门议事会审理，如果案犯根据葡萄牙法律被定为有罪，就应由澳门法庭判他死刑，由一名基督徒的刽子手执行。③葡国法令首次公开向中国司法制度提出挑战。尤其是，明确将华人基督徒纳入其管理的范畴内，这是为实现管理华人迈出十分巧妙的一步。

为了实现将华人置于葡萄牙当局直接管辖之下，1843年吐利威啦·边哆（Silveira Pinto）总督与1845年比加哆（José Gregório Pegado）总督曾提出过一种"以华治华"构想，改革澳门行政体制，一是成立政务委员会，将华人事务移交政务委员会处理，架空议事会处理对华关系职能。甚至说，应将理事官隶属政务委员会。④二是为了避免葡人直接管理华人所引起的抵触情绪，将香山县丞或华人保长纳入澳葡的管理体系中，听从葡人指挥。"对那里的华人居民进行管辖，

---

① 刘芳辑，章文钦校：《葡萄牙东波塔档案馆藏清代澳门中文档案汇编》，澳门基金会1999年版，第411页。
② 《澳门理事官章程》，载《海外委员会宪报》之《最新法规》第1卷，1834—1851年，第271页，转引自［葡］萨安东（António de Saldanha）《葡萄牙在华外交政策（1841—1854）》，金国平译，葡中关系研究中心、澳门基金会1997年版，第106页。
③ ［瑞］龙思泰（Anders Ljungstedt）：《早期澳门史》，吴义雄等译，东方出版社1992年版，第80页；［葡］徐萨斯（Montalto de Jesus）：《历史上的澳门》，黄鸿钊、李保平译，澳门基金会2000年版，第163页。
④ 总督于1846年1月26日致海事及海外部公函，海外历史档案馆，二部，澳门，1846年函盒，转引自［葡］萨安东（António de Saldanha）《葡萄牙在华外交政策（1841—1854）》，金国平译，第104页。

将由居民中的长者推举出保甲长隶属于议事亭理事官。遇有重大案件时，则由理事官备文，将犯人（未归化葡籍者）送交中国官吏。"①

1846年，在亚马留（João Maria Ferreira do Amaral）上任后的一个月，若泽·安东尼奥·马亚（José António Maia）也提出了类似的建议，称："即便中国政府无异议，我们可以设想，澳门华民会反对受制于葡萄牙当局，不愿接受葡萄牙的统治。在这样的情况下，宜在澳门保留中国官员，但最好葡萄牙人能驾驭这一官员及由他管制的居民。"② 亚马留则在这基础上，进行更为直接的改革。1847年8月20日，澳督亚马留据海外省法令将对华事务从议事公局中分离出来，纳入澳门政府的管理职能，隶属于澳门辅政使司衙门（Secretaria geral do Governo de Macau），实际上转由澳门总督控制，以使澳门政府独揽一切对华交涉大权。③ 1849年，亚马留在与香山县丞交涉关于迎接中国官员入澳的礼仪时，就明确指出："中国官员以对一葡萄牙殖民地拥有管辖权的方式进入澳门是不合适的。只允许他（县丞）行使管辖权，因为的确将其视为领事或居澳华人的保长。华人的表现由他向总督负责。因此，华人最好承认他为权威。"④ 亚马留将澳门视作葡国的领土，将香山县丞化身为中国的领事或居澳华人的代表，这样做的结果：一是借助县丞来稳定居澳华人的情绪；二是提升了澳葡政府与广东政府交涉的级别。明清两朝，所有澳门事务均被视为广东地方

---

① 《葡中关系史资料汇编》第1卷，第94、96号文件。另有《伦敦公众档案局藏广东省档案注释目录》，哈佛东亚丛书第六十三种，哈佛大学，1975年。文中收录了《耆英及黄恩彤回拒理事官提出的将澳门华人置于葡萄牙法律管辖之下的请求的公函》（1845年9月2日），第663号文件《钦差耆英就澳门理事官将澳门华人置于葡萄牙人控制之下的请求致广东政府及总理衙门的公函》（1845年9月4日）。参见 [葡] 萨安东（António de Saldanha）《葡萄牙在华外交政策（1841—1854）》，金国平译，第107页。

② [葡] 若泽·安东尼奥·马亚（José António Maia）：《澳门开港回忆录》，第40—41页，转引自 [葡] 萨安东（António de Saldanha）《葡萄牙在华外交政策（1841—1854）》，金国平译，第112页。

③ Francisco Gonçalves Pereira, *Portugal, a China e a "Questão de Macau"*, pp. 34-35. 参见吴志良、汤开建、金国平主编《澳门编年史》（4），广东人民出版社2010年版，第1629页。

④ 总督于1849年1月26日致海事及海外部公函，海外历史档案馆，二部，澳门，1849年函盒，转引自 [葡] 萨安东（António de Saldanha）《葡萄牙在华外交政策（1841—1854）》，金国平译，第111页。

政府的事务，亚马留的设想一旦实现，那么，他与县丞的所有交涉就变成了国与国之间的交涉。

在议事会时期，理事官是澳门葡人与中华帝国联系的最有效的途径，中国政府通过赋予某些行政权力，并给予了"督理濠镜西洋事务理事官"之称谓，将其纳入中华帝国的行政体系之中。1837年澳门议事会对申诉澳门改革的意见书上，称："澳门这一居留地最适合拥有一议事会或市政府形式的政府，目前，因为它系一温和的政府，可以保持与华人（这一土地属于他们）的友好关系，避免他们产生妒忌。此形式最适于贸易，这是往昔的葡萄牙人唯一的目的。的确，与当地当局或官员的交往使得市政府成了葡中两国人民之间唯一的纽带，理事官则成了与中国官员一切联络的中介。此种情况延续至今，它是获中华帝国合法承认的唯一官员，在皇帝面前对本居留地负责。因华人因循守旧，反对革新，所以派往澳门的总督及按察使虽有管辖权及指挥权，至今只承认他们对葡萄牙人的权威。中华帝国官员并不承认他们。中华帝国官员决不允许他们不通过理事官进行合法联络。理事官使用议事亭的公章。中华帝国官员仅仅承认它。"[①] 亚马留对于议事会运作模式与政治意义十分清楚，他曾评论说，既然许久以来华人将其视为"拥有某种级别的官员……当时，官员的礼遇对于那些对国家尊严视若儿戏或根本不知何谓国家尊严的人来讲，是求之不得的东西，而如今，除了将澳门政府最敏感、最要害的部门交给民选人士这一不便之外，最好不要让华人认为这些事物需由一具有中国官员级别的人来办理"。因而迫切需要在这方面采取措施，彻底使"华人完全废弃管辖澳门的企图"[②]。

亚马留的殖民管治措施，主要是采取两种手段：一是在领土的占领上采用了较强硬的立场，二是对于居澳华人的管理方面，则显得较

---

① 《上帝在华圣名之城市政厅致尊敬的印度总督萨布罗佐男爵阁下备忘录》，果阿历史档案馆，澳门册，第1344号文件，转引自［葡］萨安东（António de Saldanha）《葡萄牙在华外交政策（1841—1854）》，金国平译，第102页。

② 总督于1849年1月25日致海事及海外部第三零九号公函，海外历史档案馆，二部，澳门，1849年函盒，转引自［葡］萨安东（António de Saldanha）《葡萄牙在华外交政策（1841—1854）》，金国平译，第103页。

为柔性。领土的占有是其殖民地管理的标志，对华人的管理则是殖民地管理的实质。亚马留曾说："欲将澳门城变为完全的葡萄牙辖境，需将华人居民置于我们的法律之下。"① 因此亚马留在改革澳门的行政制度时，一是将管理居澳华人的行政职能纳入政务委员会，由总督直接领导；二是拒绝服从澳门同知、香山知县的管辖，而且策略性地将香山县丞、华人保长视为中国的领事或居澳华人的代表。

亚马留遇刺后，香山县丞撤离，澳门管理由政务委员会代理执行。此后的澳门总督为了解决澳门所面临的政治、经济与社会危机，极力拉拢居澳华人，稳定澳门的社会基础。1852年对于华人的管理建立特殊的部门华政衙门（Procuratura dos Negócios Sinicos），由政府里的理事官兼理，并颁布了《检察官署章程》，规定华务检察官署的刑事与民事诉讼规则。1862年12月17日又公布了《华务检察官署章程》，赋予其处理华人之间或被告为华人的争议的权限，初步确立管理居澳华人的基本原则，慎重处理居澳华人的案件，② 华政衙门的格局基本形成。

1865年，澳葡政府对华人的管理又进行了更彻底的改革，依照7月5日法令规定，理事官由澳门总督在现任市政议员中推举候选人，最终由葡国王室任命。这样其名依旧，却产生了一种直接向政府负责的新官员，将理事官彻底脱离于议事亭。为了明确华政衙门的职能与运作规则，此后，澳葡政府成立一个专责委员会，对完善这一机构提供建议。经过长期的实践，1877年6月11日，澳葡政府发布了第59号训令，公布了较为全面的《华政衙门章程》，此章程迟至1881年12月22日才获得葡萄牙政府的核准。章程规定了理事官"要从受过法律教育的法学家中挑选"③。经过这些变革，澳葡政府关于华人的管理政策可以得到更好的落实，管理人员更加专业化。

---

① 总督于1847年6月21日致海事及海外部公函，海外历史档案馆，二部，澳门，184年函盒，转引自［葡］萨安东（António de Saldanha）《葡萄牙在华外交政策（1841—1854）》，金国平译，第106页。

② ［葡］叶士朋（António Manuel Hespanha）：《澳门法制史概论》，周艳平、张永春译，第52页。

③ 同上。

至1894年2月20日，葡国殖民部颁布《新海外省司法管理章程》，因受司法必须统一的观念影响，章程取消了殖民地原有的司法委员会（包括澳门司法委员会）及作为司法机关的华务检察官署，其职责转由法区法院之法官行使。在这次改革中，华政衙门丧失了其司法职能，成为仅仅是管理华人一般的经济民生事务的机构。

二 华政衙门之组织结构

亚马留督澳时期，他以强硬的姿态，不理会中国政府以及澳门议事会的反对，在澳门推行殖民管治，一是强迫居澳华人向澳葡政府缴纳税银；二是将原属于议事会的理事官及其职责划入政府秘书处，将其融入殖民政府的行政体系之中。通过这两个措施，澳葡政府掌控了居澳华人的管辖权。但是，亚马留还没有制定对华人管理的相关章程即遇刺身亡。其继任者依照1852年11月19日第104号《关于检察官署的刑事诉讼章程》的训令，针对华人的管理建立特殊的部门——华政衙门，并由政府里的理事官兼理。1862年7月5日，公布了《华务检察官署民事诉讼章程》，赋予其处理华人之间或被告为华人的争议的权限。至1865年7月5日的训令，华务检察官署才最终独立于议事会而归政府管辖，[①] 华政衙门的格局基本形成。

随后又经历1877年6月11日、1877年12月20日及1881年12月22日的三次改革，华政衙门逐渐完善。根据《澳门宪报》记载，华政衙门的职责大体分两部分，一是诉讼，二是政事。其机构由三大部分组成。

第一，政府机构，由理事官、国家律师、1名正翻译官、1名副翻译官、2名一等翻译官、2名口译（宪报称"传话"）、2名司法公证员兼文书、1名文书兼会计员、1名行政文书、2名衙役、1名唐字先生、1名帮办华文先生、2名华人文书、3名华人衙役组成。

理事官乃华政衙门的最高长官，又称检察长，宪报发布华政衙门

---

① ［葡］叶士朋（António Manuel Hespanha）：《澳门法制史概论》，周艳平、张永春译，第78—79页，注释220、221、222。

重要文告时，以"大西洋钦命澳门理事官办理华政事务"称呼。议事会时期由民选产生，隶属于议事会。依照1865年训令，理事官直接由葡国王室任命，向总督负责，而且必须受过专门的法律教育。至此，理事官才完全脱离议事会。

表1　　　近代华政衙门（华政厅）理事官一览①

时间	人名	备注
1879年4月26日	梁绍（L. Ferreira）	澳门理事官办理华政事务
1879年6月28日	伯多禄（Pedro Nolasco da Silva）	署理
1879年9月27日	花赓（Ignacio Miguel Leitão Manso de Lima Falcão）	
1880年3月23日	施伯多禄（Pedro Nolssco da Silva）	署理
1880年6月5日	巴（Antonio Joaquim Bastos Jr.）	
1881年6月11日	何利华（Antonio Marques d'Oliveira）	
1882年12月23日	马（Lourenço Marques）	署理
1883年7月7日	梁（L. Ferreira）	署理
1887年6月10日	德利士（Joaquim Candido da Silva Telles）	署理
1889年7月18日	简（J. Candido S. Telles）	署理
1889年12月5日	何（Marques）	
1890年10月9日	沙（Francisco Maria de Salles）	
1892年1月14日	卫（Bazilio Alberto Vaz Pinto da Veiga）	华政务厅
1893年10月21日	沙（Salles）	署理
1894年6月23日	梁（Leoncio Alfredo Ferreira）	
1900年5月12日	罗（Fernando José Rodrigues）	
1903年1月17日	刚（J. B. Gonsalves）	
1903年5月30日	江（José Augusto Pereira Gonsalves Junior）	
1903年10月24日	辛（J. A. Santos）	署理

① 本表根据吴志良、汤开建主编《〈澳门宪报〉中文资料辑录（1850—1911）》整理而成，其时间不是任命的时间，而是在宪报首次出现的时间。

续表

时间	人名	备注
1905年2月25日	马（José Luiz Marques）	
1906年11月24日	金（Barão de Cadoro Carlos）	
1907年4月27日	黎（Carlos de Mello Leitão）	
1908年10月17日	斐（Ferreira Marques）	
1909年7月17日	黎（Carlos de Mello Leido）	
1910年6月24日	李	

司法公证员兼文书，主理衙门的司法行政事务，负责起草一般行政公文、司法文书，宪报称"大西洋澳门华政衙门写字"。

翻译官，华政衙门设立专门的翻译机构——翻译官公所（expediente sinico），由一正一副翻译官与多名助理组成，主要负责政府有关政令及行政、司法文书的翻译工作，《澳门宪报》1879年2月8日第6号公告："自今以后，澳门宪报要用大西洋及中国二样文字颁行，由翻译官公所译华文较对办理，并正翻译官画押为凭。"[①] 若有华人承充生意需签订合同，也需翻译官将合同译出华文。华文先生，一名为正华文先生，另一名为助理（在《澳门宪报》称"帮办先生"），主要是审阅翻译官的政令与文书之翻译是否符合中国的文字表达习惯。1882年12月28日任命了正华文先生罗熙耀、帮办华文先生徐华舫二人，"理事官凭该札谕饬令该两先生照中国事例，清心嘱咐该两先生尽其本分"[②]。传话，澳葡政府执行涉及华人事务，由传话人沟通、传达政府的旨意。1882年华政衙门的传话人是沙威（Mauricio Xavier）、罗罢士（J. T. Robarts）。差役，主要协助华政衙门管理华人社会治安、调查诉讼事证等。

国家律师，华政衙门内设有专业律师代理华人的一切诉讼，1884

[①] 吴志良、汤开建主编《〈澳门宪报〉中文资料辑录（1850—1911）》1879年2月8日（第6号）公告称："自今以后，澳门宪报要用大西洋及中国二样文字颁行，由翻译官公所译华文较对办理，并正翻译官画押为凭。"（澳门基金会2002年版，第8页）

[②] 吴志良、汤开建主编：《〈澳门宪报〉中文资料辑录（1850—1911）》，1882年12月23日（第51号），第87页。

年1月1日，华政衙门公布澳门注册律师名单：叭之咕（Albino António Pacheco）、巴士度（António Joaquim Bastos）、吡唎喇（Vicente Saturnino Pereira）、租遮·施唎吡（José da Silva）、吵唎士（Francisco Maria do Salles）。并称："除已上五位外，毋许别人在本衙受人请托代办衙内之事。现查得有数人常以大言欺人，图骗钱财，自称有力能，并有人事可以代人包揽词讼等谎。盖此等人固无律师之权，亦无代办之责，实为欺诳之徒耳。且此等人与衙门书吏并无势力，本官经已饬令署内书吏各房，如有此等人到署，定行斥逐。"① 国家律师相对独立，与华政衙门不存在隶属关系，应是按察司派驻华政衙门的司法代表，以保证华政衙门司法审理的专业性。

第二，由政府专设一个公会，负责对相关律例进行调研与修订。按照相关规定，公会成员的人选必须是"熟识华政衙门情形及国家办案政治律例者"。如1880年，该公会则由以下人员组成：律例秀才柯唎威喇（Bacharel Ednardo Alfredo Braga de Oliveira），时任澳门按察使司，举为公会主席；巴度（Antonio Joaquim Bastos Junior），时任华政衙门皇家律政司；梁绍（Leoncio Alfredo Ferreira），时任西洋政务厅，前署理事官；卑哆禄（Pedro Nolasco da Silva），正翻译官兼副理事官，因时任理事官请假养病，特委署理；玛琪仕（Eduardo Marques），副翻译官，举为公会书记。②

第三，华人咨询委员会。早期关于华人之间的民事纠纷，涉及对中国风俗习惯的解释，一般由当事人双方聘请共同信任的人来提供意见，并以此为最终裁决的法理依据。后来，澳葡政府为了规范司法程序，制定了规则，按照相关规定："在华人风俗习惯未编纂成法典之前，先在检察官署内成立一个由十二名华人组成的委员会。当委员会需要运作时，其成员从每年澳门纳税最多的四十位华人居民中抽签选

---

① 吴志良、汤开建主编：《〈澳门宪报〉中文资料辑录（1850—1911）》，1884年1月5日（第1号），第105页。
② 吴志良、汤开建主编：《〈澳门宪报〉中文资料辑录（1850—1911）》，1880年4月24日（第17号），第30页。

出。当检察官需要时,委员会负责为其解释华人的风俗习惯。"①1881年何利华（Antonio Marques d'Oliveira）在其出任理事官的公告中称："查华政衙门定章,原有明文,须要遵守华人之律例风俗,然此等律例风俗,本官虽未深悉,惟冀有陪审秉公华人可以出其意见,或与本官晤商,如此,庶可以匡本官之不逮。至尔等陪审秉公,须照公平之心,实事求是,竭力勖勉。"② 华人咨询委员在华政衙门审理案件时充当陪审员的角色,负责对中国风俗习惯的解释,因此,在审理华人之间的案件中起到相当重要的作用。

三 华政衙门之职能的演变

华政衙门的理事官作为政治官员,负责与中国下级官员接触;作为行政官员则拥有管理居澳华人的职权。根据《华务检察官署章程》的规定,理事官的工作主要包括两大部分,即一般司法权限与非司法性职责,也就是说,一管诉讼,二管政事。从《澳门宪报》的中文资料来看,在19世纪90年代以前,华政衙门的职责主要表现为以下几个方面。

第一,负责审理居澳华人之间以及华人作为被告的一切民事、刑事、商业及行政案件。依照相关章程,所有涉及华人的刑事、民事以及治安案件首先要禀告华政衙门,相关华籍嫌疑人要押解华政衙门收监。华政衙门有权审理华人之间与华人作为被告的轻微刑事案件以及华人之间的民事纠纷,并执行相关的判决。华政衙门还负责对拖欠公钞的华商进行追讨,"如该铺事头或司事既送到公物会公所,不肯即刻遵第十七款缴银,则该管理领牌之簿书吏宜写报单,并同此人送到华政衙门,其差役所立案券亦送交理事官查核。至该报单要公物会书记或代书记办事之人签名为据。第一附款:理事官当政务厅之职,或代理事官办理之员,即到欠公钞之铺行将其货物或什物逐一点明,所

---

① ［葡］叶士朋（António Manuel Hespanha）:《澳门法制史概论》,周艳平、张永春译,第54页。
② 吴志良、汤开建主编:《〈澳门宪报〉中文资料辑录（1850—1911）》,1881年6月11日（第24号）,第47页。

点之物须足填公钞及费用为止，即在该铺店即刻将所点货物出投发卖，以为抵偿所欠领牌公钞及各费用，并须令欠主当面亲见出投。第二附款：所有点物出投发卖之各案券，并所欠公钞银，一切送交公物会，以便出牌登注簿内。"①

表2　　　　　　　　1882年华政衙门经手审理之案件一览②

西月	1	2	3	4	5	6	7	8	9	10	11	12	共
为盘问	30	8	21	10	20	20	15	19	17	7	10	10	169
抢劫				8	1	2	7		2	2	4		26
偷窃	6	50	40	4	11	10	16	18	13	7	8	9	131
欠银						1		1		1			3
伤创	1		2		2	3	3		3		2	4	20
犯章程	2	1	1		15		18	28		6	5	9	85
击敌			4		1	1		2	1		1	2	12
发虚誓						1	1						2
滋事			1									15	16
佩带严禁之军器				17						4			21
凌辱人					2		1				1		4
游行	1	3		1	1		3	13		7	37		67
拒捕					1	3	1						5
欺骗	1			1		2		3			1		8
犯命	4	2		2	1	1	9	1		4	1	2	27
总数	27	29	43	43	55	42	75	87	36	31	39	89	596

第二，负责翻译、倡导澳葡当局的相关法令、法规以及政策。凡政府颁布新的涉及经济、民生及社会治安之法令，均通过华政衙门翻译，刊登宪报，向华人谕知。

---

① 吴志良、汤开建主编：《〈澳门宪报〉中文资料辑录（1850—1911）》，1880年7月12日（第28号附报），第34页。
② 吴志良、汤开建主编：《〈澳门宪报〉中文资料辑录（1850—1911）》，1883年2月10日（第6号），第89页。

第三，负责搜集居澳华人对政府政策、法规的意见，并转达相关部门的解释或修订。1880年5月巴（Antonio Joaquim Bastos Jr.）出任理事官兼理华政衙门，其上任文告称："惟本官更有分内应守之事，盖分内者即是本官专责，因本官名为办理华政事务，则可知本官办理非徒审案主政而已，然必以保护华民为主。须令各守本澳居民章程，如遇有章程饬令，或有不公，或是苛刻，为华人所苦者，本官定必详禀上司，务求照公办理。尔华人当知本官为民父母，不仅以一秉至公，办事无偏，乃为尽职，是必以慈爱之心、保护之意，推及于尔华人也。"① 如澳门华商对1883年澳门议事公局社会治安条例的异议，经华政衙门转达，1884年1月议事公局给予了修订，增加两座庙宇的开放，放宽节庆、祭祀活动燃放炮竹的禁制。"澳门议事公局为加增告示数款事。查于一千八百八十三年八月初二日出示后，有本澳最巨华商禀情事，兹批准其所求，议定加增数款列左：第一款内，兹加增数附款如后：第四附款，查第一款之第一附款内，前所准华人六庙不在禁内，兹定加多两庙，亦一体不在禁内：一庙在大街，一庙在下环街之皇家新街。第五附款，自华正月初三至廿五日，准各店铺行商由晨早五点钟起至晚夜十二点钟止，准华人烧放炮竹。第六附款，如有酬神建醮教内各事，并娶亲等事，倘先有禀上议事公局求情，方准自早五点钟至夜十二点钟烧放炮竹，惟要先于廿四点钟之前禀准领照，即将该照转呈巡捕统领查阅画押方可，但所准只一夜矣。"②

第四，根据劳务输出相关章程，华政衙门负责审核、召募华人劳工，并与其签订相关合同，报澳门总督审批。③

第五，执行葡国海外部关于华人的相关政策。如华人欲加入葡国国籍，必须经由华政衙门审核、公示，始能正式加入。

---

① 吴志良、汤开建主编：《〈澳门宪报〉中文资料辑录（1850—1911）》，1880年5月29日（第22号），第32页。
② 吴志良、汤开建主编：《〈澳门宪报〉中文资料辑录（1850—1911）》，1884年1月28日（第4号），第104页。
③ 吴志良、汤开建主编：《〈澳门宪报〉中文资料辑录（1850—1911）》，1881年11月5日（第45号），第57页。

下 编

第六，负责居澳华人的生育婚丧注册。为改善居澳华人的管理，根据澳葡政府1886年6月13日第73号令，设立婚丧产育之注册章程，"兹所立新章定于西纪本年八月初一日、即华七月初二日创行，惟开办当始，暂时准任人意，或注册，或不注册亦可。至于注册各件，系因婚姻、生死及实认私出之子女冒充正根之子女，并华人择立继子等事。该注册系在华民政务厅举行，除安息日外，每日十点钟至三点钟开办。其暂时注册之事，则归本衙门政务厅写字办理。"①

19世纪80年代，中葡关于澳门的法律地位谈判日趋明朗，澳葡政府对居澳华人管理事务也随之增加，政府法令法规以及相关的文书翻译工作繁重，为了准确、统一、及时地向华人传达相关政策法规，1885年将华政衙门的翻译官公所独立出来，成立一个专门的政府机构，负责政府法规与文书的翻译工作。② 至90年代，随着葡国学界对司法统一的观念日益强烈，1894年2月20日，由殖民部颁布了《新海外省司法管理章程》，对葡国海外殖民地的司法体系进行较大的改革，取消了澳门司法委员会及作为司法机关的华务检察官，其职责由澳门区法院的法官行使，较轻微的案件可由市政法官或平民法官负责。③ 至此，澳门华政衙门结束了原有的司法诉讼功能。

从《澳门宪报》中文资料来看，从1894年以后，华政衙门发生了明显的变化：首先，从称谓上，华政衙门改称华政务厅署，与西洋政务厅署相对应。其次，华政务厅署不再处理诉讼事务以及华人入籍

---

① 吴志良、汤开建主编：《〈澳门宪报〉中文资料辑录（1850—1911）》，1886年7月22日（第29号），第145页。

② 李长森在《百年摇篮，树老花香——澳门理工学院中葡翻译课程百年沧桑》一文中认为：1885年11月2日，澳门政府颁布法令，将隶属于澳门辅政司衙门的华政衙门独立出来，升格为华政厅（Repartição do Expediente Sínico）。成立该厅的主要目的是实现澳门行政当局与广大华人社会的语言沟通问题，澳门政府需要在社会、文化、经济、法律等诸多方面对华人实施管理，而其中最主要的就是翻译工作。为了充分发挥该署的职能和作用，就有必要对充当笔头和口头翻译的人员进行正规培训，因而也就需要设立一个培训翻译人员的机构（《澳门理工学院学报》2008年第4期）。

③ ［葡］叶士朋（António Manuel Hespanha）：《澳门法制史概论》，周艳平、张永春译，第55页。

等问题，这些业务均改由按察使司办理。再次，华政务厅署除沿袭原来华政衙门的政事部分事务外，改革后，其处理的事务更接近经济与民生，主要体现在以下两个方面：

第一，在经济方面。首先，近代澳门经济体制以行业垄断性的经营为主，大至博彩业，小至食品、人力车等，均通过投标方式，实行个人或机构专营。在这些经营性的商业活动中，华人占据绝对的优势，华政务厅作为中间环节，参与相关各类承投章程的落实、监督。如白鸽票、山票、闱姓等承投，华政务厅负责审核承投者及其担保人的资格、收管按金、监督开票以及督查经营者是否按章程规定经营，并对违犯章程者的进行处罚。"所有票厂事务及稽查该厂之权，系归华政务厅办理。"[1] 每个承投者均招募巡役，负责巡查非承投者的侵权行为，这些巡丁必须持有华政务厅"签名盖印兼经辅政司画行"之工作牌照，"倘该丁既无牌照而又恃强截搜，许即鸣捕保护或觅证人来署指控，以凭惩办"[2]。其次，澳葡政府对于非垄断性的商业经营活动，均事先签署相关的章程加以规范，如工业制造、当铺经营、银号经营等。华政衙门则负责经营者是否依照章程进行经营，如依照1903年10月28日的当铺章程，负责当铺的监管，包括当铺的营运、违规处理、东主与按押者纠纷的调解。[3] 依照1907年8月24日公布的《贩卖枪炮军器并制造炮竹章程》，协助管理军事枪械及制造炮竹。负责查核牌照、监督枪械、炮竹及相关原材料的进出口、监督枪械交易及登记枪械购买者资料等。[4]

第二，在社会管理方面。近代澳葡政府对于澳门社会的管理采取

---

[1] 吴志良、汤开建主编：《〈澳门宪报〉中文资料辑录（1850—1911）》，1903年5月9日（第19号），第371页；1909年6月5日（第23号），第536页。

[2] 吴志良、汤开建主编：《〈澳门宪报〉中文资料辑录（1850—1911）》，1906年7月7日（第27号），第455页。

[3] 吴志良、汤开建主编：《〈澳门宪报〉中文资料辑录（1850—1911）》，1904年1月9日（第2号），第384页。

[4] 吴志良、汤开建主编：《〈澳门宪报〉中文资料辑录（1850—1911）》，1907年8月24日（第34号）。章程规定：凡卖军器店"必须设簿一本，在该簿内登记买者姓名及某项枪械某日入铺某日卖出若干，一一登注明白，以备查核。附款，此簿逐页编列号数，由华政厅画押于上。"（第486页）

了"小政府大社会"的模式，让公众参与公共事务的管理，诸如市政工程、政府物资采购、街道卫生、路灯管理、厕所管理等，均以承充的方式，将其通过投标来发包给个人或机构。华政务厅则要参与相关的宣传、投标与监管工作。

此外，华政衙门还要依照相关章程对特殊的华人群体进行监管。如负责给华人乞丐发放牌照。对经查核符合条件者，"即可发给凭照一纸，须将该乞姓名、年岁、有无妻室、原籍何处、身裁、面貌以及盲跛聋哑各疾、应在某处、如何行乞注明照内，另给硬牌一面，写乞丐二字，西人用洋字写，华人用西华字写，俾该乞挂在胸前"①。又如，依照《娼寮章程》，负责对娼妓的管理，包括注册发牌、卫生防疫等。② 又如，根据《澳门佣工章程》，负责华人佣工的注册、管理以及纠纷处理。华政衙门只可对不遵守相关章程者进行罚款、注销注册、逮解回籍的处罚，较为严重者或不服处罚者则交由按察使司审理。③

结　语

自从亚马留在澳门推行殖民管治以后，澳葡政府对待居澳华人的管理采用了拉拢、安抚的政策，第一阶段，策略性地将香山县丞视为中国的领事或居澳华人代表，以稳定殖民管治初期华人的对抗情绪。第二阶段，在澳葡政府内设立华政衙门，以较为柔性的方式管治居澳华人，实现其对澳门的全面管治。第三阶段，中葡签订《和好通商条约》后，确立了葡国永居管理澳门的地位，随之以司法统一的观念，将华人的诉讼统一交由按察司署办理，并将华人风俗习惯进行葡式法典化，从而实现葡国对居澳华人按葡国律例管理的目的，至此，葡国

---

① 吴志良、汤开建主编：《〈澳门宪报〉中文资料辑录（1850—1911）》，1900年5月12日（第19号），第306页。
② 吴志良、汤开建主编：《〈澳门宪报〉中文资料辑录（1850—1911）》，1905年7月19日（第28号附报），第423—425页。
③ 吴志良、汤开建主编：《〈澳门宪报〉中文资料辑录（1850—1911）》，1902年9月13日（第37号），第353—355页。

完成了对澳门进行殖民管治的司法程序。在澳门的殖民化过程中,澳门华政衙门在不同的阶段中起到了安抚、稳定华人社会的作用,对澳门华商经济的发展也起了一定的引导与保护作用。

(原载《华南师范大学学报》2011年第1期)

近代澳门城市街道管理的制度与措施

一 发展与困境

今天澳门城市发展的整体格局乃形成于近代。从澳门历史发展过程来看，澳门城市的发展可以鸦片战争为界，分为前后两个阶段。从1557年始，葡萄牙商人正式入居澳门，筑室居住，"不逾年多至数百区，今殆千区以上"[①]。嘉靖四十四年，叶权游历澳门，发现澳门已是"数千夷团聚一澳，雄然巨镇"[②]。明万历、天启年间，为防范荷兰人，居澳葡人多次修建军事炮台与城墙。这一历史事件无意中将葡人聚居区与华人居住区分割。在明朝广东政府"葡人治葡"的思想指导下，澳门议事会所能管辖之范围也只有城墙之内。历经近两百年的发展，至清朝中叶，在清朝官绅的观念中，葡人所租居之澳门，仅是澳门城而已。清代张甄陶《澳门图说》关于澳门的区域的界定，称"由望厦而西三里为澳门，其地周一千三百八十余丈余"[③]。

鸦片战争后，西方列强纷纷在中国谋取势力范围，尤其是中英签订《南京条约》之后，葡国态度日益强横，1845年擅自宣布澳门为"自由港"。1849年驱逐清朝驻澳门的海关官员，实现了实际控制澳

[①] （明）庞尚鹏：《百可亭摘稿》卷1《陈末议以保海隅万世治安疏》，《四库全书存目丛书》集部第129册，齐鲁书社1997年版，第130页。

[②] （明）叶权：《贤博编》附《游岭南记》，中华书局1987年标点本，第44页。

[③] （清）张甄陶：《澳门图说》，载王锡祺辑《小方壶斋舆地丛钞》第9帙，杭州古籍书店1985年影印本，第315页。

门的目的。1863年，葡人拆毁澳门城墙，并逐步将城区从澳门城墙扩展至关闸。1890年，香山知县杨文骏报告称："葡人所占澳门一带地方，现时情形东自九星洲洋面起，西至马骝洲洋面止，计程约一十五里，南自过路环山脚起，北至关闸止，计程约二十五里，合周围水陆地方平面计算共约三百七十余里。"[1] 至1911年，澳葡政府先后吞并关闸以南的塔石、沙岗、新桥、沙梨头、石墙街等地及凼仔、路环二岛。至此，近代澳门城市区域大体形成。

在澳葡政府拓界的同时，于19世纪四五十年代，中国内地社会发生了重大的变乱，大量中国人移居澳门。澳门人口在拓界前后，尤其是经历内地政治大动乱后，华人人口急剧增长。1839年居澳华人只有7033人，[2] 至1860年猛增至80860人。

大量的中国人涌入，曾经为澳门经济带来了活力，缓和了澳门财政的危机，同时也使澳门的人口与社会发生了结构性的变化。中国人很快便掌控了澳门的博彩业、鸦片贸易等，主导了澳门的经济命脉。居澳华商致富后，曾试图改善澳门的经济结构，推动澳门近代工业的发展，尤以发展缫丝业、神香、炮竹业为主。

据澳门档案，截至1911年，澳门共有32家工厂，除美国旗昌洋行1844年在妈阁建立的一家玻璃厂、1886年由英国商人投资在青洲兴建的水泥厂及1906年由法国商人投资兴建的发电厂外，其余均为华商创办。澳门缫丝业始于广东南海商人陈启元，1872年陈氏先建厂于简村乡，名继昌隆；后遭乡绅反对，遂迁厂于澳门，于是澳门始有机械缫丝业。据《澳门宪报》记载，仅1892年澳门就有3家机械缫丝厂设立，一家是冯成设厂在蒲鱼地，"以火气机器转动而为者"；一家是何连旺设粤和昌缫丝厂于荷兰园；一家是潘礼臣设复和隆缫丝厂于沙梨头，后两家均用"水气机器"。1890年元月，何连旺又在缫丝厂旁增设织造匹绸厂；同时曹善业在白马行街亦设立织造匹绸厂，工业的规模在当时来说相当大，"厂内用机

---

[1] 杨文骏：《查核澳门新日租界情形节略》，转引自厉式金《香山县志续编》卷6《海防》，《广州大典》史部方志类第59册，广州出版社2015年版，第568页。

[2] 林则徐：《巡阅澳门抽查华夷户口等情形折》，林则徐全集编辑委员会《林则徐全集》（3），海峡文艺出版社2002年版，第196页。

床100张至150张","每月可用男女工人至八百余名之多。"至1890年时，澳门已设立有5—6家丝织厂，主要由冯、何、卢、潘、曹、陈等澳门华商家族经营。其生产之"粤丝"，远销欧美，成为澳门早期制造业之发轫。炮竹业乃中国传统的手工业，据《澳门宪报》记载，1881年李汉贤、梁旺贤在竹仔室设炮竹厂，这是目前见于文献记录的澳门第一家爆竹厂；1882年有梁亚乔、梁六朝在望厦帽围内设炮竹厂，梁若京在二龙喉花园马路味先地花园内设吉祥声炮竹厂，林日在新桥田中设炮竹厂；1883年余志臣在洗衣湾竹仔室斜巷设炮竹厂，冯绍在亚马留马路建炮竹厂，余亚康在摩口罗兵房后设炮竹厂；1885年广源公司在东望洋马路之顾辣地花园建炮竹厂；1886年陈广成在连胜街设炮竹厂；1889年萧照在沙冈海边街设炮竹厂，何廷光在望厦帽围之花园里设炮竹厂，何其在沙梨头白灰街设炮竹厂；1890年王元泰在沙冈空地建昌益炮竹厂，何廷光在群队地建一瑞隆栈炮竹分厂。据《澳门宪报》资料，截至1890年，澳门炮竹厂至少有14家之多，可以说遍布于澳门半岛。1891年后，由于清政府对炮竹业的税收苛刻，广州的炮竹厂纷纷迁厂来澳门，使炮竹业逐渐成为澳门最具规模的近代工业。①

　　城市区域的拓展、人口增加与产业的多元化，对于一个城市的发展无疑起到了积极的推动作用，但同时也产生了一些负面的影响。如由于城市膨胀性发展，城区建设缺少规划，随意搭建的现象严重，使得城市街道不规则。而大量华人从乡村涌入，也带来了一些生活的陋习，例如倾倒污水、行人私行便溺、乱扔垃圾等不注重街道卫生的情况，"澳地行人，不论中西人士，每每于路隅阴僻之地，私行便溺，积秽熏人，行客掩鼻。如炉石塘果栏街十六柱旁各横巷内及下环街之阴巷，均有如此之弊，应速派人洗涤，禁人便溺，修人事以待天时"②。在宣统元年（1909）2月25日，里斯本地理学会会员、护理医生纳西蒙托·雷涛在一次会议上针对澳门华人小区卫生状况作出了

---

① 以上资料参考汤开建《进一步加强澳门近代史研究——以〈澳门宪报〉资料为中心展开》，《学术研究》2003年第6期。
② 《镜海丛报》1895年4月10日第37号，"仰请留意"。

如下叙述："尤其是市集，那里天然的泥土特色加上稠密的中国居民，令城市的卫生变坏及恶化。阴暗而空气不流通的横街窄巷令人举步艰辛。这里的人都居住在贫困而恶劣的环境中，这些陋巷与宽阔而人流众多的主要街道之间有着4种紧密的联系：赌博带来不幸；鸦片带来疾病；罪恶带来监狱的晦暗；死亡带来坟墓的神秘壕沟。令人痛心的讽刺是，它们当中的一条街却命名为快乐新街（福隆新街）。"为了适应日益发展的需要，加强对澳门街道的管理，改变这种脏乱差的现象，成为澳门政府的一项重要的工作。

二　澳门街道管理体系的建立与完善

自18世纪后期，葡萄牙王国确定将澳门纳入其属地管理后，葡国政府对澳门管理的干预也随之增强。到了19世纪50年代，葡国的普通法基本上适应于澳门，因此，可以说，近代澳门城市管理体系深受葡国的影响。

（一）管理机构设立

16世纪以来，葡人在澳门的管理采取城市自治模式，澳葡政府虽然由议事会、总督、大法官组成，但议事会基本主导了澳门行政事务，直到18世纪末，随着葡国实行中央集权的政策，总督的权力开始逐步上升，1783年4月4日，海事暨海外部部长卡斯特罗（Martinho de Melo e Castro）以女王唐娜·玛丽亚一世（D. Maria I）的名义向印度总督发布圣谕（即《王室制诰》），授予总督较大的权力。随后澳门总督在葡国中央的授权下，不断对澳葡政府进行改组。进入19世纪初，葡国加强对澳门的殖民管治，进一步实质削弱了民选机构议事会的影响力。施白蒂在《澳门编年史：十九世纪》称："1834年（1月9日）新实行的殖民地行政改革减少了澳门议事会的权限，使它成为一个依附于总督的市政厅。晏德那（Bernardo José Sousa Soares Andrea）总督甚至在1835年2月22日解散了市政厅。……（1837年）澳门总督边度把'一直权力很大的议事会'当做一普通市政厅的做法引起当地民众的不满。"① 徐萨斯在《历史上的澳门》中说："1835年，澳督晏德拉解散了议事会。从此，澳督成了行政总督，被授予了最高权力，而议事会只能负责市政事务了。这一行动结束了澳门的议事会政体。"② 据《中国丛报》记载，1842年，葡人在澳设置了市政官一职，专管市政事务，人员则通常为3人。在澳门行政体制改革中，议事会被弱化为市政管理的角色，城市道路建设、维护与卫生管理成为其重要的工作。"在街上设立公厕所，系议事公局所独有之权，而公局将权转给予承充人设立公厕。其给予之权，仍系照本合同所定事款办理。"③ 通常城市垃圾、粪便及公厕等生意都由议事公局出投，招人承充，并由议事公局与承充人签订合同，还对合同内容的实施进行监督与处罚。

随着澳门城市的发展，街道管理也越来越专业化，澳门政府适时地设立了相应的机构，据《澳门宪报》记载，澳门政府设有澳门街道公会，专责于街道的管理。又据1877年5月12日《澳门宪报》第19号所公布政府机构名录中有"洁净街道馆"，葡文名为Companhia de limpera。④ 说明至少在1877年即已成立了专业的街道卫生管理机构。

19世纪80年代，澳门着手城区改造。为了应付庞大的城市改造工程，1900年，澳门政府对市政厅的职能所出调整，将公园、街道路面和管道的维修及对私人建筑整齐、牢固、卫生和外观的监督工作移交工务司。从此，澳门的建筑工程项目的审批，由工务司负责。在此基础上，工务司专门设立"市政公共工程分局"⑤。根据1909年

---

① ［葡］施白蒂（Beatriz Basto da Silva）：《澳门编年史：十九世纪》，姚京明译，澳门基金会1998年版，第55页。

② ［葡］徐萨斯（Montalto de Jesus）：《历史上的澳门》，黄鸿钊、李保平译，澳门基金会2000年版，第182页。

③ 汤开建、吴志良主编：《〈澳门宪报〉中文资料辑录（1850—1911）》，1904年12月3日（第49号），澳门基金会2002年版，第551页。

④ 汤开建、吴志良主编：《〈澳门宪报〉中文资料辑录（1850—1911）》，1877年5月12日（第19号），第7页。

⑤ 《1900年9月22日第113号训令》，田渝编译《澳门近代城市规条汇编》，未刊稿。

《临时规章》，工程分局的职能如下：1. 管理本澳民间所有新建屋宇，或拆旧重建，或修整，及勘定地界、筑造是否坚固、有无妨碍卫生章程、门面墙是否合式等事。2. 管理公局所有屋宇的新建、拆旧重建、修整等事。3. 管理各公园的修造、整理等事。4. 管理所有街道及公众街渠修理等事。5. 管理凡由公局出资修建之各等杂工程。

根据《澳门宪报》资料，1911年，澳门议事局的内部分工为：局长江登韶负责查牌及洁净改良街道及牛房各畜牧事务；副局长若瑟施离华负责街灯书馆事务，其他如殷理基·那逦司古·施利华负责工程事务，化兰司古·耀施奴·飞难弥负责生意牌及伙食店街市事务。[①] 为因应澳门城市街道的大规模整改与修建，1911年1月将澳门街道公会改组为澳门改良街道公会，负责落实澳门政府拟定的街道改造计划。

（二）完善配套法律

澳门开埠之初，一方面物权所有不明确，另一方面没有一个权威的管理机构，对澳门城市的建设与开拓基本是由商人自发自觉，依照其传统习惯与商业贸易便利来进行建设，因此缺乏统一的规划，街道的宽窄曲直显得无序。1849年，澳葡政府开始对澳门半岛实施殖民管治，城区拓展至关闸一带，澳门城市建设之杂乱更为明显。1864年12月31日，葡萄牙王国颁布了一项法令，对城市街道的修建、维护、卫生与治安作了详细的规定。[②] 虽然中葡条约还没有正式签订，但澳门已经被视为葡国的属地，因而，澳门政府认为此法令同时适用于澳门，并依照相关法令，加强对澳门街道进行管理。

街道乃公共活动空间，街道的管理需要一套适时的规章来规范公众的行为。在近代，澳门政府依照不同时期、不同情形，及时制定了一系列确保澳门街道卫生、安全、有序的规章。

在亚马留实行殖民扩张以前，关于澳门城的卫生管理法规，主要

---

① 汤开建、吴志良主编：《〈澳门宪报〉中文资料辑录（1850—1911）》，1911年1月7日（第1号），第579页。

② 田渝编译：《澳门近代城市规条汇编》（未刊稿）。

以告示的形式居多，只能起到劝导作用。如1845年11月6日，1847年1月12日、9月12日议事公局相继颁布告示，要求各铺屋在寝息前清理门前垃圾，并将垃圾放在指定地点，不能堆放在街道。① 由于告示缺乏权威性，对违章者并没有处以一定程度的处罚，其效果相当有限。后来，经历50—60年代的社会变动，城区拓展，人口激增，澳门街道卫生情况日益恶化，1871年，澳门政府市政厅颁布了《澳门市政条例法典》，这是一部相当完善的市政管理规章，本法典共分11章、78条，其第一章"关于保护树木、人行道和公共道路上其他附属物的规定"，第二章"阻碍交通、造成交通不便的行为，或弄污公共道路的行为"，第五章"出租的车辆和轿子"，第六章"车辆交通规则和牲畜的条件"，第七章"城市清洁、垃圾清除和肥料堆放的相关规定"，第八章"店铺和流动商贩的相关规定"②，上述条文明确规定了街道之卫生清洁、街道之行动安全、街道绿化与路面之保护，规范了市民在街道公共空间活动的行为，并规定，执法者可以对违章者处以某种程度的惩罚。

1887年，澳门政府又将离岛纳入统一管理的范围，并为凼仔、过路湾街坊制定了相应的规章《凼仔、过路湾街坊公局章程》，针对离岛的实际情况，对于街道的卫生情况规定得更加细致，如其中第十四款规定："在街上及公地亦有严禁各款列后，如有违犯，罚银半元至5元。一、不得在街上宰杀牲口剥皮。二、凡有死牲口及不中用之牲口，毋得弃在街上，并如在屋内有牲口猝毙，亦不得将死牲口抛在当街。三、凡上落货物，如有遗堕街上，须要打扫洁净，并不得将残剩之物及煤炭末倒弃街上。四、不得将飞禽畜生放在街上游行。只有附款一条：凡有挑担草灰泥粪及填地之沙泥等物，须要小心挑担，免污街道，及不得碰碍行人。……第二十款：如有将积贮撒桶安放在门

---

① 汤开建、吴志良主编：《〈澳门宪报〉中文资料辑录（1850—1911）》，1851年5月10日（第25号），第3页。

② 田渝：《澳门近代城市的发展与演变——〈澳门及帝汶省宪报〉公牍选译》，《澳门研究》2011年第2期。

外,即算有碍街道,须按本章程行罚。"①

至19世纪80年代,澳门社会发展已经达到相当的水平,但是澳门街道与街容却令人感到不安,据《1883年澳门城市物质改善报告》称:"澳门的街道,尤其是华人的街区,弯曲、狭窄,几乎在每座建筑物前的宽度都不一样,除南湾外,其他城区和农村的一些街道支离破碎,互不相连。与此相比,最大的缺陷是,街道走向非常糟糕,令人烦恼的曲折竟然把两个天然相近的地点分割开来。几乎每行一步都能碰见这样的交通缺陷,这些交通缺陷中有一个最突出、最明显,以致必须即刻采取措施进行补救,即内港和外港的海边街道缺少联系。一些重要的街道和斜巷竟然不能容纳稍微宽大的车辆通行,直接通往海上轮船的主干道甚至不能容纳小型马车通过。"② 为此,澳门政府着手对澳门城市进行大规模的改造。

由于城市的改造是一个复杂的工程,澳门政府首先从新填海区进行统一规划,规范了街道建设以及街道两旁屋宇风格,确保城市新区街容与街貌整齐美观。1884年3月澳门修订了填海工程的相关章程,对新填区的街道的设置与楼宇建设均有明确的规定。与此同时,澳门政府也选择了部分街区进行改造试验。为了解决城区改造过程中所遇到的拆迁问题,1908年8月,葡国政府颁布专门的规章,规范拆迁工程的责任、流程以及被拆迁者的权利保护,为城区改造提供法律的保障。

经过二十余年的摸索,1909年3月,澳门议事公局颁行《市政工程服务临时章程》,为澳门城区的全面改造提供法律的依据。章程称:"将澳门全埠地方改良以图公益,预定一改良全埠之总图则、总章程。凡澳门内所有不洁净、不合卫生之处固须尽改,而街道、公地、花园及现有之屋宇,亦须一概设法改良,并设法另开新街、新公地、新花园及新屋宇,总须适合卫生规则、足壮观瞻、住人有益、往

---

① 汤开建、吴志良主编:《〈澳门宪报〉中文资料辑录(1850—1911)》,1887年1月27日(第4号),第149—150页。
② 《1883年澳门城市物质改善报告》,田渝编译《澳门近代城市法规条例汇编》(未刊稿)。

来利便为合。"① 该章程分两章共68条，规定了澳门城市建设过程中，关于牌照申领、建筑工程审批程序、屋宇修建图式与材料的要求，以及确保街道与公共空间的比例。

三 澳门城区街道的整治

近代澳门政府对城区街道管理与整治，依照先易后难，总结经验，层层推进的思路，首先做好填海区的规划，1873年对曼努埃尔佩雷拉（Manuel Pereira）的码头沿线、靠近新建集市和华人戏院的街道作为试点，由政府出资，公开投标。② 1877年，澳门政府推出了内港海边填海工程，要求将白眼塘向南24米的海边城墙的一处与清平街北角一处连城一条直线，形成一条海边街。合同规定承投者必须依照公共工程局的规划进行施工，以确保街道等公共空间的整齐与卫生。③ 对于填海新地，政府在合同中要求承投者进行详细规划，并须得到工务局等专业机构认可，"新填之地，即要照呈出之图形而行，其图形要盖公物会印，并两造签名，算为合同一式；并须绘图二纸，一纸存公物会公所，一纸交与令准填地之人，以凭形图照办"④。图纸的内容必须显示预留街道的空间位置，说明新地的未来建设之用途及其式样。1882年，美基·挨理士·施理华（Miguel Ayres da Silva）所承投的填海新地，因所建楼宇没按图式建造骑楼，本应拆除整改。后因考虑新业主较多，投入较巨，建成之楼宇仍算壮观，经督理工程官、商公物会及总督公会协商，始准许修订图式。1884年，何长胜投得填埋凼仔某处水塘，政府在合同中对预留街道空间也有明确的规定："十、澳门大宪将定街道之界并海边之墙，其高若干，其厚若干。十一、所有新填地并海边墙垣，该令准填地之人，或其代理人，须要

---

① 汤开建、吴志良主编：《〈澳门宪报〉中文资料辑录（1850—1911）》，1909年3月20日（第12号），第525页。
② 田渝编译：《澳门近代城市规条汇编》（未刊稿）。
③ 同上。
④ 汤开建、吴志良主编：《〈澳门宪报〉中文资料辑录（1850—1911）》，1884年3月15日（第11号），第109页。

担保十年内工程稳固，并保如有破坏，即要修复。此十年限期，系自竣工之日起计。"①

在规划新填地的同时，澳门政府也着手对旧城区进行改造。1882年，鉴于和隆街与雀仔街"道路狭窄，房屋破败"与"脏乱不堪"的情形，澳门政府要求工务司进行重新规划整治。② 1883年，《澳门城市物质改善报告》出台后，澳门政府对城区街道的整治力度更进一步加强。据1885—1886年工务司的年度工程报告中显示，街道整治是其一个重要的项目。当年改造的街道主要三项内容：一是修整斜坡，二是设置地下排水系统，三是为街道铺设花岗石，计划铺设的街道有：罗宪街、雀仔园街、伯多禄局长街、麻子街、海边新街、烂鬼楼巷、永安下巷、快艇巷、蛋巷、剪发匠里、沙栏仔里、蚝里、妈阁斜巷、医院斜巷、巴掌围斜巷、大炮台斜巷、妈阁庙前地、水鸭街（路环）、戴绅礼街（路环）、玫瑰里（路环），总面积达712462平方米。③

进入20世纪之初，澳门政府在原来整治街道经验的基础上，开始对澳门旧城区进行全面的规划与整治。1900年，鉴于望得堂区市民生活环境相当恶劣，澳门政府向葡国政府提出将这个城区进行整体拆建与改造的计划，1900年6月获得批准。此计划包括对历史建筑物的维修、道路、管道的修建与绿化等。④ 这是澳门政府对澳门城实施分区改造的一次尝试。1909年，澳门政府公布了《临时章程》，拟定了澳门旧城区改造的原则与整体规划，认为城区的改造必须符合"卫生规则、足壮观瞻、住人有益、往来利便"的原则，而具体实施细则必须在总体规划的指导下，实行"划分地段，逐段绘立实行之细

---

① 汤开建、吴志良主编：《〈澳门宪报〉中文资料辑录（1850—1911）》，1884年3月15日（第11号），第109页。
② 田渝编译：《澳门近代城市规条汇编》（未刊稿）。
③ 《澳门帝汶省工务局1885至1886年度公共工程报告》，田渝编译《澳门近代城市规条汇编》（未刊稿）。
④ 《1900年6月30日第72、74号训令》，田渝编译《澳门近代城市规条汇编》（未刊稿）。

图则、细章程，以便先后次第兴办"①。为落实此章程，1909年3月27日，《澳门宪报》刊登了专门房屋拆迁细则，称"照得本澳地方筹划改良，以益卫生。所有办法章程既已决定，则凡有妨碍该办法之屋宇必须购拆。惟购拆屋宇仍须顾重国家利权、顾重业主利权及办法得宜，所以先须设立购拆屋宇之专章，俾致妥善"。其前三款规定："一、将澳门全埠地方划分数大区，编列一、二、三、四各号数，然后按编号之次第先后开办改良。惟编号，应择最先首要改良之区列第一号，以便首先兴办。其余各区照此类推，以定次序。二、每一大区绘一图则，其图或大或细，以恰合为度。凡每区界内之大街、公地、铺屋门牌均须详细注明图内。即或未能十分详细，亦须注写门牌为要。至于每一大区图则之内，仍分小段。凡分段坐落之某号屋宇为已决定购拆者，另用别色填明，俾与全图大区地方之色迥然有别，使人一见即了然，知此系已定购拆之屋宇。三、每年于西七月即颁行告白，先将决定于地某区地方内某处分段购拆某号屋宇若干所，于年内或他日开办改良之情形布告众知。"② 此细则的颁行，为近代澳门大规模城区改造工程拉开序幕。

四　澳门街道安全秩序的管理

澳门政府对于街道的管理，安全有序、通畅便民是其追求的重要目标之一。影响街道秩序的主要因素，首先是穿梭于街道的交通工具。近代澳门的出行交通工具有"轿"（又称"街轿"）与"东洋手车"。由于街窄人多，轿车往来繁忙，给澳门街道交通秩序带来很大的困扰，澳门政府为此制定了颇具近代意义的交通规则，以确保澳门街道畅顺与有序，1871年，澳门政府在《市政条例法典》中对车辆的行驶进行了初步的规定，如夜行挂灯、相遇时右行、不得并排行

---

① 汤开建、吴志良主编：《〈澳门宪报〉中文资料辑录（1850—1911）》，1909年3月20日（第12号），第525页。
② 汤开建、吴志良主编：《〈澳门宪报〉中文资料辑录（1850—1911）》，1909年3月27日（第13号），第529页。

驶、不得超速等。① 在此基础上，1883年澳门增订并颁布了《管理东洋车条例》，② 这是首个独立、专门的澳门街道交通管理法规。此条例于1888年又进行修订与完善。③ 新条例对车辆牌照的办理、车辆维护、行车规则与服务收费等作出了详尽细致的规定。1895年，因车夫提出调整车价而未得批准，不得已实施罢工行动。据《镜海丛报》报道："初七日，通澳街车并为罢市，系因公司加收车租所致，向时，每车每日收银一毫五仙，今则拟加两仙，并须押头银五毫，人不堪命，故此停罢生理。"④ 后由华人政务厅出面调解，罢工风波才得以平息。

其次，占道经营也成为街道混乱的原因之一。小本经营者多习惯于街上摆摊或沿街叫卖，这为普通市民生活提供了便利，但同时也为街道管理造成一定的困扰，影响街道畅顺与卫生。1881年，有市民向政府反映，"有街市专为摆卖什物而设，兹竟有卖鱼小贩不在街市摆卖，而在皇家新街及化皇堂斜巷摆卖，实有碍于往来街道，并拦阻铺店门口，以致众人及该铺商人均属受亏"。为此，政府逐步完善了关于街上小商贩的管理措施，第一，所有沿街商贩，不管固定或流动，均要领取营业执照，在指定的区域或地点进行营生，"如系行街卖物，则要将牌挂在笋边当眼之处；如系摆摊，则将牌挂在摊面或铺面当眼之处"。第二，不准沿街摆卖容易污染环境的商品，如"瓜菜、水果、鱼鸡以及各样禽鸟"⑤。第三，不准摆卖易燃易爆商品，《火药硝磺军器入口出口发卖及制造火药火器之章程》第六十四款明确规定：所有火药不准携在街上叫卖。⑥

---

① 《澳门市政厅的市政条例法典》，田渝编译《澳门近代城市规条汇编》（未刊稿）。
② 汤开建、吴志良主编：《〈澳门宪报〉中文资料辑录（1850—1911）》，1883年10月20日（第42号），第100—101页。
③ 汤开建、吴志良主编：《〈澳门宪报〉中文资料辑录（1850—1911）》，1888年1月19日（第3号）第164—165页。
④ 《镜海丛报》1895年1月2日（第24号），"街车停摆"。
⑤ 汤开建、吴志良主编：《〈澳门宪报〉中文资料辑录（1850—1911）》，1881年1月1日（第1号），第41页；1883年1月13日（第2号），第88页；1907年11月9日（第45号），第494页。
⑥ 汤开建、吴志良主编：《〈澳门宪报〉中文资料辑录（1850—1911）》，1902年8月30日（第35号），第350页。

再次，沿街楼宇住户的某些习惯行为往往也成为街道安全与卫生的重要隐患，如乱抛垃圾、高空坠物等，均可能伤及路人性命，或污染街道卫生，因此，规范沿街住户生活行为，也是街道管理的重要组成部分。1871年所颁布的《澳门市政条例法典》第十九条对此曾作出明确之规定：不管任何房屋、机构或其附属单位不得发生如下行为：1. 未采取任何防护措施而对公共街道对面的建筑物进行粉刷、清洗或维修。2. 未有避免砸伤过往行人的任何预防措施，在墙上、屋顶或屋顶平台、窗户或朝向公共场所的任何部分，摆放花瓶、小木箱或其他对象。3. 从屋顶向公共场所仍掷污物、工厂废料、皮壳、垃圾、玻璃或倾倒任何液体物质。4. 在阳台或屋顶平台上浇花，水洒到路人身上。5. 晾晒的衣物将水滴到公共场所，或将衣物悬挂在门前、窗前或路边的墙上、阳台上或邻居窗户上。① 这一条例，在时隔二十年后，于1892年由华人政务厅原文重申，并刊登于《澳门宪报》，② 其目的显然是纠正某些华人的陋习，为街上行人提供一个安全、卫生的公共活动空间。

五　澳门街道卫生的管理

近代澳门政府对城区街道的卫生管理以洁净为目标，手段则以政府指导，全民参与为原则。总的来说，垃圾堆放要定点，公共场所由街道洁净馆统一清理，沿街铺户负责打理门前卫生。早于1845年，澳门议事公会则颁布告示，要求城区垃圾统一堆放在三巴门外的低洼处，沿街铺户必须于每晚就寝前，清理门前区域，并将日用垃圾挑往指定地点倾倒。1847年、1851年，议事会又反复重申这一规定，并开始对违规者处以罚款，"如敢违命者，罚银二两，并不宽宥"③。

尽管政府三令五申，但是，华人在街上乱扔垃圾的陋习并没有从

---

① 《澳门市政厅的市政条例法典》，田渝编译《澳门近代城市规条汇编》（未刊稿）。
② 汤开建、吴志良主编：《〈澳门宪报〉中文资料辑录（1850—1911）》，1892年1月14日（第2号），第194—195页。
③ 汤开建、吴志良主编：《〈澳门宪报〉中文资料辑录（1850—1911）》，1851年5月10日（第25号），第3页。

根本上得到改善。到八九十年代后，议事公局逐渐修订相关规章，规定：第一，沿街铺户必须将垃圾贮存在竹箩或桶内；第二，沿街铺户必须在每天天亮时将垃圾筐放置门前；第三，洁净街道工人拉着车或担着箩，沿街摇铃收取各家垃圾。条例规定，洁净工人只负责生活垃圾，"其余如石块、泥块、烂泥以及各厂局之零星灰渣等物，概不装取"。家中的粪草也须住户处理，并"倒在本公局指定处所，断不得倒弃海内、街上与及邻舍等处"①。

对于街道公共区域的卫生管理，政府首先立法规范市民的行为，禁止一些不道德的做法，如："一、不得在街上宰杀牲口剥皮。二、凡有死牲口及不中用之牲口，毋得弃在街上，并如在屋内有牲口猝毙，亦不得将死牲口抛在当街。三、凡上落货物，如有遗堕街上，须要打扫洁净，并不得将残剩之物及煤炭末倒弃街上。四、不得将飞禽畜生放在街上游行。"② 其次对于公共区域的垃圾清理，实行承充制，依照出价者得的原则，将清洁街区的工作实行外包。③ 在承充合同中，一般会规定承充者责任，政府并依合同的内容进行监管。

考虑到澳门街道卫生设备不足，对某些污染环境的行为客观上难以禁止，如行人临时需要排便，"澳地行人，不论中西人士，每每于路隅阴僻之地，私行便溺，积秽熏人，行客掩鼻"④。公厕缺乏是造成行人随意大小便的原因之一。而粪便处理也是城市卫生最棘手的难题。为此，澳门政府将粪便处理与公厕的修建与管理，以承充的方式，由个人承包。从《澳门宪报》所颁布的承充合同来看，澳门政府从粪便的承充过程中，不仅不必花费公帑，而且还有一定的财政收入，如1888年何田必须支出2560元的标价来承包全城的粪便业务。承充合同中，严格规范承充者的作业流程，如收集粪便的时间（夏天早晨以五点半钟为止，冬天早晨以七点钟为止）、行为准则（凡挑粪

---

① 汤开建、吴志良主编：《〈澳门宪报〉中文资料辑录（1850—1911）》，1893年2月11日（第6号），第208页；1909年3月13日（第11号），第523页。
② 汤开建、吴志良主编：《〈澳门宪报〉中文资料辑录（1850—1911）》，1887年1月27日（第4号），第150页。
③ 汤开建、吴志良主编：《〈澳门宪报〉中文资料辑录（1850—1911）》，1882年8月19日（第30号），第80页。
④ 《镜海丛报》1895年4月10日（第37号），"仰请留意"。

必要密盖其桶，毋使臭气泄出及粪料流出。不得将该粪料在澳门及近澳门地方整治田料，必须用合式之船载此粪往澳外。不得"向该有粪料之屋勒索银钱"等），以确保市民生活不受干扰，以及造成二次污染的可能。对于具体承担收粪与挑粪者，政府实行发牌制度，承充人所雇佣的每位作业者，必须持有政府发出的牌照（即上岗证）。[①]

而公厕的修建与管理，政府则将其承充给出价较低者。在承充合同中，明确规定厕所"要合建之地方，并无碍于保养人生命之章程，及依本局图形，又不得在市中而建"。公厕的设置以方便市民而又不对相邻住户造成困扰为原则。而关于厕所的粪便与尿水的贮存、运输等均有详尽的规定，力求作业有序、文明与清洁。为了支付公厕的日常管理费用，政府允许承充人适当的服务收费，"凡有人入厕，如该承充人有烟及福纸发给，则承充人可向入厕之人收钱二文为补烟纸之费"[②]。形成了中国最早的公厕收费制度。

结　语

对一个基础不厚、市民迁移性较大、城乡混合的城市，要在短期内找出有效的治理方法并不容易。从近代澳门政府所设置的管理机制、管理手段而言，其先进性可以归纳为以下几个方面：第一，目标明确，确保澳门街道安全有序、清洁卫生。第二，机构分工清晰，工务司负责工程的落实与质量的保证，议事局负责日常的管理。第三，法规完善，措施得当。在澳门政府的管理观念中，不仅要"管"，更重视"理"，首先表现为重视规划与法规，指引清晰，规范了市民日常的行为，培养市民的公共道德意识，减少污染源。其次为重视建设，为市民提供较为良好的环境，如街道的整改与公厕建设等。第四，政府指导，社会参与。澳门政府对街道的管理不是由政府大揽大包，而是在一系列法规的基础上，由政府指导监督，社会机构与个人

[①] 汤开建、吴志良主编：《〈澳门宪报〉中文资料辑录（1850—1911）》，1888年3月15日（第11号），第166—167页；1894年4月28日（第17号），第228—229页。

[②] 同上。

共同参与完成，如"门前三包，用者自负"、公共区域以承充方式外包，形成小政府大社会的管理模式。这些经验，即使在今天仍然是先进、有效的作法。

（原载《澳门研究》2012年第4期）

近代居澳华人的国民身份选择与文化认同[*]

随着近代西方国家主义思潮的兴起，"国籍"成为国民法律身份的象征，国籍纷争也成为国家与国家之间交涉的新问题。自20世纪80年代起，学者关注中国国籍法形成及其相关问题，[①]认为中国国籍法的出台是被动响应西方国家主义实践的结果，对于国内同胞加入外国国籍普遍持负面的观点。而澳门乃华洋杂处之区，具有特殊的历史与政治背景，葡籍华人是一个庞大的、相对集中的群体，与其他外籍华人既有共同之处，也有其特殊的情形，相关研究并没有将其纳入考察范围，从而影响其观点的周全。关于居澳华人改入葡籍的问题，笔者曾于2003年发表了《晚清澳门华人加入葡籍的现象及原因分析》[②]一文，简析了居澳华人改籍的现象。近年来则有蒋志华的《晚清中葡交涉中的国籍问题——以葡国驻广州总领事馆档案为例》[③]、何顺标

---

* ［基金项目］本文为澳门大学重点资助项目"全球化视野下澳门华人社会研究：自开埠至1911年"［编号：MYRG199（Y1—L4）—FSH11—HYF］的阶段性成果。

① 相关研究成果主要有：袁丁：《光绪初年中荷关于华侨国籍的交涉》（《华侨华人历史研究》1988年第3期）、《〈大清国籍条例〉：中国第一部国籍法的产生》（《八桂侨史》1992年第4期）；许小青：《清季国籍问题与民族国家身份认同》（《天津社会科学》2003年第5期）、《清季改籍问题的社会史考察》（《浙江学刊》2003年第6期）；刘华：《国籍立法：华侨国籍问题与中国国家利益》（博士学位论文，暨南大学2003年）；蔡晓荣：《晚清内地华民改籍问题探微》（《甘肃社会科学》2004年第4期）；邱建章：《论晚清政府国籍法的制定及其影响》（《河南大学学报》2004年第5期）；缪昌武、陆勇：《〈大清国籍条例〉与近代"中国"观念的重塑》（《南京社会科学》2012年第4期）；等等。

② 陈文源：《晚清澳门华人加入葡籍现象及原因分析》，《澳门历史研究》第2辑，澳门历史文化研究会2003年版。

③ 蒋志华：《晚清中葡交涉中的国籍问题——以葡国驻广州总领事馆档案为例》，林广志、吕志鹏主编《卢九家族与华人社会学术研讨会论文集》，澳门民政总署2010年版。

《晚清澳门华人入葡籍研究》①等，对此问题作了进一步的探讨，但关于葡籍华人国民性与文化价值取向等问题，仍有较大的讨论空间。本文拟在上述研究的基础上，参考最新出版的档案史料，对此问题进行更深入的探讨。

一

鸦片战争爆发后，葡萄牙曾试图力阻清政府割让香港，但事未如愿。《南京条约》签订后，香港开埠对澳门原有的贸易地位构成严重挑战，葡萄牙转而希望与清政府达成协议，像"英国人拥有香港一样拥有澳门"②，将关闸以南的全部澳门半岛划归葡萄牙管辖，居澳华人亦由澳葡政府统一管理。1845年，清政府钦差大臣耆英明确拒绝葡方拓展界址的要求；③同年9月2日，再次拒绝葡方对居澳华人管辖权的请求。④1846年，亚马留就任澳门总督，一改过去温和协商的路线，推行强硬的对华政策，声称：他拥有对在澳所有中国居民的管辖权；他采取任何行动，都没有与中国官员磋商的必要。⑤随后，实施了拓界、撤关、平坟筑路、向居澳华民强编门牌、勒收地租等一系列旨在扩展澳葡政府管辖权的措施。这一措施激化了半岛北部华人社会的对立情绪，据望厦村绅士张耀昌等人诉称："旺厦村众一千余名，无一入教之人，即无一非仇葡之人，更无一非葡所深仇之人，如必划

---

① 何顺标：《晚清澳门华人入葡籍研究》，硕士学位论文，暨南大学，2009年。
② 中国社会科学院近代史研究所编：《中葡关系史资料集》上卷第3编，四川人民出版社1999年版，第1053—1055页。
③ 《钦差大臣耆英致彼亚度函：感谢赠送之肖像并就澳门港对外国轮船开放及在氹仔岛悬挂葡国旗之请发表看法》，[葡] 萨安东（António de Saldanha）主编《葡中关系资料汇编》第1卷第92号，澳门基金会、澳门大学1997—2000年版，第346—347页。
④ 《两广总督回答议事亭理事官提出将澳门华人归葡方管辖之要求致议事亭理事官之公函》，[葡] 萨安东（António de Saldanha）主编《葡中关系资料汇编》第1卷第96号，第367—368页。
⑤ 吴志良、汤开建、金国平主编：《澳门编年史》（4），广东人民出版社2010年版，第1620页。

地归葡,其势断不两立。"① 1849年,亚马留终以招致凶杀的悲情结局。

亚马留之死,并没有改变澳门北部村庄的仇葡情绪,中葡签约前,对于澳葡政府强征税费,"龙田等六村,或缴或否,视村民之强弱为缴数之多寡。惟旺厦一村,居民约四百余家,皆系志切同仇,不甘自沦夷俗,是以并无允缴租费"②。面对居澳华人,尤其是北部村民的仇葡情绪,亚马留的继任者不得不改变策略,一方面与英国人结盟,在外交上迫使清政府签署协议,使其合法管治澳门半岛及离岛;另一方面,对居澳华人的管理进行策略性的调整,其具体的措施包括两个方面。

第一,鼓励居澳华人归化葡萄牙籍,使其在政治上效忠于葡国国王。

早在1570年,为了吸引东方异教徒皈依天主教,葡王唐·塞巴斯蒂昂为"归化"的天主教徒颁布一项特别的敕令,所有异教徒自皈依之日起,免除缴纳什一税和任何种类的实物税。③当时葡萄牙王国存在一种政策导向,一方面力求使"归化"新教徒受制于葡国法律,另一方面也逐步对异教徒法律的效力作宗教和政治上的限制。④这种学说目的就是要将天主教徒视为"国民",统统纳入他们法律体系的管辖之中。1587年,葡国王室在规定澳门王室法官的管辖权时,将入教华人纳入其管辖范围。⑤ 19世纪20年代,澳门政府行政司法改革中,再次重申这一点。⑥ 可见,葡萄牙早已将教徒视为"国民"。

---

① 《两广总督张之洞为驻澳葡人界外侵占应思预防并缓办议约事致香山县衙门札文》,中国第一历史档案馆、澳门基金会、暨南大学古籍研究所合编《明清时期澳门问题档案文献汇编》(3),人民出版社1999年版,第311页。

② 同上书,第309页。

③ 金国平编译:《西方澳门史料选萃(15—16世纪)》,广东人民出版社2005年版,第244页。

④ [葡]叶士朋(António Manuel Hespanha):《澳门法制史概论》,周艳平、张永春译,澳门基金会1996年版,第40页。

⑤ 同上书,第62页。

⑥ [瑞]龙思泰(Anders Ljungstedt):《早期澳门史》,吴义雄等译,东方出版社1998年版,第80页;[葡]徐萨斯(Montalto de Jesus):《历史上的澳门》,黄鸿钊、李保平译,澳门基金会2000年版,第163页。

而事实上，入教华人虽然乐于接受葡国法律的管理，却无法享有葡国完全的"国民待遇"，17世纪40年代，澳门华人教徒集体上书葡印政府，目的就是要求其在葡国法律体系中的权益与地位，力争享有与其他葡国教徒的同等国民待遇。

在近代葡国对澳门的殖民化过程中，为了让更多的居澳华人归化葡国，一方面修正以往血缘主义的学说，让非葡萄牙血统且非出生于葡萄牙的华人可以加入葡萄牙国籍。1867年，葡萄牙立法规定，葡籍华人的子女应被视为葡萄牙的公民。[①] 这实际上是延续以往的不成文规定，将华人天主教徒视同葡萄牙国民。另一方面，鼓励居澳华人的"精英"申请加入葡萄牙国籍，使冯成、何桂、曹有、卢九等一批活跃于澳门的华人商界领袖先后加入了葡萄牙国籍。

随着清政府与葡萄牙关于澳门地位谈判接近尾声，葡萄牙政府开始将澳门视为属地，并着手修订对居澳华人归化葡籍的办法，使之更为便捷。1886年，澳门政府为解决异教徒的管理问题，宣布实施出生、婚姻、死亡登记注册制度，此举被认为"有裨于澳内民人者实属过半，而且有裨于政务"[②]。接着，于1887年6月15日，葡萄牙政府颁令，规定在澳门出生的华人只要到华政务厅登记注册，即可自动取得葡萄牙国籍的身份。《中葡和好通商条约》明确葡萄牙对澳门的"永居管理"后，葡国于1888年12月31日，正式宣布："凡有在澳生长之人，应视同大西洋人一体办理，又须照在大西洋生长之人应得属本国之权利定章而行无异。"[③] 1902年，澳门政府重申这一法令："仰所有居住本澳、未入天主教之各华人知悉：尔等但将在澳出世年月日、娶室年月日、身故年月日各等情事，遵赴本厅挂号，注入民册，即作为西洋旗籍人，可以占受民律例第十八款附款二所给之各种

[①] ［葡］施白蒂（Beatriz Basto da Silva）：《澳门编年史：十九世纪》，姚京明译，澳门基金会1998年版，第167—168页。

[②] 汤开建、吴志良主编：《澳门宪报中文资料辑录（1850—1911）》，1886年7月22日（第29号），澳门基金会2002年版，第145—146页。

[③] 汤开建、吴志良主编：《澳门宪报中文资料辑录（1850—1911）》，1889年2月7日（第6号），第171页。

利益，不必再行禀请表明入籍、诸多费用也。"① 葡萄牙乃一天主教国家，此前一直视入教信徒为"国民"，此次法令修订的最大变化是开始吸纳异教徒入籍。

第二，承认华人风俗习惯的法律地位，华人的民事纠纷可依照风俗习惯进行审理。

最初，华人对改籍存在较大的心理障碍，主要是华人的择嗣、过继、收养等传统家庭关系与遗产继承习惯，得不到葡萄牙法律的保障。19世纪60年代，澳葡政府为消除华人对其管治的疑虑，承诺尊重华人的家庭习俗。1879年5月10日，澳葡政府在《宪报》刊登消息称："案据尔入大西洋籍之华人禀求大西洋君主为求身后所遗物业，照华人风俗事例而行等情，本大臣据情奏请在案。今得接部文，所称不日有上谕颁发。华人入大西洋籍在澳居住者，所遗物业应照华人风俗事例办理，惟如有入籍时或入籍后，有禀求将所遗物业要照大西洋律例办理者，方照大西洋律例而行等因。"② 为使华人风俗习惯更具权威性，符合法律之规范，且可兼顾国家之利益，1880年4月，澳葡政府推举数名"熟识华政衙门情形及国家办案政治律例者"组成一个专门的机构，在倾听"民意"的基础上"创立新章"③，使澳门华人的风俗习惯法典化。1880年8月4日，澳葡政府以公告的形式正式承认华人风俗习惯在民事案件中的法理地位，强调加入葡籍的华人"欲照中国风俗择立继子、养子，亦无不可，但大西洋国内并无中国风俗事例，是以继子、养子承受继父、养父遗下之物业，所有关涉转

---

① 汤开建、吴志良主编：《澳门宪报中文资料辑录（1850—1911）》，1902年5月17日（第20号），第336—337页。
② 汤开建、吴志良主编：《澳门宪报中文资料辑录（1850—1911）》，1879年5月10日（第19号），第13页。
③ 汤开建、吴志良主编：《澳门宪报中文资料辑录（1850—1911）》，1880年4月24日（第17号），第30页。当时特设公会成员包括：律例秀才柯唎威喇（Bacharel Ednardo Alfredo Braga de Oliveira），时任澳门按察使司，举为公会主席；巴士度（Antonio Joaquim Bastos Junior），时任华政衙门皇家律政司；梁绍（Leoncio Alfredo Ferreira），时任西洋政务厅，前署理事官；卑哆禄（Pedro Nolasco da Silva），正翻译官兼副理事官，因时任理事官请假养病，特委署理；玛琪仕（Eduardo Marques），副翻译官，担任公会书记。

易物业规银之例，自应遵照缴纳，一如外人办理无异"①。

经过近三十年的酝酿与实践，1909年6月17日，葡萄牙政府颁布了《华人风俗习惯法典》，这是一部依据华人的婚姻与家庭继承习惯，专门为居澳华人制定的特别成文法。《华人风俗习惯法典》的出台，从法典上确立了华人风俗习惯的法理地位，使华人传统家庭伦理观念得到葡国法律的理解与尊重，华人改籍的心理障碍也因此逐渐消除。更重要的是，澳葡政府运用这一特别法典介入与审理居澳华人民事案件，使居澳华人完全置于葡国法律管理之下，从而达至对居澳华人实施全面、有效管理的目的。

二

国内学者在研究近代内地华人改入洋籍的动机时，曾归纳为四种情况，即改籍逃债、改籍为援、改籍逃捕、改籍趋利，认为"国籍成为了一些奸民滑商争讼骗财的工具"②。对于居澳华人加入葡萄牙国籍的现象，也有澳门史研究者这样评述："澳葡当局还将澳门出生或曾在澳门居住过的中国人混充葡萄牙人，当他们在内地犯罪后，即要中国官府将他们交给葡萄牙领事审理。这样，很多不法之徒纷纷去澳门加入葡萄牙国籍。此后，一旦在内地案发被捕，便自称'西洋籍'，托庇外人，悻逃法网。"③这种"原罪"推定和以偏概全的观点极不客观，也缺乏起码的同理心，对大多数加入葡籍的同胞很不公平。

居澳华人加入葡萄牙国籍的原因，一是与葡国殖民政策导向有关，二是与晚清国内社会不公与矛盾、华人为追求营商的便利有相当的关系。

首先，晚清时期，国内政局动荡，民乱不已，广东政府为弥补平定民变所产生的财政缺口，常常向商人逼勒。据史料载，1864年

---

① 汤开建、吴志良主编：《澳门宪报中文资料辑录（1850—1911）》，1890年8月7日（第32号），第183页。
② 许小青：《晚清改籍问题的社会史考察》，《浙江学刊》2003年第6期。
③ 邓开颂：《粤澳关系史》，中国书店1999年版，第342页。

(同治三年)九月，两广总督毛鸿宾劝捐，一味逼勒，"刁民林清萍不肯报效，逃避香港、澳门等处，依附洋人……派捐绅富如省城武姓、潘姓，番禺、新会之张、李等姓，凌辱锁押，尽力诛求，甚有一乡勒捐立毙数命者。该督并密令官差于夜静时逾墙入捐户之室揸索锁拿，至强有力者多潜赴香港依附洋人。邑里骚然，有不可终日之势"①。1904年，卢九与广东政府的小闱姓赌饷的纠葛，最后演变为中葡外交交涉，当时《有所谓报》报道此事称："广东人某某，以赌起家。日前在省城承办小闱姓之赌博，岑督勒彼加饷，又勒令报效，积饷太重，遂不能办。其小闱姓之公忽然停止，停止之后，官饷既不能交，岑督查封其家产抵追。而以其入居澳门葡国租界之故，已入葡国洋籍，故葡国之澳门总督代其移文岑督索偿。"② 随后发表了一篇评论，客观地道出华人加入葡萄牙国籍的深层次社会原因，称："满清官吏专制之手段太辣，而小民依赖外人之根性日深。为渊驱鱼，为丛驱爵，此非小民归化外人之罪，实官吏猛虎苛政有以逼之之罪也。此我华人入洋籍之原因，大都如是。吾观于今日岑督封某赌商家产，至于葡督交涉之事益信焉。"又说："今日岑督与葡督交涉，其将来结局，虽未可知，而说者未尝不恨某赌商假权外人，因小事酿成国际之交涉。其说似也。然我国不国二百余年于兹，民之憔悴于虐政，纷纷归化外人者多矣。既为张氏奴，何不可为李氏婢。诗歌硕鼠，岂无故也。况狡兔有三窟之营，而彼不恤人言，不顾公理，削桑梓膏血以为利之赌徒，岂不知自为计耶？则彼之倚赖外人以抵拒也，亦固其所。"③

近代朝政腐败，官吏威逼，作为升斗市民，为保障身家性命，寻求一种法律身份的保障，实为常情。商人伍习之在向葡领事申请注册的禀文中称："迩来人心不善，每多欺凌，况商人隶宇下之籍，易滋侮压之心。是以先求保护于事前，免仓皇求保护于事后。理合乞因给

---

① 台湾"中研院"近代史研究所编：《澳门专档》(3)，台北"中研院"近代史研究所1996年版。
② 《有所谓报》光绪卅一年乙巳岁六月初五日。
③ 同上。

发护照，以保生意利权而安商业。"① 葡国学者叶士朋在研究澳门法律史时也认为："对这些华人而言，归化证（加入葡籍）仅是一种逃避中国官府管治的证件，以及获得公民保障的方法，因为至少在现实中，未归化的华人无法完全享有同样的保障。"②

依仗洋人自保的事件，并非居澳华商所独有，而是多数旅居海外的华人作为谋生与自保的权宜之计。20世纪初，清政府商部曾发表咨文，称：早年流寓于海外的华商担心回国后"因积有资财，恐被本籍绅民寻事勒索，或因往来货物恐被各处关卡藉端留难，遂改入洋籍以冀外人保护"。这也说明，身居海外的华商，改籍自保在当时是一个较为普遍的现象。清政府为遏制此现象之蔓延，责成地方官吏晓以道义与利害："凡属华商，均应各安本业，岂可过生疑虑，竟忘祖国。况一经改入洋籍，遇有战事，家内亲丁须充徭役，而于祖国内地，例不得另立产业，是改入洋籍者获益甚微，贻累甚大，实属得不偿失。"③

其次，分沾洋籍在进出口贸易与关税的便利与优惠。清政府在列强的坚船利炮威逼之下，被迫签订了一系列的不平等条约，允许外国在中国沿海开辟通商口岸，建立租界，享有政治、贸易关税特权，而华商一旦改入洋籍，可以享有贸易的便利与关税的优惠。晚清报评称，清朝官员对待华洋商人的态度迥然有别："同一报关过卡也，而洋商之挂洋旗者，则绝无查验留难之累。华商货船，凡历关卡，皆不胜其苦累，查验之外，尤多需索留难，则洋商便利，而华商滞累矣。于是有巧谲之华商，通贿洋行，借挂洋旗，而后亦畅行无碍。"④ 而且，改入洋籍还可以在捐税上享有诸多优免特权，所谓"内地居民投

---

① 吴志良、[葡]伊莎贝（Maria Isabel Fevereiro）、李昭醇、潘华栋主编：《葡萄牙外交部藏葡国驻广州总领事馆档案·清代部分/中文》（9），广东教育出版社2009年版，第37页。

② [葡]叶士朋（Antonio Manuel Hespanha）：《澳门法制史概论》，周艳平、张永春译，第53—54页。

③ 《商部咨南洋示禁华人改入洋籍文》，《北洋公牍类纂续编》卷14《交涉》，台北文海出版社1987年版，第987页。

④ 《论中外商情异同利弊》，《南洋七日报》第10期，光绪二十七年石印本。

入洋籍，往往藉照运货，不纳税厘"①。

再次，从众心理也影响了居澳华人选择加入葡籍。澳葡政府军事控制澳门半岛后，为了全面、有效地管治这一地区，对居澳华人采取怀柔政策，在政治、法律、经济、社会地位方面给予他们某种限度的优遇，相对于内地百姓，改入葡籍的华人显然体悟到一定"优越感"。居澳华人大多为新移民，他们背井离乡，谋生于此，自然有"入乡随俗"的心理，因此，19世纪末20世纪初，加入葡籍成为许多居澳华人的重要选择。澳门《镜海丛报》1895年10月23日的评论称："通商之局开，泰西各国阑入户庭，不但商场利益多为所夺，而熙熙之众，昧其本原，亦几几云合风从，投趋恐后，有毁鲁论而读《新约》者，有弃宗邦而隶西籍者，统计华洋狎处之国，曰英，曰法，曰美，曰荷，曰西班牙，曰葡萄牙，曰日本，每年每月，华人商旅原隶某籍者，盖已不胜沙数矣。"②

三

华人改籍对于天朝大国的民族心理是一个不小的冲击，对其社会秩序的管治也提出了新的课题。早在《中葡和好通商条约》签订之前，两广总督张之洞已意识到居澳华人改入葡籍对广东地方行政所带来的困扰，称："西例凡生长于某国之地，即可隶籍为某国之民，领取属民票据，恃为护身之符，遇有犯事，地方官不能以华法治之。"③如张氏所料，从19世纪90年代起，一般性的案件因当事人的国籍问题而演变为外交交涉，且有日益增多之势。

根据葡国驻广州总领事馆档案的资料分析，居澳华人改入葡籍后，给地方管理造成困扰的事件主要存在如下几种情形：一是以华人

---

① 《厦门籍民细故启衅始末》，《东方杂志》第6卷第4号，1909年。
② 《本澳新闻·何其盛也》，《镜海丛报》光绪二十一年九月初六日（第14号），澳门基金会、上海社会科学出版社2000年影印本，第358页。
③ 《两广总督张之洞奏陈澳门租界改归葡国永居立约尚宜妥议折》，中国第一历史档案馆、澳门基金会、暨南大学古籍研究所合编《明清时期澳门问题档案文献汇编》（3），第247页。

身份参与内地经营活动，一旦发生纠纷，转而以葡籍身份求助于领事馆，形成外交交涉。如香山人容良承办南海大岭山煤矿案、新会人卢九承办广东小闱姓赌饷案等。二是与内地居民发生财产纠葛，请求领事介入。如刘有庆、陈桂瞩争夺广东省城宝庆新街一间铺屋产权案。三是在内地遇有刑事案件，恃葡籍身份，希图脱罪。如朱世福等人"恃有护符，不服讯断，咆哮公堂"。四是葡籍华人回乡时妄干公事。①

葡籍华人在内地的纠纷与诉讼，被提升为中葡外交事件，这对广东地方官员来说，是一种无法理解，又十分无奈的事情。为此，他们大多心存恶感，在致葡国领事照会中，时常有失外交礼仪，以一种"反骨仔"的态度来看待涉讼葡籍华人。两广总督岑春煊处理香山人容良承办南海大岭山煤矿案，在致外务部咨文时曾作如此的评论："惟该职员容良先在局具禀，自称香山县人，后又认西洋籍民，身家已属不清，又不静候勘办，迭次怂恿外人出头干预，似此假借洋籍希图要挟，将来设竟准其承办，则倚势逞刁，不服钤束，亦必在意计之中。"②光绪三十二年（1906）两广总督周馥的照会提及刘有庆案时，称"入籍西洋，其居心蓄谋，诚为狡诈"③。此外，相关涉外文书中还常常以"冒入葡籍，任意祷张""恃符逞讼""居心混冒，挟制婪索"等词语来指责改籍华人。

因国民改籍问题引发频繁外交事件，使清政府日渐认识到"国籍之法则，操纵出入之间，上系国权之得失，下关民志之从违"④。这不仅是主权管理问题，也关涉民心之向背。因此认为，"此等风气断不可开，窃恐各处办理此项事件，地方官吏怵于交涉重大，造就敷衍，则将来流弊，更将不堪设想"。为减少改籍华人对行政司法的干扰，清政府一方面明确处理相关问题的原则，另一方面积极寻求外交

---

① 蒋志华：《晚清中葡交涉中的国籍问题——以葡国驻广州总领事馆档案为例》，林广志、吕志鹏主编《卢九家族与华人社会学术研讨会论文集》，澳门民政总署2010年版。
② 吴志良、[葡]伊莎贝（Maria Isabel Fevereiro）、李昭醇、潘华栋主编：《葡萄牙外交部藏葡国驻广州总领事馆档案·清代部分/中文》（10），第374页。
③ 吴志良、[葡]伊莎贝（Maria Isabel Fevereiro）、李昭醇、潘华栋主编：《葡萄牙外交部藏葡国驻广州总领事馆档案·清代部分/中文》（5），第148页。
④ 《处置外籍华人违警犯禁办法》，《外交报》总第242期，1908年。

途径解决。

1901年，清政府咨各省督抚"嗣后私入外籍华人，一概不准在内地及其祖籍地方与闻公事，滋生事端，否则即照中国法律严行惩办。如外人出头干涉，亦须据理驳诘，毋得稍存畏缩云"①。在国籍法未产生前，这是清政府规范改籍华人在内地行为的一次明确指示。从葡萄牙外交部藏葡国驻广州总领事馆的中文档案看，广东政府处理葡籍华人在内地诉讼案件时，一是坚持不承认"双重国籍"的原则；二是借用习惯做法，对申诉人国籍的合法性、有效性进行识别。

首先，当时清政府对出籍、入籍还没有明确的规定，广东官员则以当事人交涉时的状态，主张其国籍身份，最典型的例子是卢九案件。葡国大使拿出文件，证明葡国国王早于1888年5月11日批准了卢九加入葡萄牙国籍，认定卢九为葡萄牙人。两广总督从档册中查出，卢九于光绪二十四年（1898）在湖北"以监生卢华绍之名报捐盐运使职衔，自称新会人，并开具年貌三代，造册报部"。后又历保二品顶戴、广西道员。因此认定，卢九"于奉准隶入贵国民籍之后，又已弃去，复为华民。按照公法，即不能再作贵国人民看待"②。

其次，按照"外人不准在内地置产立业之例"判定国籍的有效性。光绪三十一年（1905）十月，两广总督岑春煊拒绝给陈镜川等三人护照签署，强调"盖中国民人，凡已入他国籍者，即应弃去本籍，断无既入西洋民籍仍守有中国内地产业之理"③。同年，在审理葡籍华人刘有庆、陈桂瞴与陈之亲家王伯慎争夺广东省城宝庆新街一间铺室产权纠纷案时，岑春煊认为："至该民等是否西洋籍人，何时入籍，本部堂无从查悉。惟各国洋人向不准在内地置产，今刘有庆等既称在宝庆新街及老城内天平街等处内地均有产业，则其不能认作籍

---

① 《处置外籍华人违警犯禁办法》，《外交报》总第242期，1908年。
② 《两广总督岑春煊为绅商卢九承办小闹姓饷项纠葛案系属中国内政事复葡国总领事照会》，中国第一历史档案馆、澳门基金会、暨南大学古籍研究所合编《明清时期澳门问题档案文献汇编》（3），第752页。
③ 吴志良、[葡]伊莎贝（Maria Isabel Fevereiro）、李昭醇、潘华栋主编：《葡萄牙外交部藏葡国驻广州总领事馆档案·清代部分/中文》（12），第129页。

民可知。"① 光绪三十二年（1906），美籍华人在家乡遇劫，请求美国领事帮助。其生于美国，八岁回国定居香山。岑春煊说："同、嗣后如有籍民不领游历护照，自入内地居住及在内地置有产业，应仍照中国百姓办理，不能认作外国籍民。"② 从上述案件看，当时广东政府将案件的当事人是否在内地拥有物业作为判断华人外籍身份的标准之一。

在《大清国籍条例》颁布之前，广东政府审理涉及"国籍"的相关案件时，因无法可依，仅依照某些习惯做法进行审理，具有一定的主观性、随意性，因此，难免产生前后矛盾的情形。在近代，列强觊觎中国之心日盛，而广东官员面对葡国领事的申诉时，却能强势抗辩，有时让人有"强词夺理"之嫌，其背后隐伏着广东地方官对葡国的蔑视心态。两广总督张之洞曾表示，中国威力远胜葡人，"葡无驻澳兵船，仅有租来他国兵船一号，泊于海中，余有小巡轮数只而已。其陆路炮兵单，迥非他国洋兵之比"③。广东巡抚吴大澂的表白更加直接："以中国之兵力财力，制他国则不足，制葡国则有余。"在他的心目中，葡国乃"一贫弱小国耳"④。因此，即使涉及多次荣获葡国勋章的卢九案件，在广东官员面前，葡国领事也难有作为。

与此同时，清政府也积极寻求与葡国通过外交途径进行解决此问题。1904年，清朝商约大臣吕海寰、盛宣怀在中葡商谈增订和约时，特向葡方代表阐明了葡籍华人在内地给地方管理所带来的问题，称："华人往往有到澳门入葡国籍者，而在本国地方尚有家眷居住，及其回中国时，又沾中国利益。"又指出："中国地方官凡遇华民来见者，非有公事不能见。若自称系葡国人，中国理应以礼相待。往往到中国衙门拜会，干预公事，无所不为，然本处之人则知其为本国人，每为

---

① 吴志良、[葡] 伊莎贝（Maria Isabel Fevereiro）、李昭醇、潘华栋主编：《葡萄牙外交部藏葡国驻广州总领事馆档案·清代部分/中文》（5），第148页。
② 吴志良、[葡] 伊莎贝（Maria Isabel Fevereiro）、李昭醇、潘华栋主编：《葡萄牙外交部藏葡国驻广州总领事馆档案·清代部分/中文》（11），第208页。
③ 《两广总督张之洞奏陈澳界纠葛太多新约必宜缓定折》，中国第一历史档案馆、中山市档案局合编《香山明清档案辑录》，上海古籍出版社2006年版，第568页。
④ 《广东巡抚吴大澂奏陈澳门租地宜及早维持葡狡谋宜设法钤制折》，中国第一历史档案馆、中山市档案局合编《香山明清档案辑录》，第558页。

不平。中国官若不接待，有伤贵国体面；若接待，而又本是华人，甚觉为难。"①为此，吕、盛二人要求葡方立例加以限制，并增列于修订的和约之中。葡方代表借口与葡国法律相抵触，只同意在和约第八款中说明理解中方的立场，同意将来专订律例加以规范葡籍华人在内地的行为，在和约中确认未来新例的原则："一、已入葡籍之华民，应杜其冒享华民所能独享之利益，即如在内地，或不通商口岸居住贸易等事。二、已入葡籍之华民，在通商口岸居住时，自称华民，与他华民立有合同者，必杜其嗣后恃已入葡籍，藉乘此故，以所立合同，与葡国某律例有背，冀以脱卸其责任。"②葡国的承诺，支持了中方"不承认两重国籍"的观点，也表明葡国法律不保护以华人身份签订的契约，这为清朝地方官审理相关案件时提供了国际法的基础。

四

葡籍华人所处的空间背景与其他外籍华人相比，具有明显的不同。中葡两种政治势力在澳门既有共同的愿望，也有对立的诉求。维持一个稳定有序的社会环境，乃双方所愿，但是双方又争夺对澳门的主导权。澳门是中国的领土，广东地方政府对澳门发展及华人的管理拥有更多的主导权，而自18世纪末起，澳葡政府一直谋求对澳门进行殖民管治，对居澳华人管理具有指标性意义，因此，他们不断地修正管治策略，如通过改籍、承认华人习惯的法理地位，让居澳华人纳入其法律管理体系之中，以达到其最终的目的。对于居澳华人而言，在这两种政治势力的夹缝中生存，有利于其投机营生，但也处于一种文化认同的尴尬境地，久而久之，逐渐形成一种颇有特色的生存之道。

毫无疑问，葡籍华人利用澳门政治与法律地位的模糊性，在营生谋利方面，进退相宜，左右逢源。当初容良向广东地方政府申办南海

---

① 《附件六：中葡商约第六次会议问答》，中国第一历史档案馆、澳门基金会、暨南大学古籍研究所合编《明清时期澳门问题档案文献汇编》(3)，第701—702页。
② 《附件十六：中葡商约条款》，中国第一历史档案馆、澳门基金会、暨南大学古籍研究所合编《明清时期澳门问题档案文献汇编》(3)，第745页。

大岭山煤矿时，曾慷慨陈言："当此钦奉谕旨，讲求矿务、招商开办之际，亟宜乘时兴办，以免煤炭之利归于外洋。"① 卢九在申办广东小闱姓时，也曾提醒广东地方政府："近闻有不肖市侩贿通洋人，欲在洋界开设票厂，更恐利权外滋，流弊滋多。"② 以一名爱国者的忧患情怀感动官府，准予在内地投资置业。但在内地事业不顺，诉讼面临挫折时，则急于求助葡国领事，其陈述之理由，着实令人吃惊，称"不独籍民感恩戴德，而将来同在籍人均赖庇托，不致受中国官之鱼肉矣"，"但籍民一人受害事小，惟国家关系权力事大，伏乞大人以保全国家体面为重，即可以保全千万之籍民，庶可免将来华官竟引此为例而各籍民无有安居之日矣"③。这种利用两股政治势力的对立而形成趋利避害的行为，乃环境所使，是改籍华人的普遍心理。

葡籍华人在政治上取巧地运用双重"国民身份"，谋取了一定的便利，然而，这种模糊的身份使其难以体悟国家主人的自豪感，在文化认同上也形成一种悖逆心理。作为法律上的葡国人，葡籍华人除了在葡王登基、生日、去世等时刻，参与一些庆祝、悼念活动外，因从未踏足"国土"，对葡萄牙的政治、历史、文化毫无记忆与认知，而澳葡政府从来也没有对这些葡籍华人进行"文化改造"，因此，传统的葡人（包括土生葡人）与归化"葡人"之间，由于传统观念的排斥与现实利益的争夺，难以形成相同文化的"原点"，也难以产生"同胞"的情意。从史实看，在澳门政治生活中，葡籍华人一直受到不公正的对待，享受不到一个传统葡人应有的"国民待遇"。在近代，曾有记者调查海外华人改籍后的境况，十分感触地说："在彼以为一入籍，官僚不敢限制之人，人不敢欺侮之，可与外国人平等矣。愿吾闻此中人云：华侨之入外籍者，若欲与外人共玩或共聚，外人必斥之；与外人共语或共学，外人必骂之，只可伏居于外人之下，绝不

---

① 吴志良、[葡]伊莎贝（Maria Isabel Fevereiro）、李昭醇、潘华栋主编：《葡萄牙外交部藏葡国驻广州总领事馆档案·清代部分/中文》（10），第170页。
② 吴志良、[葡]伊莎贝（Maria Isabel Fevereiro）、李昭醇、潘华栋主编：《葡萄牙外交部藏葡国驻广州总领事馆档案·清代部分/中文》（11），第270页。
③ 吴志良、[葡]伊莎贝（Maria Isabel Fevereiro）、李昭醇、潘华栋主编：《葡萄牙外交部藏葡国驻广州总领事馆档案·清代部分/中文》（13），第369、401页。

能与之平等。然则侨民入籍，名虽为外国之民，而实为外国之奴隶耳。"①居澳葡籍华人之状况整体上大概亦是如此。综观澳门回归前的历史，归化葡国的华人，其政治待遇、受教育的权利远不及澳门的土生葡人，即可证明。澳葡政府给予少数华商某种程度的礼遇，更多的是"政治利用"。华人社会中的"精英"成为协调葡人小政府与华人大社会的润滑剂，以确保澳门社会的稳定与有效管治。

由于受政治与文化环境所限，葡籍华人无法在心理上对葡国产生认同。相反，这部分归化"葡人"在情感上更多地关心祖籍地的社会发展，他们通过捐官、参与内地政治的活动，寻找失去的主人归属感。1894年10月31日，《镜海丛报》以"民心思汉"为题发布了一条新闻消息，称：皇朝建国以来，列祖列宗皆以休养民生为务，从未有疲劳民力以为一身之庆乐者，以故内外臣民极百世而犹感汉德之入人深也。今届皇太后寿辰在迩，阖澳居民咸有嵩呼之愿。镜湖医院绅董在西洋官署禀乞人情，求请张设坛场，各街庆贺，已蒙批准。②在这里，对慈禧太后生辰的庆祝，不应完全看作对封建王朝的愚忠，而应看出其中对于国家的感情。编者用"民心思汉"来概括在澳门举行的慈禧生辰庆典，很恰当地反映了这种活动含有的国家认同。③

澳门华人对国家认同的具体表现，主要集中在以下几个方面。

在政治上维护皇权。对待内地政治革新思潮，起初葡籍华人与内地主流民意相似，其态度倾向于在维持皇权的基础上对社会进行变革。早在中日战争时，澳门《镜海丛报》通过系列新闻报道及评论，表达了澳门华人对国家和民族的强烈关注，明确提出了在中国进行政治改革的主张，显示澳门华人对祖国未来的思考。④1896年，《知新报》创办，"其股东，则皆葡之世爵、澳之议员、拥数十万者也。有一曹姓者伯爵也，一何姓者子爵也，皆华人而兼西籍者"⑤。《知新

---

① 《华侨入荷籍之异闻》，《华商联合报》第14期，宣统元年七月二十九日。
② 《本澳新闻·民心思汉》，《镜海丛报》光绪二十年十月初三日（第15号），第58页。
③ 吴义雄：《〈镜海丛报〉反映的晚清澳门历史片段》，《广东社会科学》2012年第2期。
④ 同上。
⑤ 汪康年：《汪康年师友书札》(2)，上海古籍出版社1986年版，第1846页。

报》乃是维新变法运动在华南的重要喉舌。① 戊戌变法受挫后,康梁组织保皇会,以"忠君爱国"为宗旨,号召"救皇上,以变法救中国"②。而保皇会总部就设在澳门,其主要原因之一就是澳门已成为维新派活动的重镇,维新力量的基础比较雄厚。③ 相对于温和的维新运动,孙中山所倡导的激烈革命的主张,在澳门却遭受"冷遇"。孙居澳半年,时欲物色热心同志,却"杳不可得",概因澳门华人"不赞成激烈之主张"④。在这一时期,葡籍华人通过对皇权的维护来表达其对国家的认同。

随着国内政治形势的发展,澳门华人开始期待国家出现新的局面,并投身新社会的建设。维新变法失败,国内之革命形势日趋高涨,无论从组织还是社会思潮来看,革命政党比士绅的群体更能适应庚子之后的局势。⑤ 当孙中山"改造中国"的革命言论在海内外得到社会热烈响应时,澳门新一代的华商如卢廉若、卢煊仲、卢怡若等也深受影响,并投身于这场革命活动之中。对于内地社会的变化,居澳华人也普遍给予高度的期待。1911年12月初,广东军政府派员到澳门筹募军饷,他们"人人争先",踊跃捐输。13日,手车行商人更刊登布告,"情愿将五天内所得之车费,除各人伙食外,尽数帮助军饷","以尽国民之责",并祈盼军政府"大功告成,光复祖国"⑥。其爱国之情,跃然纸上。

葡籍华商对国家的认同,还表现在对清王朝各式官爵的重视,他们乐于捐赠与输纳,以求取各种国家回赠之荣誉。据《镜海丛报》第24号报道,为了筹措军饷,两广总督李翰章开办捐输,派委员赴各府县"广为筹劝",但香山全县富绅"尚无有以巨款应",而毗邻之澳门,"则有富商捐候选道。香山人陈芳报捐候选知府、新会人卢华绍竭力劝谕各在乡里之富裕者,拟集巨资为急公之举,经已筹解库

---

① 姜义华:《重印〈知新报〉序》,《澳门研究》总第6期,1996年。
② 汤志钧:《〈知新报〉的价值》,《澳门研究》总第6期,1996年。
③ 赵春晨:《澳门保皇总会史事钩沉》,《广州大学学报》2004年第2期。
④ 《澳门华侨与革命运动》,冯自由《革命逸史》(中),新星出版社2009年版,第689页。
⑤ 桑兵:《庚子勤王与晚清政局》,北京大学出版社2004年版。
⑥ 《澳车夫助军饷布告》,《华字日报》1911年12月13日第3版。

平银十余万元。此诚华商中之不可多见者"①。据初步考察，葡籍华商经过捐纳而享有功名者，计有：望厦人沈荣显，捐纳之路历时二十余年，官至顶戴花翎、奉政大夫、朝议大夫、儒林郎、武功将军总衔；曹有，钦赐二品顶戴花翎，获赐牌匾褒奖；冯成，诰授中宪大夫，候选分巡道，赏戴花翎；何连旺，捐候选道员；卢华绍（卢九），监生，盐运使职衔，二品顶戴、广西道员；曹善业，资政大夫；李翘燊，钦点翰林；等等，这些均是当时澳门华人的翘楚。

澳门华人的国家认同还表现在对传统文化的坚守。据史料记载，澳门华人教育兴起于清乾嘉年间，其形式多为传统之"私塾"，传授内容以四书五经为主，教育目的是参加清王朝的科考。晚清以后，随着居澳华人经济实力的增长，华商巨富对文化教育日趋重视，科考功名成为华商子弟提升身份的另一重要途径。一代赌王卢九诸子，为了科考功名，孜孜以求：卢廉若，廪贡生，赏戴花翎，浙江补用道；卢煊仲，邑庠生，举人，花翎试用知府；卢怡若，举人；卢兴原，邑庠生；卢诵芬，举人；卢光中，邑庠生。1895年2月，何廷光为其子何云章考中秀才，于全澳"遍派红柬"，并拟返乡祭祖，大宴宾客。②居澳华商热衷于办学，教授内容以儒家经典为主，其宗旨乃是弘扬传统儒家文化。因应社会的需要，也适时地增加具有时代特色的内容，"但求有益学童为主"，"兼习体操"，还添聘西文教习及一切专门之学教习。③陈子褒乃近代澳门的著名教育家，为澳门的教育发展与改革做出了重大贡献。其所编的教科书，在坚守传统的基础上，增添了与澳门社会相关的内容，包括劝人戒赌、劝人向善、劝人读书、劝人爱国、劝人励志等，他的平民教育、妇孺教育、教育改良思想，对澳门华人社会产生了广泛而深远的社会影响。④郑观应是近代澳门华商的杰出代表，其家教思想既承继了传统家训"修身、齐家、治国、平

---

① 《本澳新闻·捐输踊跃》，《镜海丛报》光绪二十年十二月初七日（第24号），第112页。
② 《本澳新闻·荣归谒祖》，《镜海丛报》光绪二十一年乙未正月十九日（第29号），第141页。
③ 汤开建：《晚清澳门华人巨商何连旺家族事迹考述》，《近代史研究》2012年第5期。
④ 夏泉：《陈子褒与清末民初澳门教育》，《澳门研究》总第22期，2004年。

天下"的精髓,也蕴含其经商、从政、教育、洋务、军事、赈济、医学、修道等经历的思考。① 总体而言,澳门华人教育的形式与内容一方面坚守中华传统的道德与伦理,另一方面又能与时俱进,增加一些新时代的新知识、新观念。

综上所述,澳门原本只是一个租借地,进入近代以后,澳葡当局步步为营,渐渐地对其实施殖民管治。迁徙谋生于兹之华人,改宗归化葡籍,有其客观的政治因素,也有躲避厉政之威逼,或作为商人普遍存在之投机心理,或移民群体之入乡随俗、谋求安居之心态。葡籍华商借洋籍以构讼,或谋略于澳葡当局以抗衡广东政府的制澳政策,其主观上为营生保财之举,客观上为广东地方政府的治理提出新的难题,从一定程度上扰乱了清王朝的社会管治秩序。事实上,从近年出版的《葡萄牙外交部藏葡国驻广州总领事馆档案》(中文部分)、《澳门宪报中文资料辑录》的档案史料来看,持有葡籍的华人始初并不以葡人自居,只有当在内地发生遭遇匪劫、诉讼时,希图得到官府的重点关注,或为了贪图某些便利时,才会亮出葡籍的身份,请求葡国领事介入,而且这仅为少数人之行为,不可以偏概全。葡籍华人虽然身披"洋装",但并不失其中国之心。对皇权的维护、对传统文化的坚守、对国家前途的关切,均彰显其拳拳赤子之心。当中葡之间发生诸如勘界之类的重大政治纷争时,作为"法律上"的葡人,葡籍华商基本上维持"噤声""寂然"。这种"中立"态度,也是法律与道义平衡之无奈选择。

(原载《暨南学报》2015 年第 6 期)

---

① 曹天忠:《郑观应家庭教育思想述论》,《澳门研究》总第 69 期,2013 年。